中等职业教育国家规划教材配套教材

Shigong Jianli Jichu

施工监理基础

(第二版)

(公路与桥梁专业)

郝素先　主编
陈方晔　主审

人民交通出版社

内 容 提 要

本书为中等职业教育国家规划教材的配套教材，由交通职业教育教学指导委员会路桥工程专业指导委员会组织编写。全书分两篇共11章。第一篇主要介绍公路工程施工监理基本知识，内容包括：公路工程施工监理概述，公路工程施工进度监理、费用监理、合同其他事项管理、施工安全及环境保护监理；第二篇主要介绍公路工程施工质量监理，内容包括：公路工程施工质量监理概论，路基工程、路面工程、桥涵工程、隧道工程、交通工程设施等施工质量监理工作的重点及方法。

本书作为中等职业学校公路与桥梁专业教学用书，可供继续教育及职业培训使用，也可供公路工程建设、施工及监理单位的有关人员学习、参考。

图书在版编目（C I P）数据

施工监理基础/郝素先主编．—2版．—北京：人民交通出版社，2008.4

ISBN 978-7-114-07012-9

Ⅰ．施…　Ⅱ．郝…　Ⅲ．道路工程—施工监督　Ⅳ．U415.1

中国版本图书馆CIP数据核字（2008）第019882号

书　　名： 施工监理基础（第二版）（公路与桥梁专业）
著 作 者： 郝素先
责任编辑： 郝瑞苹
出版发行： 人民交通出版社股份有限公司
地　　址：（100011）北京市朝阳区安定门外外馆斜街3号
网　　址： http://www.ccpress.com.cn
销售电话：（010）59757973
总 经 销： 人民交通出版社股份有限公司发行部
经　　销： 各地新华书店
印　　刷： 北京市密东印刷有限公司
开　　本： 787×1092　1/16
印　　张： 10.75
字　　数： 269千
版　　次： 2003年8月　第1版
2008年4月　第2版
印　　次： 2018年1月　第2版　第5次印刷　总第9次印刷
书　　号： ISBN 978-7-114-07012-9
印　　数： 22001－23000册
定　　价： 20.00元

第一版前言

为了贯彻《中共中央国务院关于深化教育改革全面推进素质教育的决定》，落实《面向21世纪教育振兴行动计划》中提出的“职业教育课程改革和教材建设规划”，教育部于2001年全面启动了中等职业教育国家规划教材建设工作。交通职业教育教学指导委员会路桥工程学科委员会于2001年11月组织全国交通职业学校（院）的教师，根据教育部最新颁布的公路与桥梁专业主干课程教学基本要求，编写了中等职业教育国家规划教材（《工程测量》、《道路材料试验》、《公路工程施工技术》、《钢筋混凝土结构》、《路面结构》、《桥梁构造与施工》、《公路工程管理》、《公路养护与管理》共8种），经全国中等职业教育教材审定委员会审定后，于2002年7月在人民交通出版社出版发行。

根据教育部《中等职业学校公路与桥梁专业教学指导方案》中专业课程设置的要求，路桥工程学科委员会在启动主干课程教材编写的同时，着手与之配套的教材的组织编写工作。经过广泛征求意见及建议，通过多次讨论，最后选定《工程制图》（附《工程制图习题集》）、《应用力学》、《土工技术》、《公路几何设计》、《公路小桥涵设计》、《施工监理基础》、《施工机电基础》、《高速公路简介》共8种教材作为中等职业教育国家规划教材的配套教材。

本套教材在编写中注意了与主干课程教材的合理衔接，融入了全国各交通职业学校（院）公路与桥梁专业的教学改革成果，结合最新的技术标准、规范以及公路科技进步等情况，具有较强的针对性；较好地贯彻了素质教育的思想，力求体现以人为本的现代理念，从交通行业岗位群的知识和技能要求出发，并结合对学生动手能力、创新能力、职业道德方面的要求，提出教学目标，组织教学内容，在教材的理论体系、组织结构、内容描述上与传统教材有了明显的区别。

《施工监理基础》是中等职业教育国家规划教材配套教材之一，主要内容包括：监理概述，施工进度监理，施工费用监理，工程施工合同管理，施工质量监理。全书共10章。书后附有本课程的“教学基本要求”，供各院校在进行教学组织和安排时参考。

参加本书编写工作的有：河南交通学校郝素先（编写第一、二、三、四、十章）、袁超（编写第五、六章），湖北交通职业技术学院李清（编写第七、八、九章）。全书由郝素先主编，四川交通职业技术学院李文不主审，河南交通学校夏连学担任责任编委。

限于编者经历及水平，教材内容很难覆盖全国各地的实际情况，希望各教学单位在积极选用和推广新教材的同时，注意总结经验，及时提出修改意见和建议，以便再版修订时改正。

交通职业教育教学指导委员会
路桥工程学科委员会
2003年4月

第二版前言

随着公路特别是高速公路建设事业的快速发展,我国在公路与桥梁工程设计理论、公路建设新材料、公路施工新技术和新工艺等方面的研究取得了许多新的成果。为此,近年来中华人民共和国交通部颁布了一些新的行业标准、规程和规范以及职业技能鉴定标准,为紧跟行业新技术的发展步伐,适应新标准和规范的要求,改正第一版教材中与新标准、规程和规范表述不相吻合的内容,也为了弥补第一版教材在使用过程中发现的不足,交通职业教育教学指导委员会路桥工程专业指导委员会研究决定,对2003年出版的中等职业教育国家规划教材的配套教材按以下原则重新编写。

1. 遵循“去旧补新”的原则。根据国家和行业颁布的最新标准、规程和规范以及职业技能鉴定标准和行业科技进步需要,对原教材中的部分内容进行适当的调整和更新,同时对原教材中的不足和疏忽予以弥补。

2. 突出实践技能的原则。按照教育部对中等职业教育培养目标的定位,吸收近几年职业教育教学改革的经验和成果,力求使新修订的教材更符合中职学生的认知规律、实际应用和职业技能的训练需要,体现“所学即所用,所用即所教”。

参加本书编写工作的有:郑州市建设投资总公司郝素先(编写第一、二、三、四、五、十一章),河南交通职业技术学院袁超(编写第六、七章),湖北交通职业技术学院李清(编写第八、九、十章)。全书由郝素先担任主编,湖北交通职业技术学院陈方晔担任主审。

书后附有《施工监理基础》课程的“教学基本要求”,以便于各校在组织教学时参考。

交通职业教育教学指导委员会
路桥工程专业指导委员会
2007年12月

目　录

第一篇　公路工程施工监理基本知识

第二篇　公路工程施工质量监理

第一篇　公路工程施工监理基本知识

第一章　公路工程施工监理概述

第一节　工程建设监理简述

一、工程建设监理制度的发展

16 世纪以前的欧洲，建筑师就是营造师，他受雇或从属于业主，负责设计、购买材料、雇佣工匠，并负责组织和管理工程施工。

进入 16 世纪，随着产业革命的深入，社会对建筑技术的要求不断提高，传统的建筑业出现分工，设计与施工逐渐分离，各自成为独立的专业，另有一部分建筑师则转向社会传授技艺，为业主提供技术咨询、测估工程造价、解答疑难，或受聘从事建筑施工的监督和管理，工程监理制度因此应运而生。

此后，随着欧洲大陆城市化和工业化的发展，建筑业空前繁荣，相应要采取一种效益高而又精确的工作方式和建立一种新的雇佣关系，来达到工程建设的高质量要求。同时，业主也越来越觉得单靠自己来监督、管理工程建设活动有许多困难，于是，专职工程监理的必要性逐渐被人们所认识，监理制度获得进一步肯定。

第二次世界大战以后，欧美各国在恢复建设中加快了向现代化发展的速度，需要建设许多大型工程，如航天工程、核电站、大型水利工程、高速公路、大型桥梁、新型城市开发等，这些工程规模大，投资多，技术复杂，投资者和承建者都难以承担由于投资不当或项目管理失误而造成的损失。竞争激烈的社会环境，迫使业主更加重视项目建设的科学管理。业主为了减少投资风险，节约工程费用，保证投资效益与工程建设的顺利实施，需要聘请有经验的咨询监理人员，在工程建设的实施阶段进行全面监理。

近一二十年来，欧、美、日等工业发达国家的建设监理制度正向法制化、程序化发展。有关的法律法规都对监理的内容、方法以及从事监理的社会组织作了明确的规定，监理制度逐步成为工程建设管理组织体系的一个重要组成部分。在西方国家的工程建设活动中逐渐形成了业主、承包人和监理工程师三足鼎立的基本格局。

进入 20 世纪 80 年代以后，监理制度在国际上得到进一步发展，一些发展中国家也开始学习发达国家的做法，并结合本国实际成立或引进社会监理机构，对工程建设实行监理。世界银行和亚洲、非洲开发银行等国际金融机构，也都把是否实行工程监理作为提供建设贷款的条件之一，使监理制度成为工程建设必需的制度。

20 世纪 80 年代中后期，随着我国改革的不断深化和社会主义市场经济的不断发展，为适应工程建设管理的需要，1984 年 9 月国务院颁发了“关于改革建筑业和基本建设管理体制若干问题的暂行规定”，明确提出了改变工程质量监督制度，并建立了有权威的各级政府工程质量监督机构。交通部于 1987 年 10 月成立了交通部基本建设工程质量监督总站，颁发了“交通部基本建设工程质量监督管理暂行办法”等文件，各省、市、自治区的交通部门亦相应地建立了工程质量监督站。

在国务院提出在土木建筑行业实施工程监理制度之前，交通部在利用世界银行贷款建设的西安—三原一级公路和京津塘高速公路上实施了工程监理，并在总结全国各地的经验和教训的基础上，于1989年4月制定了《公路工程施工监理办法》。通过几年的实践运作，在总结1995年4月《公路工程施工监理规范》的基础上，2006年11月颁布了新的《公路工程施工监理规范》(JTG G10—2006)，从而使我国的公路工程施工监理制度迈上了一个新台阶。

二、工程建设监理

认识工程建设监理应该首先理解什么是监理。所谓监理，通常是指有关执行者根据一定的行为准则，对被监理者的某些行为进行监督管理，使这些行为符合准则要求，并协助行为主体实现其行为目的。

监理活动的实现，需要具备的基本条件是：应当有明确的监理“执行者”，也就是必须有监理的组织；应当有明确的行为“准则”，它是监理的工作依据；应当有明确的被监理“行为”和被监理的“行为主体”，它是监理的对象；应当有明确的监理目的和行之有效的思想、理论、方法和手段。

根据监理的概念，不难得出工程建设监理的概念。工程建设监理是指针对工程项目建设，社会化、专业化的工程建设监理单位接受业主的委托和授权，根据国家批准的工程项目建设文件，有关工程建设的法律、法规和工程建设监理合同以及其他工程建设合同所进行的旨在实现项目投资目的的微观监督管理活动。

三、工程建设监理单位

工程建设监理单位是指取得监理资质证书、具有法人资格的监理公司，监理事务所和秉承监理业务的工程设计、科研单位及工程建设咨询单位。

工程建设监理单位的资质体现在监理能力和监理效果上，取决于监理人员的素质、专业配套能力、监理技术装备、监理工程项目经历和监理单位管理水平五个方面。

由监理单位派出并代表监理单位履行监理合同的现场监理组织称为监理机构。

四、监理工程师

监理工程师是一种岗位职务。所谓监理工程师是指在工程建设监理工作岗位上工作，并经全国统一考试合格，又经政府注册的监理人员。它包含三层含义：第一，他是从事工程建设监理工作的人员；第二，已取得国家确认的《监理工程师资格证书》；第三，经省、自治区、直辖市建委(建设厅)或由国务院工业、交通等部门的建设主管单位核准、注册，取得《监理工程师资格证书》。

监理工程师和监理机构中的相关专业技术人员统称为监理人员。

具体从事监理工作的监理人员，不仅要有较强的专业技术能力和较高的政策水平，能够对工程建设进行监督管理，提出指导性的意见，而且要能够组织、协调与工程建设有关的各方共同完成建设任务。就是说，监理人员既要具备一定的工程技术或工程经济方面的专业知识，还要有一定的组织协调能力；就专业知识而言，既要精通某一专业，又要具备一定的其他专业知识。所以说监理人员，尤其是监理工程师是一种复合型人才。

综上所述，监理工程师应具备如下知识结构：

(1)法律。要具备与工程建设密切相关的各种法律和法规知识,如经济合同法、仲裁法、工程建设监理规定、有关的合同条款范本等。

(2)工程技术。要具备本专业扎实的理论知识和丰富的工程实践经验,且应熟悉并全面掌握相关的工程技术知识、技术规程、技术规范等。

(3)工程管理。要懂一些项目管理学的知识,掌握现代化管理的方法和手段,如网络计划技术,费用、进度、质量的控制方法以及计算机辅助管理系统等。

(4)工程经济。主要指技术经济分析知识。应掌握可行性研究的方法,能进行技术方案的经济比较,以及概、预算的编制与审核等。

监理工程师除应具备较广泛的知识和丰富的工程实践经验外,还需具备较高的政治素质和高尚的职业道德准则,其具体要求如下:

(1)拥护四项基本原则,热爱本职工作,忠于职守,认真负责,具有高度的责任感,并能为业主严守机密。

(2)能严格按照工程合同(包括合同协议书、合同条件、技术规范等)对工程项目实施监理,在监理过程中,既要保护业主的利益,又要公正合理地对待承包人。

(3)廉洁奉公,不得接受业主所支付的酬金之外的任何报酬及回扣,或者提成津贴及其他间接报酬。

(4)应坚持自己的正确判断和观点,当发现业主的判断或决定不可行时,应向业主提出书面劝告,并阐明其可能给业主带来的不良后果。

(5)当发现自己处理的问题有错误时,应及时向业主承认错误,并提出改进意见。

(6)对本监理机构的介绍要实事求是,不得向业主隐瞒本机构的人员状况和过去的业绩及可能影响服务质量的因素。

(7)作为工程监理的单位或个人,不得再参与或经营承包施工,采购设备、材料或经营销售业务等有关活动,也不得再在政府部门、施工单位和设备、材料供应单位任职或兼职。

(8)不得用谎言欺骗业主和承包人,也不得采用伤害、诽谤他人名誉的方式来提高自己的地位。

另外,特别需要提醒的是,在项目工程竣工验收后,审计部门还要进行全面细致的审计监督。建设资金运用及设计变更是否合理,资产形成是否真实,工程造价是否过高等各个方面都将接受严格的审计。

五、工程建设监理的特点

1. 有利于提高工程建设项目的管理水平

监理工程师都是由专业技术水平较高、知识面广、实践经验丰富且具有一定管理水平的人员担任,这样就能保证整个工程的管理在高水平上进行。而且随着社会监理组织越来越多,这种专门从事工程监理的组织可以不断地总结经验,逐渐克服过去有了项目,临时筹建指挥班子,工程一完,班子解散的弊病,逐步提高工程项目的管理水平。

2. 可以有效地控制总投资

通过招标签订的承包合同价格,如果缺乏有效的管理控制,很可能又会流于过去投资失控的境地,监理工程师严格按照合同的规定,根据承包人每月完成的实际工程量,逐项认真审核后才能支付,这就避免了虚报、超报问题。工程结束,再根据设计图纸核算最终工程量进行结算,另外对于招标文件和合同图纸中某些不合理部分可以及时发现纠正。如西安—三原公路的监理工程师对设计进行审查、修改,共完善设计43处,监理工程师仅仅通过完善设计和加强支付管理就为业主节约了300多万元投资,而该工程监理费只用了40多万元。

3. 可以保证工程质量

监理工程师将根据合同条件的规定以及合同中的技术要求,在工程实施过程中必须对每一类原材料、每一件设备、每一道工序和每一个工程部位(特别是隐蔽工程部位)进行严格认真的检验和审批,否则下一道工序不准施工。每一道工序都应有可靠的、经过检验的施工记录;监理工程师还应检查施工人员的资质,有权要求承包人撤换不合格的工地经理、管理人员、技术人员和工人,所有这些都有力地保证了工程质量。

4. 可以有效地控制工期

合同中对部分工程和整个工程的工期有明确的要求,监理工程师一方面监理承包人的工程进度,敦促承包人加快施工进度,另一方面可以有效地协调、解决影响施工进度的问题,使工程顺利实施。同时由监理工程师按核实后的工程量支付的办法也可以调动承包人的积极性,促使其加快进度,争取各个部位提前竣工,才有可能提前支付。

5. 便于协调解决各方的矛盾

在一个工程实施过程中,业主和承包人之间容易产生矛盾。公路建设项目通常都是大型工程,承包人比较多,施工时现场矛盾很多,此时监理工程师的协调作用就很重要。监理工程师可以站在客观、公正的立场上协调解决业主与各个承包人、各个分包人之间的矛盾,以保证工程的顺利实施。

6. 可以公正地维护业主和承包人双方的权益

监理工程师的工作,一方面保证了业主在工程投资、工期、质量等方面获得很大的好处,另一方面监理工程师也根据合同的规定,以第三者的身份保护承包人的合法权益,公正地处理承包人的索赔要求(包括延长工期),使双方的权益要求得到比较合理的解决。

六、FIDIC合同条件简介

1. FIDIC合同条件

1)FIDIC与FIDIC合同条件

FIDIC是国际咨询工程师联合会的法文首字母缩写,它由四个欧洲国家的咨询工程师协会组成,发展到现在,已拥有50多个来自世界各地的成员,其总部设在瑞士洛桑。FIDIC以独立、公正而闻名,是世界上最具权威的咨询工程师国际组织。

国际咨询工程师联合会编制的《土木工程施工合同条件》简称为FIDIC合同条件,于1957年首次出版。由于当时以红色封面发行,故又称"红皮书"。随着多年来该合同条件的应用和国际承包工程中不断出现的新问题,条款亦不断地加以完善。1987年9月FIDIC执行委员会在瑞士洛桑举行的FIDIC年会上,通过并发行了《土木工程施工合同条件》第四版,而后于1988年发行了第四版的修订版,1989年又发行了修订版的应用指南。在第四版的修订过程中,由于欧美主要的承包商协会也参与了充分的讨论,因而比前几版显得客观、公正。FIDIC合同条件集中了世界各国土木工程建设管理百余年的经验,科学地把土木工程技术、管理、经济、法律有机地结合在一起,并用合同形式固定下来,其中详细规定了承包人、业主、监理工程师的责任、义务和权利。现在,FIDIC合同条件已被世界银行、亚洲开发银行等国际金融机构在工程建设贷款项目中广泛应用,已成为工程承包项目中的国际惯例。许多国家包括若干发展中国家,均在国内土木工程建设项目中积极地加以采用。

2)采用 FIDIC 合同条件的优点

采用 FIDIC 合同条件作为工程实施的标准合同文本具有如下优点：

(1)该合同条件脉络清晰，逻辑性强，承包人、业主之间的风险分担公平合理。

(2)该合同条件对业主、承包人的义务、权利和监理工程师的职责权限作了明确的规定，使合同双方的义务和权利界线分明，避免了合同执行中过多的纠纷和索赔事件的发生。

(3)该合同条件被大多数国家采用并为世界大多数承包人所熟悉，又受世界银行及其他国际金融机构推荐，有利于实行国际招标。

(4)该合同条件便于合同管理，对保证工程质量、合理地控制工期和投资将产生良好的效果。

3)FIDIC 合同文件的组成

合同文件是指构成一个合同的几种文件。当业主选择了合适的承包人发出中标通知书后，必须履行法律程序并制订合同文件。合同文件的组成及优先次序如下：

(1)合同协议书(含合同谈判中有关问题的澄清文件，如果有)；

(2)中标通知书；

(3)投标书及其附件(含补遗书)；

(4)合同专用条件；

(5)合同通用条件；

(6)技术规范；

(7)图纸；

(8)标价的工程量清单。

4)FIDIC 合同条件的内容简介

FIDIC 合同条件包括第 I 部分和第 II 部分。

第 I 部分称为通用条件，一般在国际土木工程招标文件中，将合同的通用条件直接放入招标文件中，而不必再重新编写。通用条件共有 72 条 194 款，它包括了业主、监理工程师、承包人三者之间的权利和义务、准则和约定。它不需签字，也不用写工程名称，只要在合同文件的协议书中约定即可。

合同条件的第 II 部分称为专用条件，一般由工程项目的业主或招标单位根据具体工程项目的所在国或地区的情况，以及工程项目的特点，对照第 I 部分具体编写。如果通用条件中某些条款不适合具体工程的，可在专用条件中指出并予以删除或修改；对某些不具体、不详细的条款可在专用条件的对应条款中加以补充和详细说明。专用条件中的所有条款要与通用条件中的相应条款一一对应，专用条件是通用条件的补充说明和限制，因此这里仅对通用条件的基本内容作一简述。

(1)合同条件专用术语(略)。

(2)合同条件的条款分类。合同条件的通用条款从其属性与作用方面大致可分为五大类。

①工程师的职责与权限条款。工程师对整个工程项目负责，必须按照合同条款规定公正地维护业主、承包人双方的利益，合同通用条件中有 48 条都涉及工程师的职责和权限。

②保障合同执行的法规条款。为使合同顺利履行、工程正常进行及尽可能减少一些不必要的争议，合同通用条件中列入了有关法规的条款共有 27 条。

③质量检验与检查条款。合同通用条件中有 22 条涉及控制工程质量方面的问题，可归纳

成以下四个方面：

a. 严格控制技术条件确保工程质量。

b. 材料、设备的检查与检验条款。

c. 施工质量检查与隐蔽工程的验收。

d. 缺陷责任期的工程缺陷修复。

e. 计量与支付的条款。

f. 控制工程进度的条款。

从上述合同条款可以看出，FIDIC 合同条件详细规定了业主、承包人、监理工程师的职责、权利和义务，阐明了三方之间的关系，并特别突出了监理工程师的地位和作用。从而使土木工程项目的承包和实施，有了一套标准的合同文件。

2. 中国的合同条件和合同范本

改革开放以后，世界银行、亚洲银行及其他外资贷款的大量的工程项目在我国修建，但国际上的合同文本不尽适用于中国国情。为了与国际惯例接轨，学习国外先进、科学的管理经验，通过十几年的探索，已总结出一套适合我国国情的合同条件。

1）财政部合同条件版本

从 1989 年开始，财政部和世界银行一起，在 FIDIC 合同条件第四版的基础上，修订编制出了《世界银行贷款项目采购招标文件范本》，分上、中、下三册，中英文并行。该范本于 1990 年 4 月在美国华盛顿用英文编写，同年 6 月完成第一稿，后经征求意见修订后，于 1990 年 10 月 8 日经 FIDIC 董事会批准，确认了中国财政部的合同版本。其中，英文版有通用条件 78 条，适用于实行国际公开竞争性招标、使用世行贷款修建的工程项目；中文版的通用条件有 44 条，适用于国内竞争性招标的工程项目。

2）建设部合同范本

根据有关工程建设施工的法律、法规，结合我国工程建设施工的实际情况，并借鉴了国际上广泛使用的土木工程施工合同条件（特别是 FIDIC 土木工程施工合同条件），国家建设部、国家工商行政管理局于 1999 年 12 月 24 日印发了《建设工程施工合同示范文本》，适用于各类公用建筑、民用住宅、工业厂房、交通设施及线路、管道的施工和设备安装工程。

3）交通部公路工程国际招标文件范本

《公路工程国际招标文件范本》，由交通部公路管理司委托陕西省交通厅编写。该范本包括了 FIDIC 合同通用条件和结合我国国情的 79 条合同专用条件，可作为公路工程项目国际招标文件的参考文本使用。

4）交通部公路工程国内招标文件范本

交通部 1994 年出版了《公路工程国内招标文件范本》，1999 年通过修订出版了《公路工程国内招标文件范本》（1999 年版）。在总结《公路工程国内招标文件范本》（1999 年版）使用经验的基础上，又于 2003 年修订出版了《公路工程国内招标文件范本》（2003 年版）。范本中的合同条件是根据我国现行法律、法规的有关规定，参考 FIDIC 土木工程施工合同条件（1987 年第四版），结合我国公路工程建设的具体情况编写的。国内公开招标和邀请招标的二级以上公路和大型桥梁、隧道建设项目必须强制性使用，二级以下公路项目可参照执行。本书即采用《公路工程国内招标文件范本》（2003 年版）的合同条件，凡书中提到的合同通用条件，即指该范本之合同通用条件。

第二节　公路工程施工监理的基本概念

一、施工监理的目的和必要性

公路工程施工监理就是监理人员根据监理合同，在施工准备阶段、施工阶段、交工验收与缺陷责任期阶段对工程质量、安全、环保、费用、进度实施的监督和管理活动。承担公路工程施工监理业务的单位，必须是经交通部或省交通厅(局)审批，取得公路工程施工监理资质证书，具有法人资格的监理单位。

施工监理的目的是加强公路工程质量管理，加强施工安全和环保监督，控制工期和工程费用，提高投资效益及工程管理水平，使施工管理工作法制化、标准化、规范化、程序化。

交通部《公路建设市场管理办法》中明确规定：公路工程实行"政府监督、法人管理、社会监理、企业自检"的质量保证体系。

政府监督是政府部门强化对工程质量管理的具体体现。政府监督具有强制性、全面性、宏观性的性质。即遵照规定的管理程序，在工程建设项目实施的全过程中行使监督、检查、许可、纠正和强制执行等权力，但侧重于对项目的阶段性、控制性的监督管理。

政府监督的职能是：对建设行为实施管理，对社会监理单位实行监督管理。按照我国政府机关行政分工的格局，工程建设项目前期阶段是由计划、规划、土地管理、环保等部门负责；建设实施阶段则主要由建设主管部门负责。上述部门分别代表国家或委托专门机构行使政府职能，即充分运用审查、许可、监督、检查、强制等手段对工程项目的建设实施管理。另一方面，政府对社会监理实行监督管理的职能，主要是通过制定有关法规、政策，审批社会监理单位的成立，资质等级、变更、停业，办理监理工程师的注册，监督管理监理工程师的工作情况等来实现的。

从中央到地方通过授权或认可制度，建立各级从事审核、鉴定、监督、检测工作的机构，对工程的规划、设计、施工和工程上使用的材料、设备等进行监督、检查、评定，实施有权威的第三方认证。交通部于 1987 年 10 月设立了基本建设工程质量监督总站，并指令各省区、直辖市交通主管部门设立交通基本建设工程质量监督站，并可派出质检机构，按照统一规划，实施分级管理。监理单位及监理人员、承包人及施工人员、业主的项目管理人员均应接受政府授权的交通主管部门和公路工程质量监督部门的管理和监督检查。

项目法人是工程项目的投资主体，对工程建设全过程负责，对工程质量负管理责任。项目法人应依法对工程项目的勘察设计、施工、监理以及与工程建设有关的重要设备、材料等的采购进行招标；在完成开工前各项准备工作后、办理施工许可证前，应按照有关规定到质监机构办理公路工程质量监督手续。

施工企业作为公路工程产品的直接生产者，在公路工程质量保证体系中占有特别重要的地位。尽管政府监督有力，工程监理规范，监理工程师的工作认真细致，但监理工程师不可能亲自对分项工程的每一项试验、每一个部位都进行检验或测量，更不可能代替承包人去做具体的施工。因此，施工企业应建立完善的自检系统，包括配备足够的人员和试验设备，采用标准、规范化的工作方法，建立和健全标准、规范化的工作制度，在施工企业中实施全面质量管理。

施工企业建立完善的自检系统是形成公路工程质量保证体系的前提条件。但是，现实情况中也不能不看到施工企业有片面追求自身利益的倾向，赶工省钱、降低质量标准的情况时有发生，因而必须建立相应的外部控制系统，这个外部控制系统除政府监督以外，就是工程施工全天候、全方位、全过程的全委托工程施工监理。施工监理即属社会监理，是质量保证体系的重要环节。

二、与施工监理有关的行为主体

1. 业主

在招标阶段称为“招标单位”，是指某项工程的投资者或资金筹集者，并在工程建设前期及实施阶段对工程建设的费用、进度、质量等重大问题有决策权的国有单位、集体或个人，亦称建设单位或项目法人。

2. 承包人

在招标阶段称为“投标单位”，中标后称为“中标单位”，是指通过投标或其他方式取得某项工程的施工权，材料、设备的制造、供应权，和业主签订合同，承担工程费用、进度、质量责任的单位或个人，亦称施工单位。

3. 监理工程师

合同文件中授权承担工程监理工作的个人或群体。

业主、承包人与监理工程师三方的关系是：业主与承包人是合同关系，凡直接与业主签订承包合同的都是承包人。业主与监理工程师签订监理合同，二者是委托与被委托关系，应做到各负其责，独立工作，相互尊重，密切合作。监理工程师与承包人之间没有合同关系，二者之间是监理与被监理的关系，监理工程师对承包人在工程项目实施全过程中进行监督与管理（监理），承包人应按合同规定接受监理工程师的监督和管理。总之，业主、监理工程师、承包人三方不是领导与被领导关系，而是合同关系或依照合同实施监理的关系，这可以说是工程监理的核心实质所在。

三、监理组织和监理人员

1. 监理单位的选择

公路项目的监理咨询，一般是由业主委托给监理咨询服务部门实施的。从国际、国内工程监理的经验来看，业主能否选择并聘用合格的监理工程师在很大程度上决定了工程的成败。监理工程师的选择方式基本上可分为两种，即业主通过招标选定和业主采用聘请、直接委托方式确定监理工程师。

1）招标选定

按照国际惯例，监理工程师一般是通过招标选定的。世界银行颁发的《世界银行借款人以及世界银行执行机构使用咨询专家指南》，详细规定了选择评定监理单位的办法。目前，国内公路工程已广泛采取通过招标投标的竞争方式选择施工监理单位。公路工程施工监理招标分为公开招标和邀请招标两种。

2）聘请、直接委托方式确定

公路项目采用聘请、委托方式确定监理单位属非竞争性确定监理单位的方式，是考虑到监理单位的声誉和根据业主以往和他们合作的经验等因素决定的，这样业主就不必和更多的参与竞争的监理单位打交道，双方在经济上和时间上都是有利的。

监理工程师选定后，应及时建立监理组织体系，提出监理机构框图，制订监理实施方案，明确各级监理人员的职责范围，与业主及承包人建立起正常的工作程序和联系渠道。

2. 监理机构

监理单位承担监理任务应建立现场监理机构。现场监理机构一般按工程招标合同段设置基层监理单位，可视工程情况分别设置一级、二级机构。一级监理机构设置总监理工程师办公室（简称总监办），二级监理机构设置总监办和高级驻地监理工程师办公室（简称驻地办）。

高速和一级公路可设置二级监理机构，开工里程在20km以下的，宜设置一级监理机构。二级及以下公路可根据工程规模、难易程度、合同工期安排、现场条件等因素设置一级或二级监理机构。

3. 监理人员的构成

监理人员的构成，应根据被监理工程的类别、规模、技术复杂程度及能够对工程实施监理有效控制的原则进行配备。监理人员包括：

（1）总监理工程师（简称总监）。指具有交通部监理工程师资格，经业主同意，在监理机构中负责项目工程全部监理工作的总负责人。

（2）高级驻地监理工程师。指具有交通部监理工程师资格，经总监理工程师授权，负责项目部分工程监理工作的驻地监理负责人。

（3）专业监理工程师。指获得交通部或交通厅（局）专业监理工程师以上资格，负责道路、桥梁等某个专业监理工作的监理人员。专业监理工程师分别有路基、路面、桥梁、隧道、交通工程、筑机、材料、试验、测量、计划、财务及合同管理等方面的专业。

以上统称为监理工程师。总监、高级驻地监理工程师，一般都应具有高级工程师等相应的高级技术职务，专业监理工程师应具有工程师等中级技术职务。

此外，还有测量、试验人员和现场旁站人员（统称监理员），以及必要的文秘（包括翻译）、行政事务人员等。

4. 监理人员数额及组合

《公路工程施工监理规范》（JTG G10—2006）规定：监理机构中监理人员的数量和结构，应按监理内容、工程规模、合同工期、工程条件和施工阶段等因素，按保证对工程实施有效监理的原则确定。

高速公路、一级公路工程每年每5000万元建安费宜配备交通部核准资格的监理工程师1名；独立大桥、特长隧道工程每年每3000万元建安费宜配备交通部核准资格的监理工程师1名。根据工程特点和实际需要，上述配置可在0.8～1.2的系数范围内调整。

高速公路机电工程，每50km每系统宜配备交通部核准资格的监理工程师1名，根据工程情况，如系统复杂或隧道机电工程内容较多，可适当增加。

总监办应配备1名总监理工程师和若干名专业监理工程师，驻地办应根据工程复杂程度配备1～2名驻地监理工程师和若干名专业监理工程师。其他监理人员的数量可根据工程具体情况适当配置。

四、监理人员的职权

1. 总监办的职权

（1）主持编制监理计划。

（2）主持召开监理交底会、第一次工地会议。

（3）按合同要求建立中心试验室。

（4）审批施工组织设计及总体进度计划、重要工程材料及混合料配合比。

(5)签发支付证书、合同工程开工令、单位或合同工程的暂停令和复工令。

(6)审核变更单价和总额以及延期和费用索赔。

(7)协助业主审查交工验收申请,评定工程质量。

(8)组织编写监理月报、编写监理竣工文件、编写监理工作报告。

2. 驻地办的职权

(1)主持编制监理细则。

(2)主持召开工地例会和专题工地会议。

(3)按合同要求建立驻地试验室。

(4)审批一般工程原材料和混合料配合比、承包人的机械设备、施工方案。

(5)审批承包人测量基准点的复测、原地面线测量及施工放线成果。

(6)审批分项工程开工申请,签发分项和分部工程暂停令和复工令。

(7)日常巡视、旁站、抽检,并做好记录。

(8)核算工程量清单,负责对已完工程进行计量。

(9)组织分项、分部工程的中间验收和质量评定,签发中间交工证书。

(10)审批月进度计划,编写合同段监理工作报告。

当采用二级监理机构和监理总承包时,应由中标的监理单位划分各级监理机构及监理人员的职责和权限;当对监理机构分别招标时,应由业主划分确定监理机构各自的职责和权限。当设置一级监理机构时,其职责是总监办和驻地办的全部职责。

五、施工监理的原则和依据

建设监理制度是商品经济的产物,在西方国家已基本形成了相对稳定的格局,具有严密的法律规定,完善的组织机构及规范化的方法、手段和实施程序等。如 FIDIC 合同条件就是集上百年土木建设的经验,科学地把工程技术、管理、经济、法律等知识融为一体的典范。它突出了监理工程师的地位和作用,详细规定了业主、承包人、监理工程师各方面的权利、义务和责任。现在,已被国际工程承包市场普遍认可和采用。世界银行等国际金融机构对所提供贷款的建设项目亦要求必须按 FIDIC 合同条件加以管理,这就是我们常说的国际惯例。

我国具有疆域辽阔、人口众多,工程建设活动分地区、分部门、多层次管理的国情特点,现阶段,我国工程建设的投资主要来源于国家、地方、国有企事业单位等,而工程建设的参与各方也主要是国有经济的组成部分。随着社会主义市场经济体制的确立和发展,在工程建设领域内的商品经济关系活动将会逐步加强,市场调节的作用亦日益扩大,工程项目的决策正逐渐向民主化与科学化转变;建设的投资主体也将由国家投资为主向多元化、经营化为主转变;工程任务的分配主体亦由政府主管部门为主向市场经济为主转变;项目的承建主体也开始由以分散的多层次的设计、施工单位为主向总承包体制转变。

1. 施工监理的原则

结合我国国情,与国际惯例接轨的公路工程建设监理制应体现以下原则。

1)服务性

监理单位是智力密集型的组织,本身不是建设产品的直接生产者和经营者,为业主提供的是智力服务。监理单位的劳动与相应的报酬是技术服务性,和施工企业不同;监理单位不承建工程,不参与工程承包的盈利分配。

2)公正性和独立性

公正性和独立性是监理单位顺利实施监理职能的重要条件。因为监理单位在工程监理中具有组织各方协作配合以及调解各方利益的职权,就必须要求监理单位坚持公正,而公正性又以独立性为前提,因此监理单位首先必须保持自己的独立性。监理单位在人际、业务、经济关系上必须独立,不得同参与工程建设的各方发生利益关系。我国工程监理有关规定指出,监理单位的各级监理负责人和监理工程师不得是施工、设备制造和材料供应单位的合伙经营者,或与这些单位发生经营性隶属关系;不得承包施工和建材销售业务,不得在政府机关,施工、设备制造和材料供应单位任职,在实施监理的过程中,监理单位是处于工程承包合同签约双方,即业主和承包人以外的独立一方,行使依法成立的工程承包合同所确认的职权,承担相应的职业道德责任和法律责任,而不是以业主的名义,即不是以业主的"代表"行使职权;当然,监理也不得参与承包人的利益分配,否则,它又变成了承包人经营的合伙者,丧失了自己的独立地位。

3)科学性

监理单位必须具有能发现与解决承包人所存在的技术和管理方面问题的能力,能够提供高水平的专业服务,这是科学性原则,是监理单位区别于其他一般服务性组织的重要特征,也是赖以生存的重要条件。监理人员的高素质是监理单位科学性的前提条件。监理工程师都必须具有相当学历,并有长期从事工程建设工作的丰富的实践经验,精通技术与管理,通晓经济与法律,否则,监理单位将不能正常开展业务,监理单位也是没有生命力的。

应强调指出,监理单位和监理人员应按照"严格监理、热情服务、秉公办事、一丝不苟"的监理原则认真贯彻执行有关施工监理的各项方针、政策、法规,制订详细工作计划,明确岗位职责,严格检查制度,努力做好施工监理工作。

2. 施工监理的依据

(1)国家和地方法律法规;

(2)国家和行业、地方的有关标准、规范、规程;

(3)监理合同;

(4)施工合同;

(5)工程前期有关文件;

(6)工程设计文件和图纸;

(7)工程实施过程中的有关函件。

六、施工监理的阶段划分

公路工程施工监理工作一般分为三个阶段,即施工准备阶段监理、施工阶段监理、交工验收及缺陷责任期阶段监理。现将各个阶段监理的主要任务介绍如下:

1. 施工准备阶段监理

监理合同签订之日至合同工程开工令确定的开工之日,为施工准备阶段监理。监理工程师应熟悉合同文件,参加施工招标,复核图纸和放样定线数据,督促承包人提交施工组织设计,准备第一次工地会议,准备发布开工通知书等。

2. 施工阶段监理

合同工程开工之日至交工验收受理之日,为施工阶段的监理,应集中力量做好工程质量、施工安全、施工环保、工程进度、工程费用监理,并做好合同其他事项管理等各项工作。

3. 交工验收及缺陷责任期阶段监理

合同工程交工验收申请受理之日至缺陷责任终止证书签发之日,为交工验收及缺陷责任期阶段监理,除应对工程缺陷修补、修复及重建进行监理外,还应按与施工阶段监理同样的要求做好这一阶段的监理工作。

第三节　施工监理的主要内容

一、工程质量监理

国际标准(ISO)中对质量控制的定义是:为满足质量要求所采取的作业技术和活动。工程项目的质量控制按其控制的主体可分为:业主的质量控制,承包人的质量控制和政府的质量控制。其中,业主的质量控制通过委托社会监理形式实现,也就是业主通过合同形式委托工程监理单位而实施的监理工程师质量目标管理,又称为工程质量监理;承包人的质量控制靠承包人的质量自检体系来实现;政府的质量控制则通过行政主管部门及各级质监站来实现。"政府监督、法人管理、社会监理、企业自检"就构成了公路工程项目的质量保证体系。

采用国际惯例的监理工程师制度,监理工程师对工程质量的监理权利受法律保护。在承包人和业主签订的承包合同中详细地、明确地规定了监理工程师在质量控制中的作用和权力,这就以合同形式赋予了监理工程师采取各种手段进行工程质量控制的权力,使质量管理有法可依和依法办事。工程质量监理强调事先监理和主动监理,监理的重点放在施工前的准备阶段,即对原材料、施工机械和施工技术方案的检验和审查,以及施工过程中各环节的质量监理,以便及早发现问题,防患于未然。同时,承包人施工质量与工程计量支付挂钩,质量好坏直接关系到承包人的经济利益。按合同条款规定,未经监理工程师验收并签字认可的工程项目,一律不予支付费用。为此,运用经济杠杆的作用有效地保证了工程质量,形成了监理工程师对施工过程的全过程、全方位质量监理的特征。

因此,国际惯例的 FIDIC 管理模式清楚地表明,工程质量不是单一的技术管理,而是技术、经济与法律在公路工程质量上的统一体现。

工程质量监理的具体内容详见第二篇"公路工程施工质量监理"。

二、施工安全监理

公路工程施工是一项复杂的生产过程,具有人员流动性大、露天作业、施工环境变化多等特点,因而危险性较大。当前,从全国范围来看,工程施工安全生产形势依然严峻,恶性事故屡有发生,严重危害着广大人民群众的生命财产安全,直接影响着建筑业的健康稳定发展。对此,作为工程监理单位,要树立以人为本、安全责任重于泰山的思想,建立健全有效的安全监理机制,充分发挥其在安全生产管理中的监督协调作用,实现安全监理目标。

为提高公路工程安全生产、文明施工管理水平,根据《建设工程安全生产管理条例》(国务院令第 393 号),《公路工程施工监理规范》(JTG G10—2006)中对施工安全监理提出了明确要求。

工程开工前,监理工程师应审查承包人编制的施工组织设计中的安全技术措施或专项施工方案是否符合强制性标准,审查合格后方可同意开工。施工阶段监理过程中,监理工程师应督促承包人按专项安全施工方案组织施工,若发现承包人未按有关安全法律、法规和工程强制性标准施工并违规作业时,应予制止;对危险性较大的工程作业等要定期巡视检查,如发现安全事故隐患,应书面指令承包人整改,情况严重的应要求承包人暂停施工,并及时报告业主。

分项、分部工程交工验收时，如安全事故的现场处理未完成，监理工程师不得签认。

监理机构应建立施工安全监理台账，并由专人负责，总监理工程师和驻地监理工程师应定期检查施工安全监理台账记录情况。

施工安全监理的具体内容详见第五章“施工安全及环境保护监理”。

三、施工环境保护监理

我国建设项目环境管理实行的是建设项目环境影响评价和“三同时”（建设项目需要配置建设的环境保护设施，必须与主体工程同时设计、同时施工、同时投产使用）两项制度。现行的建设项目环境管理模式主要是针对项目环境影响报告的审批及竣工验收阶段的管理，即“事前”和“事后”的管理，而对环境影响报告批复之后、“三同时”竣工验收之前的施工阶段，没有行之有效的环境管理手段。

实践证明，环境问题提前防治的费用要远小于产生后果后再治理的投资费用。因此，我国环境保护的基本政策是“预防为主”、“谁污染谁治理”和“强化环境管理”。公路工程占地多、线路长、施工期长，施工过程中遇到的环境保护问题种类也比较多。为了有效控制施工阶段的环境影响，真正做到公路建设与环境的协调发展，做到全过程地监控公路建设中的环境问题，根据国内试点工作的经验，《公路工程施工监理规范》（JTG G10—2006）将施工环境保护监理作为工程监理的重要组成部分，纳入了工程监理管理体系。

施工环境保护监理的具体内容详见第五章“施工安全及环境保护监理”。

四、工程费用监理

工程费用监理的目的就是在监理规划的指导下，通过对工程费用目标的动态控制，使其能够最优地实现。由于公路工程项目的各种复杂因素，通常采用单价合同形式的费用支付方式，与国际惯例 FIDIC 管理模式的工程计量支付条款相符。因此，公路工程施工过程中费用监理的关键环节是工程计量与支付。

监理工程师作为工程费用监理的控制主体，处于工程计量与支付环节的关键地位。监理工程师除了加强对合同中工程量清单所列工程费用的计量与支付的管理外，还应对合同中所规定的其他费用（如附加工程、工程变更调价、索赔等）加强监督与管理，尽量减少工程施工过程中各种附加性费用的支付。

工程费用监理的具体内容详见第三章“公路工程施工费用监理”。

五、工程进度监理

公路工程项目的特点是工程费用大，建设周期长，涉及范围广。而工程进度又直接影响着业主和承包人的重大利益。如工程进度符合合同要求，施工速度既快又科学，则有利于承包人降低工程成本，并保证工程质量，也给承包人带来好的工程信誉；反之，工程进度拖延或匆忙赶工，都会使承包人的工程费用增大，垫付周转的资金利息增加，给承包人造成严重亏损，并且拖延竣工时间，也给业主带来工程管理费用的增加，投入工程资金利息的增加，以及工程项目延期投产运营的经济损失等。因此，公路工程施工监理过程中，以工程进度控制为目的的施工进度监理是公路工程施工监理的一个重要环节。公路工程进度监理过程中，按照 FIDIC 管理模式，承包人应编制好符合客观实际，贯穿合同条件及技术规范的施工进度计划，并在计划执行过程中，通过计划进度与实际进度的比较，定期地、经常地检查和调整进度计划。监理工程师的主要任务是审批承包人编制的施工进度计划,并对已批准的进度计划的执行情况进行监督,从全局出发,掌握影响施工进度计划所有条件的变化情况,对进度计划的执行进行控制。与此同时,业主则应根据合同要求及时提供施工场地和图纸,并尽可能地改善施工环境,为工程顺利进行创造条件。只有通过这三方面的相互配合,才能确保工程进度目标的实现。

公路工程施工过程中,工程进度监理不仅仅是个时间计划的管理和控制问题,同时还需要考虑劳动力、材料、机械设备等所必需的资源能否最有效、合理、经济地配置和使用,使工程在预定的工期完成,并争取早日使工程投入使用而获得最佳投资效益等问题。因此,进度监理的作用就是在考虑了工程施工管理三大因素(工期、施工质量和经济性)的同时,通过贯彻施工全过程的计划、组织、协调、检查与调整等手段,努力实现施工过程中的各个阶段目标,从而确保总的工期目标的实现。

工程进度监理的具体内容详见第二章"公路工程施工进度监理"。

六、合同其他事项管理

我国实行公路工程施工监理制度以来,国际惯例的 FIDIC 土木工程施工合同条件得到了广泛的应用,尤其在引入外资项目上更是如此。十几年来的工程施工监理的实践证明,公路工程施工监理的关键是熟悉合同,掌握合同,利用合同对施工过程的进度、质量、费用、安全及环保实施管理。

合同其他事项管理的主要内容包括:工程变更、工程延期、费用索赔、价格调整和计日工、工程暂停和复工、工程分包、工程保险、违约处理、争端协调等方面。理解和熟悉合同的主要内容,对监理工程师、业主、承包人都非常重要。

合同其他事项管理的具体内容详见第四章"公路工程施工合同其他事项管理"。

七、文件与资料管理

1. 监理文件与资料管理

监理机构应建立健全监理文件与资料管理制度,并根据工程建设需要建立文件资料的计算机管理系统;应建立材料、试验、测量、计量支付、工程变更、安全、环保等各项台账。

监理文件与资料的具体内容如下:

(1)监理管理文件与资料。包括监理计划,监理细则等。

(2)质量监理文件与资料。包括质量监理措施、规定及往来文件,试验检测资料,监理抽检资料,交工验收工程质量评定资料。

(3)施工安全与环保监理文件。包括安全管理的规章制度、措施、会议记录,检查结果,安全事故的有关文件及施工环境保护规划、环境保护措施、环境保护检查等。

(4)费用监理文件与资料。包括各类工程支付文件,工程变更有关费用审核工作,工程竣工决算审核意见书等。

(5)进度监理文件与资料。包括进度计划审批、检查、调整的有关文件,工程开工、复工令及工程暂停令等。

(6)合同管理文件与资料。包括承包人办理保险的有关文件,延期索赔申请,分包资质资料,延期和索赔的批准文件,价格调整及批准文件等。

(7)工程监理月报。监理工程师每月应向业主和上级监理机构报送工程监理月报,其内容包括:本月工程概述,工程质量、进度、安全、环保、支付、合同管理的其他事项,合同执行情况，存在的问题，本月监理工作小结等。

（8）监理工作报告。工程结束时，监理工程师应提交监理工作报告，其内容包括：工程基本情况，监理机构及工作起止时间，投入的监理人员、设备和设施，关于工程质量、安全、环保、费用、进度监理及合同管理执行情况，分项、分部、单位工程质量评估，工程费用分析，工程建设中存在问题的处理意见和建议。

2. 监理文件与资料归档

按照《建设工程文件归档整理规定》（GB/T 50328—2001）的规定，归档文件分为长期保存与短期保存两类。监理归档文件中短期保存的包括监理计划、监理细则、专题总结、监理月报等；列入长期保存的包括监理月报中有关质量问题、监理会议纪要中的有关质量问题、开工/复工审批表、开工/复工令及暂停令、质量和安全事故处理意见，有关质量、安全、环保、费用、进度监理通知，工程变更、延期与索赔的报告与批复，合同争端、违约报告及处理意见，监理工作总结等。监理归档文件必须完整、准确、系统地反映工程监理活动的全过程。

不列入归档的监理文件与资料也应分类整理，与工程直接相关的文件资料，竣工后移交业主保管。

八、工地会议

公路工程施工监理的核心任务是利用合同实施对工程项目质量、安全、环保、费用、进度进行控制，工地会议是用于协调各方关系的公路工程施工监理方法。

1. 工地会议的意义及作用

公路工程施工监理中制订并实施的工地会议制度，为工程施工全过程的监理工作提供了大量的反馈信息，是监理工程师对工程项目进行全面管理的一种重要方法，也是合同管理项目中普遍采用的一种手段。工地会议旨在检查、督促合同各方，特别是承包人对工程项目承包合同的执行情况，协调各方关系，促进工程项目的顺利进行。工地会议可根据会议的时间、内容及参加人员的不同，分为第一次工地会议、工地例会和专题工地会议等三种形式，其目的是：

（1）第一次工地会议的目的，在于监理工程师对工程开工前的各项准备工作进行全面的检查，确保工程实施有一个良好的开端。

（2）工地例会的目的，在于监理工程师对工程实施过程中的质量、安全、环保、费用、进度及合同其他事项执行情况进行全面检查，为正确决策提供依据，确保工程顺利进行。

（3）专题工地会议的目的，在于对施工期内出现的质量、安全、环保、费用、进度及合同管理等方面的重点、难点和需要协调的问题进行探讨，并提出明确的解决方案和落实措施。

工地会议在施工监理过程中起着重要作用。通过工地会议，便于监理工程师对工程施工进度和质量的矛盾进行协调，同时方便各种信息迅速在业主、承包人间传递，有利于工程的顺利进行；工地会议可用来协调业主、监理工程师、承包人三方之间的矛盾，也可以协调工程施工中的一些矛盾，使矛盾和问题及时得到解决，避免对工程项目三大目标的影响；工地会议是监理工程师对工程施工情况的经常性检查，通过对执行合同的情况和施工技术问题的讨论，可以发现问题，为监理工程师决策提供依据；工地会议还可以集思广益，对施工过程中出现的各种问题，提出建设性意见和措施。因此，工地会议也是监理工程师一项重要的日常性工作。

2. 第一次工地会议

第一次工地会议是承包人、监理工程师进入工地后的第一次会议，是业主、承包人、监理工程师建立良好合作关系的一次机会。

第一次工地会议应在正式开工前召开，并应尽可能早地举行。会议的组织由总监理工程师负责，总监办应事前将会议议程及有关事项通知业主、承包人及有关方面，必要时可先召开一次预备会议，使参加会议的各方做好资料准备。在会议举行中，如果某些重大问题达不到目的要求，可以暂时休会，待条件具备时再行复会。

1)第一次工地会议参与者

第一次工地会议应由总监理工程师主持，业主、承包人的授权代表必须出席会议，各方将要在工程项目中担任主要职务的部门(项目)负责人及指定分包人也应参加会议。第一次工地会议应邀请质量监督部门参加。

2)会议的程序及主要内容

(1)介绍人员及组织机构。业主或业主代表应就其实施工程项目期间的职能机构、职责范围及主要人员名单提出书面文件，就有关细节作出说明。业主应宣布对监理工程师的授权。

总监理工程师应向监理工程师代表及驻地监理工程师授权，并声明自己仍保留哪些权力；书面将授权书、组织机构框图、职责范围及全体监理人员名单提交承包人并报业主备案。

承包人应书面提出工地代表(项目经理)授权书、主要人员名单、职能机构框图、职责范围及有关人员的资质材料以取得监理工程师的批准；监理工程师应在本次会议中进行审查并口头予以批准(或有保留的批准)，会后正式予以书面确认。

(2)承包人介绍施工准备情况。承包人应就施工准备情况按如下内容提出陈述报告，监理工程师应逐项予以澄清、检查和评述。

①主要施工人员(含项目负责人、主要技术人员及主要机械手)是否进场或将于何日进场，并应提交进场人员计划及名单。

②用于工程的进口材料、机械、仪器和设施是否进场或将于何日进场，是否会影响施工，并应提交进场计划及清单。

③用于工程的本地材料来源是否落实，并应提交料源分布图及供料计划清单。

④施工驻地及临时工程建设进展情况如何，并应提交驻地及临时工程建设计划分布和布置图。

⑤工地试验室、流动试验室及设备是否准备就绪或将于何日安装就绪，并应提交试验室布置图、流动试验室分布图及仪器设备清单。

⑥施工测量的基础资料是否已经落实并经过复核，施工测量是否进行或将于何日完成，并应提交施工测量计划及有关资料。

⑦履约保函和开工预付款保函及各种保险是否已办理或将于何日办理完毕，并应提交有关已办理手续的副本。

⑧为监理工程师提供的住房、交通、通信、办公等设备及服务设施是否具备或将于何日具备，并应提交有关计划安排及清单。

⑨其他与开工条件有关的内容及事项。

(3)业主说明开工条件。业主代表应就工程占地、临时用地、临时道路、拆迁以及其他与开工条件有关的问题进行说明；监理工程师应根据批准或将要批准的施工进度计划的安排，对上述事项提出建议及要求。

(4)明确施工监理例行程序。监理工程师应沟通与承包人的联系渠道，明确工作例行程序并提供有关表格及说明，一般应包括：质量控制的主要程序、表格及说明；施工进度控制的主要程序、图表及说明；计量支付的主要程序、报表及说明；延期与索赔的主要程序、报表及说明；

工程变更的主要程序、图表及说明;工程质量事故及安全事故的报告程序、报表及说明;函件的往来传递交接程序、报表及说明;确定施工过程中工地会议举行的时间、地点及程序。

(5)总监理工程师总结。总监理工程师应进行会议小结,明确施工准备工作还存在的主要问题及解决措施。开工条件具备的可下达开工令。

3. 工地例会

工地例会属于开工后举行的一种例行会议,用于解决施工中存在的问题。工地会议由总监理工程师或驻地监理工程师主持,宜每月召开一次,其具体时间间隔可根据施工中存在的问题的严重程度由监理工程师决定,工地会议应在开工后的整个活动期内定期举行。

1)参加人员

会议参加者应为监理工程师及有关助理人员,承包人的授权代表、指定分包人及有关助理人员,业主代表及有关助理人员。

2)会议的内容

会议按既定的例行议程进行,一般应由承包人逐项进行陈述并提出问题与建议;监理工程师逐项组织讨论并作出决定或决议的意向。会议一般应按以下议程进行讨论和研究:

(1)确认上次会议记录。可由监理工程师的记录人对上次会议记录征询意见并在本次会议记录中加以修正。

(2)审查工程进度。主要是关键线路上的施工进展情况及影响施工进度的因素和对策。

(3)审查现场情况。主要是审查现场机械、材料、劳力的数额以及对进度和质量的适应情况,并提出解决措施。

(4)审查工程质量。主要针对工程缺陷和质量事故,就执行标准控制、施工工艺、检查验收等方面提出问题及解决措施。

(5)审查工程费用事项。主要是材料设备预付款、价格调整、额外的暂定金额等发生或将发生的问题及初步的处理意见或意向。

(6)审查安全事项。主要是对发生的安全事故或隐藏的不安全因素以及对交通和民众的干扰提出问题及解决措施。

(7)讨论施工环境。主要是承包人无力防范的外部施工阻挠或不可预见的施工障碍等方面的问题及解决措施。

(8)讨论延期与索赔。主要是对承包人提出延期或索赔的意向进行初步的澄清和讨论,另按程序申报并约定专门会议的时间和地点。

(9)审议工程分包。主要是对承包人提出的工程分包的意向进行初步审议和澄清,确定进行正式审查的程序和安排,并解决监理工程师已批准(或批准进场)分包中管理方面的问题。

(10)其他事项。会议中若出现延期、索赔及工程事故等重大问题,可另行召开专门会议协调处理。

4. 专题工地会议

施工期内出现的质量、安全、环保、费用、进度及合同管理等方面的重点、难点问题,在工地例会上有时不能深入讨论,需要召开专题工地会议进行专题研讨。

会议应由监理工程师主持,业主代表、承包人代表及其他有关人员参加,必要时应邀请有关专家参加。专题工地会议应根据工程需要及时召开。

第二章 公路工程施工进度监理

第一节 进度监理的作用和任务

为了加强公路工程基本建设项目管理,合理控制工程质量、工期和费用,提高投资效益与工程管理水平,必须进行工程承包合同条件下的项目建设监理,即实施合同管理中的质量、工期、费用三大控制。工程进度是工程承包合同规定工期中施工活动的时间安排,因此进度监理是履行工程承包合同的重要内容,工程进度涉及业主和承包人的重大利益,是合同能否顺利执行的关键。为此,在工程进度监理中,一定要把计划进度与实际进度之间的差距作为进度控制的关键环节,除满足工期要求外,还应满足合同规定的工程质量及费用要求,从而达到高效、经济的工程施工的目的。

一、进度监理的作用

目前我国要求列入基本建设计划的公路工程项目必须实行监理制度,这些公路工程项目的特点是投资大和建设周期长。大型公路工程项目投资常常几亿元到几十亿元,建设周期往往长达几年甚至更长时间,因而很有必要实施项目进度监理,使其尽可能按预定工期完成,力争早日通车而获取较大的投资效益。

实行工程进度监理的作用主要表现在以下几个方面:

(1)合理控制工期、质量和费用,使项目管理达到综合优化。

(2)通过审查施工进度计划及控制实际进度与计划进度差异情况,完善施工进度计划管理。

(3)除充分考虑时间控制问题外,同时还考虑劳动力、材料、施工机具设备等所必需的施工资源问题,使其最有效、合理、经济地配置与利用。

(4)通过计划、组织、协调、检查与调整等手段,调动施工活动中的一切积极因素,努力实现施工过程中各个阶段的进度目标,以确保工程施工全过程的总工期目标的实现。

二、进度监理的任务与控制目标

1. 进度监理的主要任务

与进度有关的单位很多,但影响最大的单位是承包人、监理工程师及业主,所以参与项目管理的三方只有大力配合,才能确保工程进度的合理控制,保证总工期目标的实现。

(1)承包人的任务是编制施工进度计划,并在计划执行过程中,通过实际进度与计划进度的比较,定期地、经常地检查和调整施工进度计划。

(2)监理工程师的任务是审批承包人编制的施工进度计划,并对批准的施工进度计划执行情况进行监督,从全局出发控制实际进度与计划进度的差距,根据差距情况发布调整施工进度计划的命令。

(3)业主应按工程承包合同要求及时提供施工场地和图纸,并尽可能地改善施工环境,为工程施工顺利进行开创条件。

2. 施工过程中各阶段的进度控制目标

施工过程一般包括三个阶段,即编制计划、执行检查、调整计划。各个阶段进度控制的目标分别为计划工期、偏差情况、调整内容。

在编制施工进度计划阶段,进度控制的目标是确定一个合理的计划工期。在承包人编制及监理工程师审批施工进度计划时,计划工期的确定应依据以下资料:

(1)本工程项目的工程承包合同中有关工期的规定,是确定计划工期的基本依据。合同规定的工程开工、竣工日期,必须通过进度计划落到实处。

(2)材料和设备的供应计划。如果已经编制了材料和设备的供应计划,那么施工进度计划必须与其相协调。

(3)已建成的同类工程或相似项目的实际工程进度情况是编制本项目施工进度计划的重要参考资料。

(4)投标书中确定的项目施工方案及工程进度计划。

(5)承包人的施工人员的技术素质及其机具设备能力。

(6)施工现场的特殊环境及其气候条件等。

具体制订施工进度计划时,应根据上述资料编制并对其进行优化后,方可予以实施。

在实施施工进度计划的过程中,总是希望实际进度按计划进度执行,直到工程项目按计划工期完成。但工程实践中,计划的不变是相对的,实际进度的改变是绝对的。因为在拟订施工进度计划时,不可能把施工中所有可能出现的情况都考虑进去,而且施工过程中由于自然条件等因素的影响,打破原有施工进度计划是司空见惯的事情,尤其是公路工程项目施工在露天进行,受气候影响严重。因此,公路工程施工过程中,进度计划不可能完全按原计划执行,其实际进度与计划进度经常出现差距。监理工程师在实施进度监理时,就是控制实际值与计划值的偏差情况,并作出合理的施工进度计划调整。

在施工进度计划开始实施以后,监理工程师必须经常评估和监督进度计划的实际执行情况;如果出现工期延误及实际进度的其他变化,则应将执行中的进度计划予以部分或全部地修改与调整。调整的工作内容及其调整期限,应依据工程项目实际情况确定。调整进度计划的目的是使其符合变化了的实际情况,以保证施工进度计划的顺利实现。

第二节　施工进度计划的编制与审批

一、施工进度计划的编制

1. 施工进度计划编制的原则

监理工程师应要求承包人在编制施工进度计划时必须贯彻合同条件及技术规范,真实、可靠并符合实际,清楚、明了便于管理,表明施工中的全部活动及其相互关系,反映施工组织及施工方法,充分使用人力和设备,预测可能的施工障碍及变化。

2. 施工进度计划的内容

工程总工期由工程准备期、主体工程施工期和竣工后的缺陷责任期三阶段组成。工程施工进度计划,就是对上述诸阶段的总的规划。工程进度计划是监理工程师对工程实施过程进行监理的前提。根据工程项目实施的不同阶段，其进度计划可分为总体进度计划，年、月（季）进度计划；对于某些起控制作用的关键工程项目（如桥梁、隧道、立交等），还应单独编制工程进度计划。

1）总体进度计划的内容

总体进度计划是从工程开工起，一直到竣工为止的这段时间内，各个主要施工环节的总的进度安排。其内容包括：工程项目的合同工期；完成各单位工程及各施工阶段所需要的工期、最早开始和最迟结束时间；各单位工程及各施工阶段需要完成的工程量及现金流动估算；各单位工程及各施工阶段所需配备的人力和机械的数量；各单位工程或分部工程的施工方案和施工方法；施工组织机构的设置及质量保证体系，包括人员配备、试验室配置等内容。

2）年度进度计划的内容

由于公路工程项目的建设周期较长，当项目比较大时，除需编制工程的总体进度计划外，还需编制年度和月进度计划。年度进度计划可按路基、路面、桥梁、立交、隧道等单位工程划分工程项目，根据年度季节、气候的变化，确定各项年度生产指标，合理安排施工进度。其内容包括：本年度计划完成的单位工程及施工阶段的工程项目内容，工程数量及投资指标；施工队伍和主要施工设备的数量及调配顺序；不同季节及气温条件下各项工程的时间安排；在总体进度计划下对各分项工程进行局部调整或修改的详细说明等。

3）月（季）进度计划的内容

月（季）进度计划，主要是确定月（季）施工任务，具体指导施工作业，进行月（季）施工中各项指标的平衡、汇总，以便综合衡量完成的工程数量和工程投资，作为考核月（季）施工进度情况的依据。其内容包括：本月（季）计划完成的分项工程内容及顺序安排；完成本月（季）及各分项工程的工程数量及投资额；完成各分项工程的施工队伍及人力和主要机械设备的配额；在年度计划下对各单位工程或分项工程进行局部调整和修改的详细说明等。

4）关键工程进度计划的内容

桥梁、隧道、立交等关键控制性工程，其施工工期常关系到整个工程项目施工总工期的长短。因此，需单独编制服从于工程总体进度计划的单项关键工程进度计划。具体内容包括：具体的施工方案和施工方法；总体进度计划及各道工序的控制日期；各施工阶段的人员和机械设备的配额及其运转安排；现金流动估算；施工准备及结束后清场的时间安排；对总体进度计划及其他相关工程的控制，依赖关系和说明等。

3. 施工进度计划的表示方式

一般的公路工程项目，其总体进度计划及关键项目的工程进度计划，常采用横道图，斜道图或进度曲线等方式表示；对于高等级大型项目，还应用网络图表示；年度、月（季）进度计划可采用横道图、进度曲线及有关形象进度图表示。

二、监理工程师对进度计划的审批

根据合同通用条件14.1款，承包人应在签订合同协议书后28d内，向监理工程师提交两份格式和内容符合监理工程师规定的工程进度计划，以及为完成该计划而建议采用的实施性的施工安排和施工方案的说明。

根据合同通用条件14.3款，承包人应在每年11月底前，或在将要开工以前，或在开工以后合理的时间内，向监理工程师提交以下阶段性的进度计划：年度进度计划及现金流动估算；月（季）进度计划及现金流动估算；分项（或分部）工程的进度计划。

监理工程师在收到承包人提交的各项进度计划后，应组织有关人员对进度计划进行认真的审查。审查的目的是：全面分析和检查承包人所制订的工程进度计划；了解计划中所采用的施工方案和技术措施等是否符合工程现场情况和实际条件；确认所制订的实现合同工期的目标是否合理和可行。审查工作可按以下步骤进行：

①阅读文件、列出问题、进行调查了解；

②提出问题与承包人进行讨论或澄清；

③对有问题的部分进行分析，向承包人提出修改意见；

④审查批准承包人修改后的进度计划。

进度计划审查的内容如下：

(1)工期和施工时间安排的合理性。即施工总工期的安排应符合合同规定的工期；各施工阶段或单位工程(包括分部、分项工程)的施工顺序和时间安排与材料和设备的进场计划相协调；对易受低温、冰冻、炎热、雨季等气候影响的工程的安排时间和预防保护措施是否得当；对动员、清场、节假日及天气影响的时间是否留有充分的余地。

(2)施工准备的可靠性。承包人的主要施工骨干人员及施工队伍的进场日期已经落实；施工测量放样、材料检查及标准试验的工作已经安排；驻地建设、进场道路、施工便道和便桥、供电、供水、通信等已经解决或已有可靠的解决方案；施工所需主要材料和设备的运送日期已有保证。

(3)计划目标与施工能力的适应性。即应审查承包人各阶段或单位工程计划完成的工程数量及投资额是否与承包人的设备和人力实际状况相适应；各项工程的施工方案和施工方法是否与承包人的施工经验和技术水平相适应；关键线路上安排的施工力量与非关键线路上安排的施工力量是否合适。

根据通用条件第14条规定，当监理工程师通过调查研究，如确认承包人为完成本合同工程而提供的工程进度计划是合理的，且是切实可行的时，应在合理的时间内同意承包人编制的进度计划，并通知承包人可按计划安排施工。若认为承包人所提交的工程进度计划与其实际的技术、装备能力不相适应，尤其是在计划中关键线路上的工作安排不合理时，则应要求承包人修订工程进度计划。重新修订的工程进度计划，亦应报监理工程师审批。

通常情况下，总体进度计划由总监理工程师负责审批；单项工程进度计划则由驻地监理工程师负责审批，并向总监理工程师负责。在工程开工后，驻地监理工程师应建立单项工程的月、旬、周进度报表及进度控制图表，以便对分项施工的工程进行更为具体的控制。

第三节　施工进度计划的控制、检查与调整

一、施工进度控制方法

1. 横道图比较法

横道图比较法是将项目实施过程中所观测到的实际进度，用横道线直接绘于原横道计划图中，并将二者进行直观比较。通过比较，使进度控制人员掌握进度现状以便采取相应措施。

当工程项目的各项工作按匀速进展，即某项工作单位时间内完成的工作量相同，或工作量(工作量可以是实物工程量，也可以是工时消耗或费用支出)的百分比相同时，可采用图2-1所示的方法进行比较。

该图的具体做法是:首先在横道计划上标出进度检查日期,然后在原计划的横道线下方作一条平行的横道线(涂黑部分),此横道线的长度应反映实际累计完成工作量的百分比,且应按比例作出。在实际工作中,这条横道线的右端点不一定正好与检查日期重合,若横道线右端点在检查日期左侧,则表示此刻的实际进度比计划进度滞后;反之,若横道线右端点落在检查期右侧,则表示实际进度比计划进度超前。此外,根据横道线右端点与检查日期差距的大小,还可知进度超前或滞后的大小。例如从图 2-1 中可知进度滞后 12.5%。

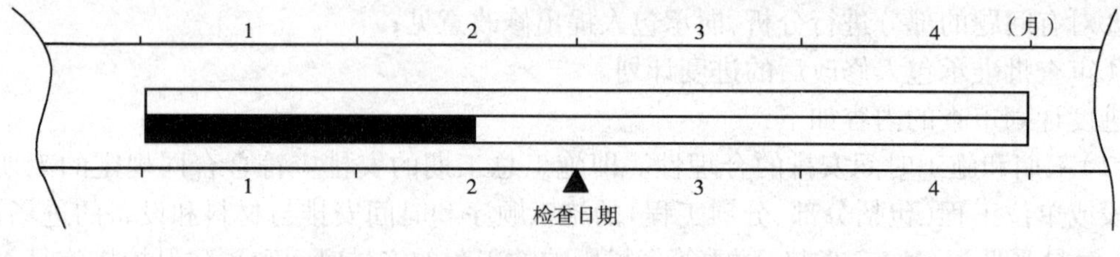

图 2-1　横道比较图(形式 I)

当工作按变速进展时,若再采用形式 I,则很难判明实际进度比计划进度究竟是超前还是落后,此时,应采用如图 2-2 所示的形式 II 进行比较。

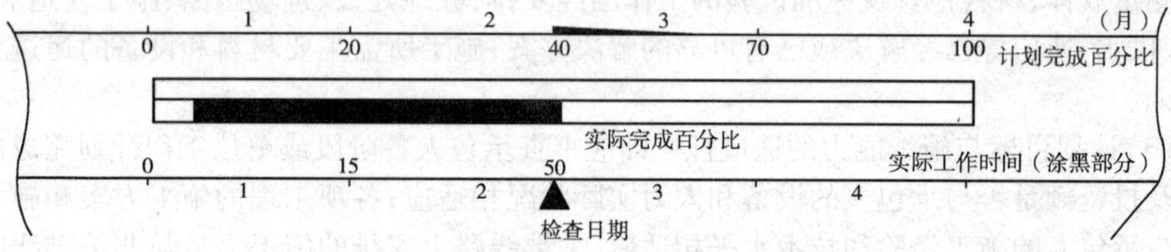

图 2-2　横道比较图(形式 II)

形式 II 的具体做法是:首先在原计划横道线的上方标出不同时间按计划累计应完成的百分比,然后在项目施工过程中,定期检查实际的进度情况,并将其画在原计划横道线下方,即涂黑部分,此外,还需在实际横道线下方的检查日期处,标出实际累计完成的百分比。进度控制人员只需将横道线上方计划累计完成量与横道线下方同一位置处的实际累计完成量进行比较,便可知道项目施工进度的实际情况。例如,从图 2-2 中可知:在第 2 月中,该工作的实际进度比计划进度超前 50% - 40% = 10%。

在形式 II 中,因横道线的长度表示的是实际投入该工作的时间,所以,形式 II 不仅适用于变速进展的工作,而且还能从横道图中观察到已完成的工作在当时的实际进展情况。如图 2-2所示,在第 1 月中,该工作实际完成了 15%。

2. S 形曲线比较法

S 形曲线也可直观反映工程项目施工的实际进展情况。通常,在计划阶段要绘制计划的 S 形曲线,在项目的实际进展过程中,每隔一定时间将实际进度情况的 S 形曲线绘在计划的 S 形曲线上,再进行直观比较,如图 2-3 所示。

从图 2-3 中可获得如下信息:

(1)工程实际进度。如按工程实际进度描出的点落在计划 S 形曲线左侧,表示此刻实际进度比计划进度超前,如图中的 a 点,反之,则表示实际进度滞后,如图中 b 点。

(2)进度超前或滞后的时间。图中 Δt_a 表示 t_a 时刻进度超前的时间,Δt_b 表示 t_b 时刻进度滞后的时间。

(3)工程量完成情况。图中 Δy_a 表示 t_a 时刻超额完成的工程量,Δy_b 表示 t_b 时刻拖欠的工程量。

(4)后期工程进度预测。图中,虚线表示若后期工程按计划进度速度实施,则总工期拖延的预测值为 Δt_c。

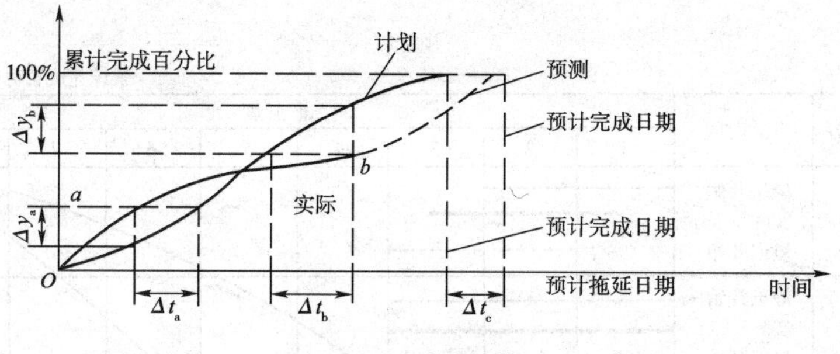

图 2-3　S 形曲线比较图

(5)分析工程拖期的界限。图 2-4 反映了 S 形曲线与其切线的关系,工期拖期界限的分析,是通过作 S 形曲线的切线进行的。在图中,由计划的 S 形曲线(细实线)上的 a_1 引切线,与通过点 b 且平行于横轴的直线交于点 b_1,此时,因 b_1 位于点 b 的右侧,说明项目进度较慢,按点 a_1 处的速度实施不能满足工期要求;若按点 b 向计划的 S 形曲线引切线,点 a 为切点,说明项目的速度若按 a 处的速度实施,则恰好能满足工期的要求;此外,a_2 为计划 S 形曲线的反曲线,该处工程项目的进展速度最快,其切线与通过 b 点且平行于横轴的直线交于点 b_2,并位于 b 的左侧,表明工程项目按此处的速度实施,可完全满足工期要求;但从实际的 S 形曲线(粗实线)上点 a_3 引的切线与通过点 b 且平行于横轴的直线交于点 b_3,因 b_3 位于 b 之右侧,说明若按点 a_3 处的速度施工,将不能满足工期要求。

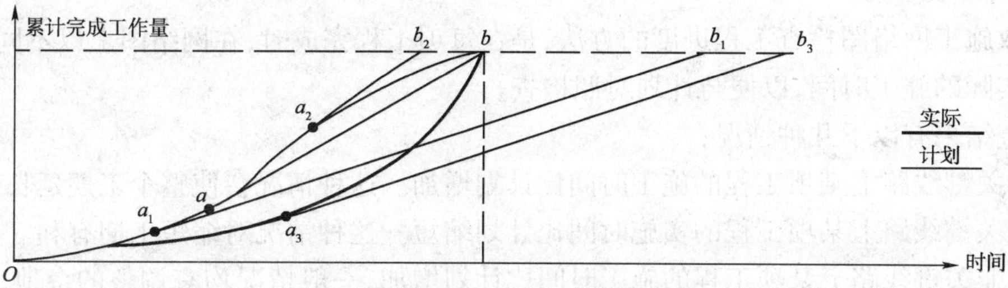

图 2-4　S 形曲线与其切线的关系

综上所述,为了保证工程项目按计划进度工期完成,实际的 S 形曲线上各点的切线应位于切线 ab 的左侧,一旦实际的 S 形曲线落在切线 ab 的下方,则必须采取措施,加快施工进度,以保证工期总目标的实现。

3. 横道图与香蕉曲线综合比较法

单纯利用香蕉曲线,虽然也能进行计划的合理安排、实际进度与计划进度的比较及像 S 形曲线一样对后期工程进行预测,但若能与横道图综合比较,就能在同一张图上既反映项目局部的进展情况,又反映项目总体的进展情况,如图 2-5 所示。

从图 2-5 中可获得如下信息:

(1)各项工作分别按最早开始时间和最迟开始时间安排的进度(通过横道图反映,如细实直线所示)。

(2)各项工作分别按最早开始时间和最迟开始时间安排进度时,项目总体应有的进展速度(通过香蕉曲线反映,如细实曲线所示)。

(3)项目实施过程中,各项工作的实际进度(通过横道图反映,如粗实直线所示)。

(4)项目实施过程中,项目总的实际进度(通过S形曲线反映,如粗实曲线所示)。

(5)各项工作的实际进度与计划进度之间的差距(通过横道图中粗实直线与细实直线的比较)。

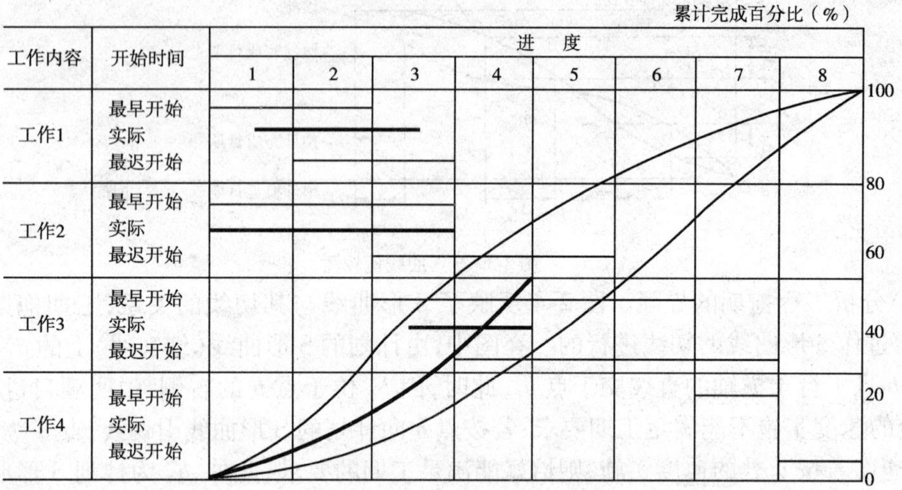

图 2-5　横道图与香蕉曲线综合比较图

(6)项目总体的实际进度与计划进度之间的差距(通过香蕉曲线中粗实曲线与细实曲线的比较)。

4. 网络技术法

采取施工网络图检查工程进度的方法,是在每项工程完成时,在网络图上以不同的颜色数字记下实际的施工时间,以便与计划对照检查。

检查结果有以下几种情况:

(1)关键线路上某项工程的施工时间比计划增加。这种情况会使整个工期延长。

(2)关键线路上某项工程的实施时间比计划缩短。这种情况对缩短工期有利。

(3)非关键线路上某项工程的施工时间比计划增加,一般情况均有调整的余地,对整个网络计划不会造成影响。但是,如果超出了非关键线路所具有的机动时间,就要检查是否会影响关键线路,甚至会使非关键线路变成为关键线路。

(4)非关键线路上某项工程的施工时间比计划缩短,整个网络计划将不受影响。

二、施工进度计划的检查

1. 每日进度检查记录

专业监理工程师应要求承包人按单位工程、分项工程或工点对实际进度进行记录,并予以检查,以作为掌握工程进度和进行决策的依据。每日进度检查记录应包括以下内容:

(1)当日完成及累计完成的工程量。

(2)当日实际参加施工的人力、机械数量及生产效率。

(3)当日施工停滞的人力、机械数量及其原因。

(4)当日承包人的主管及技术人员到达现场的情况。

(5)当日发生的影响工程进度的特殊事件或原因。

(6)当日的天气情况等。

2. 每月工程进度报告

监理工程师应要求承包人根据现场提供的每日施工记录,及时进行统计和标记,并通过分析和整理,每月向总监理工程师及其代表提交一份每月工程进度报告。其应包括以下主要内容:

(1)概况或总说明。应以记事方式对计划进度执行情况提出分析。

(2)工程进度。应以工程数量清单所列细目为单位,编制出工程进度累计曲线和完成投资额的进度累计曲线。

(3)工程图片。应显示关键线路上(或主要工程项目上)的一些活动及进展情况。

(4)财务状况。应主要反映承包人的现金流动、工程变更、价格调整、索赔工程支付及其他财务支出情况。

(5)其他特殊事项。应主要记述影响工程进度或造成延误的因素及解决措施。

3. 进度控制图表

监理工程师应编制和建立各种用于记录、统计、标记、反映实际工程进度与计划工程进度差距的进度控制图及进度统计表,以便随时对工程进度进行分析和评价,并作为要求承包人加快工程进度、调整进度计划或采取其他合同措施的依据。

三、施工进度计划的调整

通过对进度计划的检查,掌握了实际进度情况后,就可以根据变动情况进行进度计划的调整。调整的目的是根据实际进度情况,对进度计划作必要的修正,使之符合变化了的实际情况,以保证进度计划的顺利实现。

施工进度计划在年度内的调整,是最常见的一种调整。当月计划未完成,应要求在下个月的施工计划中补上。倘若由于某种原因,如发生了大的自然灾害,或因材料、设备、资金等未能按计划要求提供,使进度拖欠较多时,则要求承包人在季度或年度的其他月份调整,并应根据年度施工进度计划,结合实际可能,认真负责、实事求是地修订出合理可行的施工进度计划,报监理工程师批准。

工程的年度施工进度计划,承包人应力争在当年内完成。若出现意外情况,如发生承包人无法抗拒的自然灾害,或遭遇严重的不良地质情况,或材料、设备、资金供应等无法保证时,承包人虽通过各种努力仍难以完成年度计划时,则应允许部分工程的施工进度后延,即跨年度调整当年剩余月份的施工进度计划。不过,在调整时需注意:合同规定的竣工日期不能变;尽可能只调整非关键线路上的施工进度;若当年的月(季)施工进度计划的调整需跨年度时,应结合总进度计划的调整加以考虑。

在极特殊的情况下,当施工进度计划的调整已无法在合同规定的竣工日期内实现,则只能采取超过合同工期的办法进行调整。调整的总原则应使推迟通车的时间最短。

1. 关键线路的调整

当关键线路上某项工程的施工时间比计划增加,这种调整则十分困难,这意味着整个工期将延长,监理工程师应要求承包人修订、调整或制订新的计划。在这种情况下,应使承包人先把注意力集中在非关键线路上,看非关键线路上的工程是否有提前量,但是并不能把这种提前量赋给关键线路,而只能把非关键线路上的机械、人员调整到关键线路的某项工程上(机械应与工程配套、专业必须与之相符),以改变关键线路的时间。如果非关键线路上的某项或多项工程尽管有提前量,甚至有大的提前量,但调整下来的人员、机械又无能力去完成关键线路上的工程(如路基、路面等),在这种局面下,承包人将无法用自己已有的力量满足完成计划进度的需要。这样,为了满足关键线路的工程按计划完成,承包人则可能采用延长工作时间,或者重新增加新的机械和人员的方法。但是,有时即使承包人主观想延长工时,增加机械和人员,往往会产生因为施工工序的衔接、工艺流程、工程安排顺序、工作场地及作业面的大小等问题而使承包人无法达到预期的目标,从而将给计划的调整带来麻烦。因此,对于计划的调整,监理工程师最好在日常工作中随时注意关键线路上的工程有无可能受到影响。要做到这一点,监理工程师就要利用他的监控系统及时得到进度的有关信息,特别是在工程施工的良好季节,除要求承包人在实施计划中执行日报、月报外,必要时还要报旬报或由监理工程师召开碰头会,以便及时解决计划进度受阻的有关问题。一般情况下,应每隔 2 ~3 个月要求承包人调整一次计划。

2. 非关键线路的调整

对于非关键线路,如果实际进度与计划进度的差距并不对关键线路的实际进度造成不利影响时,监理工程师可不必要求承包人对整个工程进度计划进行调整;如需要调整计划,则这种调整只是局部的调整。监理工程师也可同意非关键线路上的工程延长一定的时间,但这种延长不是无限制的,不能使这种延长影响到关键线路。

3. 进度计划延误的处理

由于承包人的原因造成工程进度的延误,而承包人又拒绝接受监理工程师加快工程进度的指令,或虽采取了加快工程进度的措施,但仍然不能赶上预期的工程进度,并将使工程在合同工期内难以完成时,监理工程师应对承包人的施工能力重新进行审查和评价,并发出书面警告,还应向业主提交书面报告,必要时建议对工程的一部分实行强制分割或考虑更换承包人。

第三章 公路工程施工费用监理

第一节 概 述

一、工程费用

1. 工程费用的组成

工程费用由直接成本、间接成本和利润三部分组成。

1)直接成本

直接成本指完成该建设项目的施工任务而直接用于工程上的费用。包括消耗在施工中的全部材料费、机械使用费、人工费和其他有关费用四个部分。

2)间接成本

间接成本指为完成工程施工任务而间接发生的费用及间接为工程服务而发生的费用。由施工管理费(包括现场管理费及总部或上级管理费)和其他间接成本组成。其中,其他间接成本包括各种分摊费用,如投标费、合同公证费、各种保险和保函手续费、临时设施费、各种税金、办公费和试验费等。

3)利润

工程费用中利润的多少,主要取决于承包人施工管理水平的高低及合同价格的合理与否。一般情况下,编制标底时按平均利润率来确定预算工程费用中的利润,而承包人在投标报价时,则是按自己的投标策略来确定利润额,并将其注入单价中。因此,工程价值的大小已由合同预先定价,承包人实际获得利润的多少,必须取决于他对工程实际成本的控制能力。

2. 工程费用管理的特点

采用FIDIC模式进行工程管理的项目体制,其费用管理也具有不同的特点。其突出表现是项目管理中加入了监理工程师这个中介,并且,监理工程师作为工程项目的调控中心,在费用方面具有支付额调整、签认的权力。

1)承包人申请、使用

工程商品是承包人出卖给业主的产品,其耗费即工程费用也主要由承包人使用,每次支付都是由承包人向监理工程师提出申请。只有当承包人被驱逐,并且剩余工程由业主直接完成时,工程费用才由业主自己使用,但这种情况少见,往往是业主驱逐了承包人之后,再招请另外的承包人来完成工程。

2)监理工程师签认

监理工程师在施工活动中按合同文件对承包人进行的施工活动作出价值计算,对其工作价值进行签认和证实,对施工过程中发生的其他各种意外情况进行记录和分析,并就承包人所遭受的损失作出估算和证实。这就是监理工程师的所谓“支付权”,它是监理工程师完成监理工作的最终、最重要的调控手段。

3)业主支付

业主在承包人完成了既定施工任务,达到合同的要求,经监理工程师确认其价值后,应向承包人支付工程费用。

3. 影响工程费用的因素

1)设计因素

设计好坏是工程费用高低的决定性因素之一。一方面,设计直接决定了工程费用的预测值;另一方面,施工活动直接以设计为依据。设计深度达到规定要求且设计方案正确合理,工程费用的预测就相对准确;反之,工程费用的预测就会产生偏差。

2)施工因素

施工是工程的实际建造过程,工程费用的多少直接取决于施工生产的成本高低。因此,施工是直接影响工程费用的关键因素。

3)合同因素

合同是工程费用计算与支付的依据,合同的科学和公正与否将直接影响工程费用。一方面,合同条款和内容是决定工程标底与报价的依据。如果合同条款不明确或有漏洞,必然使工程费用无法准确计算,并在支付时发生纠纷。另一方面,在施工过程中,监理工程师根据合同文件确认工程价值,承包人也根据合同文件提出付款申请,若其用词含糊不清或有漏洞,将导致工程费用无法准确估算和支付。

4)业主因素

应由业主解决的施工条件,业主没有及时解决或解决不妥,或是业主的不合理决定,将直接导致承包人的索赔而使工程费用增加。

5)监理工程师因素

监理工程师是工程费用多少的直接确认者,对工程费用有着至关重要的作用。如果监理工程师工作不认真或不负责,或监理措施不力,以及监理工程师缺乏公正的立场,都将直接影响工程费用的合理性和准确性。

6)社会因素

社会因素也是影响工程费用的关键因素。因为工程施工是一种社会活动,必然受社会因素的影响,其中主要有物价因素、汇率因素、社会风气因素和影响工程施工的其他因素如战争、动乱等。

7)自然因素

常规的自然因素在设计时已考虑,正是在正常的自然条件这一前提下确定设计和施工方案,并进而确定工程费用的预测值。但实际施工过程中,有时可能会遇到各种异常的自然条件,如各种自然灾害(洪水、暴雨、地震等)和地下情况的意外(如无法预见的埋藏物及意外的地质条件等)。这些情况一旦发生,也将直接增加工程费用。

二、工程费用监理的原则和方法

1. 工程费用监理的重要性

工程费用监理,就是监理工程师按合同文件,依据工程实际情况,对工程费用的计算与支付实行监督管理。它是工程监理的主要工作之一。其核心是工程的计量与工程费用支付两个方面。工程费用的有效监理,一方面直接关系到工程造价和投资效益,关系到合同的实施和投资目标的实现;另一方面也是保证监理工程师全面采取监理措施,进行质量和进度监理的有效手段。工程费用监理直接涉及业主和承包人的利益,是各方关注的焦点和核心,因此,搞好费用监理,是保证工程施工任务顺利完成的前提和条件。

工程费用监理的内容包括各项工程费用。在施工活动中所发生的一切费用都是其监理对象,都必须做好记录,为各项工程费用的最终签认做好准备。

工程费用监理的目标是组织和协调好业主与承包人之间的收支行为,使他们之间发生的每笔工程费用都符合合同要求,并做到准确合理。

工程费用监理的核心是计量与支付,FIDIC 合同条件采用以单价为基础的支付办法。监理工程师除了控制好合同中工程量清单所列各项费用的计量与支付之外,还应对清单之外的各类合同支付进行严格监理,并尽可能地减少合同以外的不合理开支。

2. 工程费用监理的原则

1)政策性原则

费用监理是一项政策性、法律性、经济性和技术性很强的工作,必须根据国家的方针政策办事。要严格遵守国家的法律和有关制度,处理好国家整体利益和局部利益的关系;同时还必须遵循工程项目本身内在规律的要求,处理好进度、质量、费用和安全、环保五者之间的辩证关系。

2)合同原则

工程承包合同,既综合体现了国家的经济政策和基本建设管理制度及法律,又全面概括了工程设计意图和要求,并综合考虑了施工中的各种因素,是有关工程施工的综合性文件。监理工程师在进行工程费用监理时,必须以合同为依据,按合同要求处理好各类工程费用的签认与支付。

3)公正原则

工程费用的支付直接涉及业主和承包人的利益,因此,监理工程师必须恪守公正的原则来进行费用监理。在工程施工活动中,监理工程师处于主导地位,合同赋予了相应的权力。承包人与业主的货币收支行为是否准确、合理,取决于监理工程师所签认的工程费用是否公正。要使工程费用既合理又准确,只有监理工程师保持公正才有可能。监理工程师在费用监理过程中必须认真负责,以实事求是的精神和科学的态度做好每一项工作,确保自己站在客观、公正的立场上。

4)责、权、利相结合的原则

要做好工程费用监理的各项工作,同样必须贯彻责、权、利相结合的原则。“责”是要完成费用监理任务的责任;“权”是指监理工程师为了完成费用监理任务,对于必须采取的措施所应有的权限,即实施费用监理的权力,确切地说是监理工程师必须拥有工程计量与工程费用签认的权力;“利”是根据费用监理任务完成的好坏给予监理工程师的奖惩。

费用监理必须明确职责,否则无人负责;监理还必须有权,没有权,也就无从监理;同样,还必须有利,有利才能充分调动积极性和促进责任的履行。只有责、权、利高度结合,才能有效地做好费用监理工作。

3. 工程费用监理的方法

费用监理的方法很多,从不同的角度可以进行不同的分类和总结,现仅从时间的角度进行归类。从监理措施采取的时间上来看,可以分为事后监理(反馈监理)、事前主动监理(前馈监理)和跟踪监理(过程监理)三类。

1)事后监理

事后监理是指监理工程师将计量证书和支付证书以及各种相关的调节信息输送出去后又把作用结果的信号返送回来,并对信息的再输出发生影响,以起到费用监理的作用。在费用监理中,为了对施工中的各种耗费进行有效的监理,要求把实际耗费与合同价进行比较,并把发生偏差的信息反馈给各方,以便及时进行调节,保证费用监理目标的实现。

2)事前监理

事前监理又叫主动监理,是指在发生目标偏差以前,即在实际工程费用超过合同价格之前,根据预测的信息,采取相应的措施予以调节,使工程费用不偏离或尽量少偏离合同价。比如对工程量清单中的分项工程(工程细目)作出单价分析表,了解承包人的报价水平,对各种单价(含计日工单价)作出分析,以便在出现工程意外时拟订并采取必要的措施。

从事后监理来说,往往由于在监理工程师获得偏差信息的时间和偏差发生的时间之间有时间差,所以这种信息反馈的滞后性使得偏差无法立即被发现,影响纠正偏差的时效和作用。尤其在工程施工过程中,各种意外情况如地下埋藏物等经常发生,单纯依靠承包人来报告意外事件的发生之后再去处理,将造成不必要的损失。因此,应加强预防,进行事前的主动监理。这意味着监理工程师必须在全面了解工程特点,承包人的施工能力及技术水平,施工环境和地质地形及原材料等情况的基础上,对下阶段施工中可能出现的意外情况进行预测。在预测的基础上,采取预防措施,从而做到更有效的监理。

3)跟踪监理

跟踪监理是指监理工程师跟踪施工过程,并对其进行监理,是监理工程师在施工现场进行监理,如旁站监理即是一种典型的跟踪监理。

跟踪监理同事前监理的区别是,前者在工程费用发生的当时就在现场进行监理,而后者则是通过制订措施,明确合同价款等来进行监理;后者还有可能对现有施工条件进行改变,可从较远的时间和较好的施工条件出发来加以考虑,而跟踪监理就没有这些条件。

跟踪监理同事后监理的区别是,跟踪监理的反馈时间很短,几乎是瞬时反馈,采取的措施必须是当机立断,没有过多的时间来全盘考虑;而事后监理则不同,它可以把实际的工程费用与工程费用的目标值与合同价进行比较,把差异原因搞清楚,把差异责任查明白,并提出全面的处理措施和意见,作为下一步工作的依据,而跟踪监理就无此可能。

跟踪监理是一种日常的监理,事前监理与事后监理最后都要通过日常监理才能起作用。没有跟踪监理,事前监理和事后监理就没有意义。另一方面,跟踪监理能及时反馈信息,可以立即采取措施加以调整,监理效果立竿见影。

因此,费用监理事实上存在三种方法,只有将三者有机地结合起来,才能搞好费用监理,片面或单纯采用某一方法都无法有效地搞好费用监理工作。

第二节　工程量清单

一、概述

1. 工程量清单及其作用

所谓工程量清单就是招标单位按照一定的原则将招标的工程进行合理分解,以明确工程的内容和范围,并将这些内容数量化的一套工程项目表。工程量清单是合同文件之一,它反映出每一个相对独立项目的主要内容和预算数量，并且通常以每一个体工程为对象，按分部、分项工程列出工程数量。工程量清单一般由招标单位提供，但国际上的某些工程项目招标，并无工程量清单，而仅有招标图纸，这就要求投标人按照自己的习惯列出工程细目并计算出工程量。我国的公路工程招标都由招标单位提供工程量清单。在《公路工程国际招标文件范本》（以下简称《国际范本》）的第六篇和《公路工程国内招标文件范本》（以下简称《国内范本》）的第七篇专门介绍工程量清单，在这两个范本的第四篇和第五篇的"技术规范"中给出了按章、节、目排列的工程细目表，以供招标单位制作工程量清单时参考。

工程量清单的作用主要体现在三个方面：其一是便于招标单位编制标底。工程量清单必须按照一定的分项规则和工程量计算方法编制，其中分项规则一般在技术规范中有明确规定，而工程量计算方法一般参照国内的有关规定及国际惯例。应当指出，工程量清单的分项同概、预算分项存在较大的差别，不能直接套用概、预算项目表，而应按招标文件中技术规范的要求进行编制。在此基础上，招标单位就可计算出标底。因此，工程量清单的分项应力求清楚明了，不重不漏。其二是为所有投标人提供一个报价计算的共同基础，这样既使他们能够高效准确地编写报价单，合理地进行投标报价，又便于评标时对报价进行分析比较。其三是为实施工程计量与支付提供重要依据。由承包人填写单价的工程量清单即为报价单。

2. 清单工程量

清单工程量是指工程量清单中所列的工程数量，它是在实际施工生产前根据设计图纸和说明及工程量计算规则所得到的一种准确性较高的预计数量，而不是承包人应予以完成的实际和准确的工程量。

计算清单工程量时，一定要注意与技术规范和设计图纸的统一，也就是说工程量清单的工程量，其计算规则应与技术规范的计算规则完全一致。特别是当同一个工程由不同单位设计，不同单位编制技术规范和工程量清单时，应通过认真分析确定统一的工程量计算规则，并注意搞好协调工作，否则，会给评标和将来的施工监理工作带来麻烦。

二、工程量清单的内容

工程量清单由前言、工程细目、计日工明细表和工程量清单汇总表四部分组成。

1. 前言

前言，在某些合同文件中又被称为清单序言，它对工程项目的工作范围和内容、计量方式和方法、费用计算依据进行描述，因此在招、投标期间对工程报价有影响，在工程实施期间对工程是否进行计量与支付以及如何进行计量与支付有影响。工程发生变更及费用索赔时，它的参考作用更明显，直接影响监理工程师对单价的确定。概括起来，前言强调如下几个方面的内容：

（1）工程量清单应与投标须知、合同条件、技术规范及图纸等文件结合起来理解或解释。

（2）除非合同另有规定，工程量清单中有标价的单价或总额价均已包括了为实施和完成合同工程所需的劳务、材料、机械、质检、安装、缺陷修复、管理、保险、税费、利润等费用，以及合同明示或暗示的所有责任、义务和一般风险。

（3）工程量清单中的每一个细目，不论数量是否标出，都须填入单价或总额价。投标时没有填入单价或总额价的细目，其费用应视为已分配在工程量清单的其他单价或总额价之中。

（4）符合合同条件规定的工作若没列细目，其费用应视为已分摊在本合同工程的有关细目的单价或总额价之中。

清单　第200章　路　基　　表3-1

合同段编号:　　　　货币单位:人民币元

细目编号	项目名称	单位	数量	单价	合价或金额
202-1	清理与掘除				
-a	清理现场	m^2			
-b	砍伐树木	棵			
-c	挖除树根	棵			
202-2	挖除旧路面				
-a	水泥混凝土路面	m^2			
…					
202-3	拆除结构物				
…					
202-4	路基挖方				
-a	挖土方	m^3			
-b	挖石方	m^3			
-c	挖除非适用材料(包括淤泥)	m^3			
203-2	改河、改路、改渠挖方	m^3			
…					
204-1	路基填筑(包括填前压实)				
-a	换填土	m^3			
-b	利用土方	m^3			
-c	利用石方	m^3			
-d	利用土石混填	m^3			
-e	借土填方	m^3			
-f	粉煤灰路堤	m^3			
-g	结构物台背回填	m^3			
204-2	改河、改路、改渠填筑				
…					
205-1	软土地基处理				
…					
…					

清单　第200章合计　人民币________________

(5)工程量清单中所列工程量的变动,丝毫不会降低或影响合同条件的效力,也不免除承包人按规定的标准进行施工和修复缺陷的责任。

2. 工程细目

工程细目又叫分项清单表,是招标工程中各个项目按章的顺序排列的表格。工程细目表中有项目编号、项目名称、工程数量及单位、单价及款额等栏目。工程细目分章排列有利于将不同性质、不同位置、不同的施工阶段或其他特性不同的工程区别开来,有利于将那些需要采用不同施工方法或不同施工阶段或成本不一样的工程区别开来。

工程细目按章、节、目的形式设置,至于具体分多少章,章中分多少节,节下又分多少目,则应根据工程实际情况确定。《国际范本》分为 10 章,《国内范本》则分为 7 章。表 3-1 摘录《国内范本》(2003 年版)分章中的第 200 章节、目表,以供参考。

3. 计日工明细表

计日工俗称"点工",当工程量清单所列各项均没有包括,而这种例外的附加工作出现的可能性又很大,并且这种例外的附加工作的工程量很难估计时,则需以计日工明细表的方法来处理这种例外。应当指出,国内工程不太使用计日工,但 FIDIC 条款下使用计日工的场合很多,监理工程师应当认真对待这一灵活性较强的工作。

计日工明细表由总则、计日工劳务、计日工材料、计日工施工机械以及计日工汇总表等五个方面的内容组成。相应的表格有四个,即计日工劳务单价表、计日工材料单价表、计日工施工机械单价表以及计日工汇总表。各表的具体内容参见《国内范本》(2003 年版)。

4. 工程量清单汇总表

汇总表是对分项清单的汇总,包含由各个工程量清单以章结转过来的内容,同时还列有考虑计日工、工程意外和价格意外等的暂定金额。详见表 3-2。

工程量清单汇总表

表 3-2

合同段编号:

序号	章次	科目名称	金额(人民币元)
1	100	总则	
2	200	路基	
3	300	路面	
4	400	桥梁、涵洞	
5	500	隧道	
6	600	安全设施及预埋管线	
7	700	绿化及环境保护	
8	第 100 至 700 章清单合计		
9	已包含在清单合计中的专项暂定金额小计		
10	清单合计减去专项暂定金额即(8 - 9) = 10		
11	计日工合计		
12	不可预见费(暂定金额)		总额
13	投标价(8 + 11 + 12) = 13		

三、工程量清单的优点

根据以上所述，现将工程量清单的优点总结如下：

1. 管理简单

由于清单中的单价包括了工程项目的所有费用，对业主和监理工程师来说，施工过程中的管理就变得十分方便。业主根据承包人进度计划中每个时期完成的工程量按照清单中的单价搞好资金筹措。监理工程师在实施监理过程中，除了按合同条件第51条、52条对个别项目的单价进行变更外，避免了由于单价引起的任何麻烦。

2. 适应性强

由于工程量清单中的数量不作为结算工程价款的凭据，清单中的数量可以是一个估算的数量。因此可以采用施工图设计或初步设计中所计算的工程量编制招标文件，进行招标，特别是在投标期间对于一些项目当没有足够资料估价时，还可以暂定金额的形式予以考虑。

3. 竞争性强

建设市场改革采用招标、投标制度的目的就是反对垄断，鼓励竞争，而单价合同的竞争性最强，承包人为了中标就必须提高管理水平和技术水平，并提出一个合理的报价。

4. 保险性好

这主要是指采用单价合同的工程量清单对业主和承包商双方都保险。合同条件中对合同双方的风险作了明确而详细的规定。一般不经常发生的风险或对单价影响较大但又无法预料的风险（例如战争、叛乱等特殊风险，不利的外界障碍、后继的法律等风险），均由业主承担。这就避免了由于上述风险的发生导致承包商的破产，而对业主来说，由于规定了这些风险由其承担，在招标时就可以得到一个合理的报价。

第三节　工 程 计 量

一、工程计量的有关规定

1. 计量的范围

工程计量的范围包括：工程量清单及修订的工程量清单的内容（如监理设施、土方工程、排水工程、路基工程、路面工程、桥梁附属工程等）；合同文件规定的各项费用支付（如费用索赔、各种预付款及扣回、保留金、违约罚金、材料设备的价格调整等合同方面的事宜）。

2. 计量的依据

工程计量的主要依据是：工程量清单及说明；合同图纸；工程变更令及修订的工程量清单；合同条件；技术规范；有关计量的补充协议；《索赔时间金额审批表》。

3. 计量时间

根据合同规定，监理工程师应及时对已经完成且质量合格的工程细目进行计量，并且对一切进行中的工程，均需每月粗略计量一次，到该部分工程完工后，再根据规范的条款精细地计量。每月进行计量的目的是掌握工程进度情况及核定月进度款（即中期支付证书），为此，监理工程师应填制“中间计量单”。

对于隐蔽工程，则须在隐蔽工程覆盖之前进行计量。否则，在覆盖后进行计量将使工作更复杂和更困难。

4. 计量程序

工程计量由承包人提出，并附有必要的中间交验申请、试验报表等资料，报监理工程师，以便安排工程计量工作。如果监理工程师欲对工程的任何部分进行计量，应按照通用条件的规定，事先通知承包人或承包人代表。承包人或承包人代表应立即委派合格的人员前往协助监理工程师进行计量工作，同时，还应提供必要的人员、设备和交通工具。

计量工作，可以由监理工程师和承包人双方委派合格人员在现场进行计量或监理方单独计量，也可以由承包人实施，但计量时监理工程师必须进行监督，以便及时检查核定。无论采用哪类计量类型，其结果都需经监理工程师和承包人双方同意、签字认可。

5. 有关工程计量的规定

如果承包人在收到监理工程师的计量通知后，不参加或未派人参加计量工作，根据通用条件规定，由监理工程师派出人员单方面进行的工程计量，经监理工程师批准的计量应认为是正确的工程计量，可以用作支付的依据，承包人不能对此种计量提出异议。

如果对永久工程采用记录和图纸的方式计量，则监理工程师应准备该项工程项目的图纸和记录。当承包人被通知要求参加此项计量时，应在通知发出后合同规定的时间内同监理工程师一道查阅和确认记录和图纸，并在双方取得同意时，在其上签字。如果承包人不参加或不派人参加上述记录和图纸的审查与确认，则应认为这些记录和图纸是正确无误的。除非承包人在上述计量后合同规定的时间内向监理工程师提出申辩，说明上述图纸和记录有不确切之处，要求监理工程师予以决断。监理工程师在收到承包人的申辩后应进一步检查记录和图纸，或者维持原议或者进行修改，并将复议后的结果通知承包人。

二、工程计量的原则和方式

1. 计量原则

(1)不符合合同文件要求的工程不计量。

(2)按合同文件所规定的方法、范围、内容、单位计量。

(3)按监理工程师同意的计量方法计量。

2. 计量方式

计量方式一般有如下三种：

(1)实地测量与实地勘查。如土方工程，一般对横断面宽度、挖方的边长等需进行实地测量和勘查。又如场地清理，也需要按野外实地测得的数据，根据计算规则进行计算。

(2)室内按图纸计算。对钢筋混凝土结构物以及多数永久工程，一般可按图纸计算工程量。

(3)根据现场记录。如计日工必须按现场记录来计算。又如打桩、采芯时的钻探记录，打桩工程的施工记录等，还有工程量清单第100章的大部分内容为现场检查和记录。

通常，一个工程项目的计量往往是上面三种方式的综合运用。

工程计量的细则可参见《公路工程国内招标文件范本》技术规范中的有关规定。

第四节 工程费用支付

一、支付种类

在工程费用监理中，监理工程师处理的费用支付种类很多，而不同种类的支付有不同的规定程序和办法，因此，监理工程师必须全面了解支付的分类。

1. 按时间分类

按时间分类，工程费用支付可分为前期支付、中期支付以及最终支付三种。

1）前期支付

前期支付有开工预付款、履约保函和保险三种。其中开工预付款是由业主提供给承包人的无息款项，按一定条件支付并扣回。

2）中期支付

中期支付有工程款、暂定金额、计日工、材料设备预付款、工程变更、保留金、索赔、价格调整、迟付款利息、对指定分包人支付、合同中止后支付以及工程交工支付等项目。中期支付按月进行，由监理工程师开出中期支付证书来实施。

3）最终支付

最终支付是业主与承包人之间的最后一次结算。监理工程师应确认承包人的遗留工程及缺陷工程已完成并达到规范标准后，签发最终支付证书。

2. 按支付内容分类

按支付内容可分为工程量清单内的付款和工程量清单外的付款，即所谓的清单支付和合同支付。

1）清单支付

清单支付，就是监理工程师首先按照合同条件、技术规范和工程量清单的有关规定进行计量，确认已完成的实际工程量，然后根据已确认的工程数量和报价单中的单价，计算和支付工程量清单中各项工程费用。

2）合同支付

合同支付，就是监理工程师按照合同条件的规定，根据日常记录、现场实证资料和工程实际进展情况，计算和支付工程量清单以外的各项费用。

清单支付在支付款总额中所占比重很大，是主要支付，但在合同文件中规定得比较明确，因而操作起来比较容易。合同支付虽然占的比重比较小，但支付难度较大，这是因为合同文件中无法对这些支付项目作出准确估计和详细规定，它们的发生取决于多方面的情况，例如，工程施工过程中本身遇到的客观意外和工程管理中发生的各种问题，以及法规变更、物价涨落等政治和社会环境的影响。由此可见，合同支付是否合理和准确，就完全取决于监理工程师对合同条件的正确理解以及是否及时掌握了现场实际情况。

3. 按合同执行情况分类

根据合同执行情况分为正常支付和合同中止支付两类。

1）正常支付

正常支付是指业主与承包人双方共同努力使整个合同得以顺利履行而产生的支付结果。

2）合同中止支付

合同中止支付是指由于工程遇到战争、骚乱等合同规定的特殊风险、承包人违约以及业主违约等三方面原因导致合同无法继续履行而出现的支付结果。无论何种原因导致合同中止，监理工程师都应按照合同条件、技术规范等有关文件的规定处理好各项费用的支付。

二、支付的原则和程序

1. 支付的一般问题

1）支付时间

按合同规定的时间支付。《公路工程国内招标文件范本》通用条件规定，业主应在收到监理工程师的中期支付证书的21d内支付或最终支付证书的42d内支付。

2）支付的最低限额

公路招标项目在合同专用条件中规定每月支付的最低款额。一般规定：每月支付金额不低于合同总价的2%，若当月没有达到，则暂缓支付。

3）支付范围

所有到期并符合合同要求的工作内容均应计价支付。

4）支付方法

根据各种工程费用的特点和支付要求分项、分类计算，汇总后扣减承包人对业主的支付。

5）支付货币

工程费用中人民币与外币的比例应按补充资料表（即投标书附表）中所定的百分比确定。

2. 支付的原则

支付是工程费用监理的关键，亦是监理工程师的核心权力。因此，监理工程师在费用支付中，一定要站在公正的立场上，客观而准确地评价承包人的施工活动，认真、负责和正确地确定工程费用，并及时加以签认，让承包人能及时获得工程款。为了达到公平合理的支付目标，应遵守下述原则：

（1）支付必须以工程计量为基础。

（2）支付必须以技术规范和报价单为依据。

（3）支付必须以合同条款和日常记录资料为依据。

（4）支付必须严格按照规定的程序进行。

（5）支付金额必须大于阶段证书的最低限额。

（6）支付必须及时。

3. 支付程序

在合同实施期间的历次中期支付，或交接证书签发后的支付，或缺陷责任期终止后的最终支付，都必须按照付款的程序进行。基本支付程序如下：

1）承包人提出申请

支付工程费一般由承包人首先通过监理工程师向业主提出付款申请，承包人在提出付款申请时要出具一系列的报表，以说明其申请金额的准确性。其主要工作就是填好月报表或月结账单。

2）监理工程师审核与签认

监理工程师对承包人的月报表进行全面审核和计算（监理工程师有权修改月报表中的错误或不实之处），在逐项审核和计算的基础上签认应支付的工程费用。一般以支付证书的方式确认工程费用的数额。

3）业主付款

业主收到监理工程师签认的支付证书后，在规定的时间内支付费用给承包人。

三、支付项目

1. 清单支付

清单支付是工程费用支付中最主要和最基本的内容,一般包括以物理单位计量的工程、以自然单位计量的项目、暂定金额和计日工四类。凡在工程费用预算时能够比较准确地计算其工程内容的,都将以物理单位和自然单位来计量;不太明确却可能发生的工程内容则使用计日工和暂定金额来估算。当项目以物理单位计,在支付时,以其计量的数量与单价相乘即可;而以自然单位计量的项目,在支付时,则必须另行规定支付比例和具体的支付办法。

1)以物理单位计量的支付项目

工程量清单中的绝大部分工程内容是以物理单位计量支付的,其费用约占整个工程费用的85%左右。其支付条件是完成了技术规范和图纸所规定的工作内容,且质量合格、计量准确、达到监理工程师满意。支付的具体做法是将承包人每月完成的工程项目的计量数量与其相应的单价相乘,并通过中期支付证书支付工程进度款,及由最终支付证书支付最终结算款来实施。

2)以自然单位计量的支付项目

以自然单位计量支付的项目有以下两种情况:

(1)按项计量支付的项目,如某一涵洞、通道、房屋或某一项试验等。

(2)单纯按自然单位计量支付的项目,如挖树根(以棵计)、桥梁的橡胶支座(以块计)、照明灯柱(以根数计)等。

其中,第一种支付比较麻烦,第二种则比较简单,只需用计量数量与其相应的单价相乘即可。

涵洞、通道、房屋等结构物,均为按项支付的项目。这类项目的支付,应在该项工程开始前或开工初期就拟定支付比例,支付比例可按各部位的工程价值及其在该项工程中所占的百分比来确定。一般情况下,按结构的形式和其施工顺序将结构物分解成不同的工程部位,然后再估算各部位的价值并计算该部位价值在结构物总价中所占的比例较为方便。由此可见,支付比例的确定是关键,支付比例一旦确定下来,即可按形象进度进行支付了。现以某涵洞工程的支付为例。

【例3-1】 某合同规定混凝土管涵为按项支付,在报价单中,该项总额为10万元。试确定其支付比例,并计算基坑开挖和基础浇筑完成后,业主应向承包人支付多少费用?

解:根据施工顺序,可将混凝土管涵施工分为5个阶段,即5个部分。各部分的支付比例估算如下:

(1)开挖基坑和浇筑基础,占20%;

(2)铺设混凝土管,占40%;

(3)回填与压实,占10%;

(4)洞口、护坡与挡墙,占25%;

(5)现有排水系统连接,占5%。

以上共计100%。

故当基坑开挖和基础浇筑完成后,应支付:

$$100000 \times 20\% = 20000(\text{元})$$

3)计日工

(1)计日工使用的规定。FIDIC通用条件规定:计日工是用于完成在招、投标时不能预料的一些工作；在合同实施过程中增加的工程或工程项目的工程数量，性质不明的工程或完成工程项目必需的附属工程；以及监理工程师认为必要或可取，可以指令按计日工完成的任何特殊的较小而需变更的工程。

计日工的使用必须得到监理工程师的批准。承包人用于计日工的劳务不允许加班；用于计日工的材料一般应由承包人提供，且未经监理工程师同意时不得任意改变；用于计日工的施工机械应由承包人提供，若因故障或闲置时，则不支付费用；除非监理工程师事先同意，承包人不得将计日工任意分包。

(2)计日工的支付。对所有按计日工方式施工的工程，在其持续进行的过程中，承包人应每天将从事该项工作的所有工人的姓名、工种及工时的清单一式两份，以及表明该项工程所用的材料和承包人装备(计日工明细表中已包括了以附加百分比表示的承包人装备除外)的名称和数量的报表一式两份，经监理工程师审批后，其副本应退还给承包人作为支付的依据。在每月结束时，承包人应向监理工程师送一份所有劳务、材料和承包人装备的附有价格的账单经审批后，作为支付的依据。

用于计日工的劳务，应按合同计日工有关规定按正常工时使用，未经监理工程师批准，不支付加班费用。劳务费用的支付应按合同计日工的规定，在直接费上另加一个百分比的附加费，此费包括管理费、利润、质检费、税费、保险、工具的使用与维修及其他有关的费用。费用的计算应按投标人在合同计日工项目所开列的单价进行，如遇价格调整，应按专用条件规定的办法执行。

用于计日工材料费用的支付，应是材料运至现场仓库或储料场的材料费用票面的净值加上合同工程量清单规定的一个百分比的附加费，这个百分数包括管理费、利润、税费、保险费及其他有关费用。从仓库或储料场到施工现场的搬运费，按所用劳务或施工机械有关条目支付。

承包人用于计日工的施工机械费用的支付，应是合同工程量清单开列的基本租价。此基本租价包括全部折旧费、利息、燃料、油料、保养维修、零配件及其他消耗品费用以及全部有关使用这些机械的管理费、利润、税费、油燃料、保险和驾驶员与助手的劳务费等费用。

应当说明，虽然计日工是用于施工中发生的，且是清单以外的工作，但只有在很特殊的情况下，即不能采用工程变更的方法解决时，方能使用计日工。由于计日工所产生的工程费用不可能提前估算，其中劳力、机械设备单价较高，材料费用实报实销，必然会使工程费用大大增加，而且对计日工的管理也比较困难，因此，应尽量少用或不用计日工，而采取工程变更的形式来加以解决。

4)暂定金额

"暂定金额"是指包括在合同之内，并在工程量清单中以此名称标明的、为了实施本工程的任何部分或为了供应货物、材料、设备或提供服务，或供不可预见费用的一项金额。

暂定金额只是财务上的一种备用金，仅用于在招、投标没有足够资料准确估价的项目或应急项目，且应由监理工程师报业主批准后指令全部或部分地使用，或者根本不予动用。

暂定金额的使用，必须获得监理工程师的事先许可，并按监理工程师的指示，由承包人或指定的分包人来完成暂定金额的工作。监理工程师可根据实际需要动用暂定金，并在审批了承包人提交的相应工程的施工组织计划及其所需要的人工费、材料费、机械设备费及计算说明后才可动用；与业主和承包人就暂定金的支付进行协商；审核有关动用暂定金的凭证之后，签发暂定金额的支付证明。

暂定金额一般按照实际发生的费用，加上合同中规定的费率进行支付。因此，承包人应按监理工程师的要求，提交有关暂定金额开支的全部报价单、发票凭证、账目和收据，经审核后，按事先规定确认支付项目；若暂定金额项目由指定的分包人来完成，其支付则按通用条件规定的办法和要求进行；暂定金额项目还可按计日工的计价方式支付。

2. 合同支付

1）开工预付款

（1）开工预付款的一般规定。承包人有权得到业主提供的一笔无息开工预付款项，用以支付施工初期的各项费用。这种款项应在合同实施中在规定的期限内分批扣回。

监理工程师在确认承包人已经完成合同协议书的签署，并已提供了履约担保以及相当于开工预付款金额的担保或银行保函后，应向业主签发按照合同规定金额的开工预付款支付证书。业主应按照监理工程师签发的上述支付证书向承包人付款，包括合同规定的不同种类和比例的外币。

（2）开工预付款的担保。承包人应向业主提交在中国开业的银行或中国银行认可的、业主同意的外国银行不可撤销的、无条件银行保函，其担保金额应等于开工预付款的金额，该保函在业主收回全部开工预付款之前一直有效。但上述银行担保的金额应随开工预付款的逐次收回而减少。

（3）开工预付款的收回。根据合同条款的有关规定，开工预付款将从中期支付证书中由监理工程师逐月扣回。一般扣回开始于中期支付证书的累计金额超过合同价格的30%的当月，至中期支付证书的累计金额达到合同价格的80%时扣完，即每完成合同价格的1%，扣回开工预付款的2%。

2）材料预付款

承包人根据合同规定，应从业主那里得到一笔无息的款项，用于支付购进工地的各种成为永久工程组成部分的材料。付款金额、货币种类及比例应是合同专用条件规定的购货发票面值的某一百分比。这项付款应在材料用于永久工程以后扣回。

（1）材料预付款的规定。材料预付款应限制在合同规定的材料发货票面值的某一百分比之内。付款必须在承包人将购进材料运抵工地，且材料的质量及储存方法得到监理工程师批准之后。

监理工程师应按货币的种类和比例，将上述确定的金额计入下一次的中期支付证书中去。

（2）材料预付款的扣回。当材料已用于永久工程后，材料预付款应从中期支付证书中逐次扣回。已经支付过材料预付款的材料，其所有权应归业主。当工程竣工以后，所有剩余材料的所有权属承包人，并应迅速撤离工地。

3）保留金

保留金也叫抵押保留金，是业主为了让承包人履行合同而将承包人应得款项暂时扣留，作为承包人实施未完工程及修补工程缺陷的保证金。一旦承包人未履行合同中所承担的责任，则此保留金应归业主所有，业主可使用保留金雇佣其他承包人来完成未完成的工程。

保留金的扣留应按合同有关规定办理，且从中期支付证书中，每次按已完成工程价值的10%扣除，扣除总额以全部合同价值的5%为限。如承包人在第一个中期支付证书前，提交了一份由业主认可银行出具的银行保函，则监理工程师可不再替业主从中期支付证书中扣留保留金。

根据合同通用条件规定，在整个工程缺陷责任期满并发给缺陷责任终止证书后的14d内，监理工程师签发保留金支付证书，将保留金退还给承包人。

4）拖期违约损失偿金

根据通用条件规定，若承包人在规定工期内未完成工程或按通用条件规定在允许延期工期内仍未完成工程，则承包人应向业主支付合同规定的拖期违约损失偿金。一般规定，每拖期一天，赔偿合同总价的0.01%～0.05%，赔偿总额不得超过合同总价的10%。

拖期违约损失偿金从承包人的履约保证金中或从最终支付证书中扣除，也可从业主到期应付给承包人的任何款项中扣除。此项扣除，不应解除承包人对完成该项目工程的义务或合同规定的承包人的其他义务和责任。

5）提前竣工奖金

如果承包人比通用条件规定的工期提前竣工，承包人可以得到专用条件中规定的提前竣工奖金。该奖金应按通用条件规定发出的交接证书中写明的本工程（或合同段）实质上竣工的日期，与通用条件规定的竣工日期之间的天数计算并支付。

6）迟付款利息

根据通用条件规定，如果业主在合同规定的时间内没有向承包人付款，则业主应向承包人支付迟付款利息。利息通常按复利计算，世行推荐的日利率为0.033%～0.04%，计算公式如下：

$$A = P[(1+r)^n - 1]$$

式中：A——迟付款利息；

P——迟付的人民币或外币数额；

r——合同规定的迟付款日利率；

n——迟付款天数。

当监理工程师确认业主在收到监理工程师签发的支付证书后，没有在合同规定的时间内向承包人付款，则应签发迟付款利息的支付证明。

7）工程变更

工程变更是工程费用支付中的一个重要项目。在合同执行过程中，由于不可预见的因素或施工环境的改变或工程项目的任一部分经过变更后更合理、更经济，根据合同通用条款规定，监理工程师有权对工程或工程的任一部分发布增减或取消的变更指令。工程变更指令，必须由监理工程师以书面的形式发布。没有监理工程师的指令，承包人不能进行任何变更。

工程变更费用的支付依据是工程变更令和工程变更清单，支付方式采用列入《中期支付证书》的形式进行，支付货币与其他支付项目相同，即按承包人投标时所提出的货币种类和比例进行付款。

工程变更费用将在第四章第一节中详细讲述。

8）索赔费用

索赔是一种经济行为，也是一项管理业务。费用索赔，即根据合同的有关规定，业主或承包人通过监理工程师向对方索取合同价格以外的费用。就监理工程师处理的所有支付项目而言，索赔费用是最复杂和最具技巧性与灵活性的一个项目。因此，在进行索赔费用支付时，监理工程师必须谨慎处理，否则，会因为对索赔费用的支付管理不善而导致对整个工程费用的失控。

因为导致索赔的原因多种多样，所以其费用的计算和确定原则就各不相同。因此，为了客观、公正地处理好索赔费用支付，监理工程师不仅要对合同条件和技术规范十分熟悉，而且还要有深刻的理解，并能结合实际情况正确运用。

索赔费用将在第四章第二节中详细讲述。

9)价格调整

根据通用条件的规定,在合同执行期间,由于劳务、材料或影响工程施工成本的任何其他事项的价格涨落而引起费用增减时,应根据合同专用条件规定的价格调整公式给予调价,将其浮动的价格从合同价值中增加或减去。

价格调整费用计算,按以下两个时期分别进行。

(1)投标报价阶段。如果在送交投标书截止期前28d之后,国家或省(自治区、直辖市)颁布的法律、法令、规章或条件出现修改或变更,因采用上述法律、法令、规章或条例等,致使承包人在履行合同中的费用产生变化,即应对其价格进行调整。价格调整的计算,应按投标截止日期前28d当日政府规定的价格与现行价格的差值加到或从合同价值中减去,或按投标截止日期前28d当日政府公布的物价指数与现行物价指数计算出的金额加到或从合同价格中减去。

(2)施工阶段。可按投标人填入合同工程量清单中的单价并得到投标时认可的单价与现行价格的差值分别加到工程量清单中,然后计算出调价金额,并加到或从合同价值中减去。

价格调整的方法有两种:一种是公式法,另一种是票证法。如果合同没有规定具体的调整方法,监理工程师应与业主、承包人协商后,决定进行价格调整的具体方法。

一般情况下,对在一年或更短时间内即可竣工的简单合同,无需进行价格调整;对工期较长的合同,则应随劳务、设备、原材料、燃料和运输价格等影响工程成本的因素而进行调整,并尽可能使用公式法根据不同地区,不同材料的基价和现价指数来加以调整。外币部分价格调整的计算,应按专用条件的有关规定执行。

国内工程常采用公式法进行价格调整费用的计算,如下式:

$$TJE = ZFE \cdot ZH = ZFE\left(X + a\frac{RG}{RG_0} + b\frac{GC}{GC_0} + c\frac{SN}{SN_0} + d\frac{LQ}{LQ_0} + e\frac{JX}{JX_0} + f\frac{YL}{YL_0} + \cdots - 1\right)$$

式中: TJE——对年累计支付额的调价额;

ZFE——年累计支付额;

ZH——综合调价系数;

X——支付中不进行调价部分所占的权重系数;

$$X = 1 - (a + b + c + d + e + f + \cdots);$$

a、b、c、d、e、$f\cdots$——分别为人工费、钢材、水泥、沥青、机械使用费、燃油料费等其他材料费用在合同价格中所占的权重系数;

RG、RG_0——分别为人工费当期价格指数与基期价格指数;

GC、GC_0——分别为钢材当期价格指数与基期价格指数;

SN、SN_0——分别为水泥当期价格指数与基期价格指数;

LQ、LQ_0——分别为沥青当期价格指数与基期价格指数;

JX、JX_0——分别为机械使用费当期价格指数与基期价格指数;

YL、YL_0——分别为燃油料费用当期价格指数与基期价格指数。

监理工程师根据合同规定的价格调整方式,计算出价格调整金额,并归纳于《价格调整汇总表》后,即可通过中期支付证书,办理因价格调整而引起的费用支付。

四、支付证书

支付证书是业主向承包人付款的唯一凭据。支付证书分两种:一种是在工程施工过程中大量使用的中期支付证书，通常每月一次；一种则是在工程结束后开具最终支付证书。

1．中期支付证书

中期支付证书是一种对规定时间内承包人所做工作的价值估算，是由监理工程师向业主开具的付款凭证。中期支付证书由支付月结账单和工程进度图表组成。

2．最终支付证书

缺陷责任期结束后，承包人应向监理工程师提交《工程价款期终结算表》等支付证书，即如合同条款中提及的最后结账单和清账书。监理工程师在收到承包人提交的最后结账单和清账书 14d 之后，应签发最终支付证书并报业主审批，同时抄送承包人。其内容包括：监理工程师认为根据合同规定最终应付的金额；以及在确认前期的收付款后，双方应找清的差额。

第四章　公路工程施工合同其他事项管理

合同其他事项管理主要内容包括:工程变更、工程延期、费用索赔、价格调整和计日工、工程暂停和复工、工程分包、工程保险、违约处理、争端协调等方面。这些与合同管理密切相关的问题,如果处理不当,有可能大量增加合同工程量清单以外的工程费用,直接影响业主和承包人的切身利益,因此,妥善解决好这些问题,对于保证工程进度、工程质量和控制工程费用都具有重要的意义。合同其他事项管理的部分内容已在上一章讲述,本章主要介绍工程变更、工程延期、费用索赔、工程分包、工程保险、违约与争端的处理等。

第一节　工 程 变 更

一、概述

工程变更,就是工程在实施期间,监理工程师根据合同规定对部分或全部工程在形式上、质量上、数量上所作的改变。在工程实施过程中,由于工程项目自身的性质和特点,或设计图纸深度不够,或不可预见的自然因素与环境情况的变化,或第三方的干预要求,或合同的双方当事人出于为工程进展有利着想等,都会引起工程变更。作为监理工程师,应与业主和承包人协商,正确处理好工程变更的问题,有利于五大控制目标的实现。

一般情况下,任何工程上的变更及合同变更,几乎都与费用有关,均将涉及业主和承包人的经济利益。除了由承包人的原因(过错、违反合同、责任等)而自行造成的变更外,其他所有的变更都需业主向承包人支付变更费用。就工程承包合同的双方来说,业主总是力图让变更规模在保证设计标准和工程质量的前提下尽可能缩小,以利于控制投资规模;作为承包人,由于变更工程总会或多或少地打乱其原来的进度计划,给工程的管理和实施带来不同程度的困难,所以总是希望以此为由向业主索要比变更工程实际费用大得多的金额,以获取较高利润。这是一对矛盾,监理工程师应该站在公正、独立的立场上协调和解决好这一对矛盾,既要使发生的工程变更有利于工程施工的顺利进行,又要使由此产生的费用控制在合理的范围之内。

二、工程变更的范围

如果业主或监理工程师认为有必要对工程或其中任何部分的形式、质量或数量作出任何变更,或出于其他任何理由,监理工程师有权指示承包人进行下述任何工作:

(1)增加或减少合同中包括的任何工程的数量。如监理工程师可指示将原定35mm厚的沥青混凝土面层改为40mm厚。

(2)取消合同中任何部分的工程细目的工作(被取消的工作是由业主或其他承包人实施的除外)。如监理工程师可以指示取消钢管扶手的建造工作。

(3)改变合同中任何工作的性质、质量或种类。如监理工程师可以根据业主要求,将原定的水泥混凝土路面改为沥青混凝土路面。

(4)改变工程任何部分的线形、高程、位置和尺寸。如路基工程,监理工程师可以指示将原设计图纸上的边坡坡度,根据实际的地质、土质情况改为比较平缓的边坡坡度。

(5)完成工程所必需的任何种类的附加工作。如监理工程师可以指示把原定由业主安装的路面标志纳入本工程项目。

(6)改变工程任何部分施工的顺序或时间。若某一工段因业主征地拆迁延误,使承包人无法开工,则监理工程师应与业主和承包人协商,变更一下工程施工顺序,避免造成对工程进展的影响。

三、工程变更的程序

1. 意向通知

监理工程师根据合同规定对工程进行变更时,应向承包人发出变更意向通知。主要内容包括:

(1)变更的工程项目、部位或合同某文件内容。

(2)变更的原因、依据及有关的文件、图纸、资料。

(3)要求承包人据此安排变更工程的施工等事宜。

(4)要求承包人提交此项变更给其费用带来影响的估价报告。

2. 资料收集

监理工程师宜指定专人受理变更(一般由合同管理专业工程师受理),较大的工程变更应邀请业主参加。监理工程师在变更意向发出的同时,必须着手收集有关资料,包括:变更前后的图纸(或合同、文件);技术变更洽谈记录;技术研讨会记录;来自业主、承包人、监理工程师方面的文件与会谈记录;行业部门涉及该变更方面的规定与文件;上级主管部门的指令性文件等。

3. 费用评估

监理工程师必须根据掌握的文件资料和实际情况,按照合同的有关条款,考虑综合影响,完成下列工作后对变更费用作出评估。

(1)审核变更工程数量。监理工程师评审的主要依据是:变更通知及变更图纸;监理工程师现场计量的结果。

(2)确定变更工程的单价。监理工程师宜按下列顺序,选用确定变更工程单价的方法:工程量清单内的单价;合同内规定的单价计算方法;国家、部、省(市)级机构颁布的概、预算定额及价格参考书;参考承包人预算及实际支出证明,协商单价;计日工方法。

由于承包人责任造成的或承包人为方便其施工而提出的变更,原则上所增加费用不予补偿,所节省的费用归业主,也可由业主与承包人协商确定。对应清单工程细目的数量或金额变化超过合同规定的限额时,可重新确定该细目的单价。

4. 协商价格

监理工程师应与业主和承包人就其对工程变更费用评估的结果进行磋商,在意见难以统一时,监理工程师应根据情况,在报业主批准后,确定最终的价格。

5. 签发工程变更令

变更资料齐全、变更费用确定之后,监理工程师应根据合同规定,签发《工程变更令》。

《工程变更令》主要包括以下文件:文件目录;工程变更令;工程变更说明;工程变更费用估计表;附件:包括变更前后的图纸,业主、承包人、监理方面的会议、会谈记录与文件,有关设计部门对变更的意见，有关行业部门、上级主管部门的文件，承包人的预算报告；确定工程数量及单价的证明资料等。

四、工程变更费用调整

1. 整个工程

监理工程师在签发整个工程的交接证书时，如果出现了由于执行了通用条件规定估价的全部变更后的工程和工程量清单中开列的预计工程量，经过计量后的各种调整（不包括暂定金额、计日工费用和通用条件规定的价格调整）后的合同价格的增减超过"有效合同价格"的15%（有效合同价格是指除去暂定金额和计日工的费用）时，监理工程师与业主和承包人协商后，按照监理工程师与承包人协商的结果，在合同价格中加上或扣除一笔调整金额；如果协商不成，由监理工程师考虑了承包人用于本合同的现场管理费和上级管理费后，确定此调整金额，但这笔调整金额仅限于增加或减少超过"有效合同价格15%"的那一部分数额。

2. 单项工程

单项工程变更后的价格调整，应按专用条件的规定，即如果合同中的任何一个工程细目（即支付项）变更后的金额超过合同价格的2%，而且该工程细目的实际数量超过或少于工程量清单所列数量的25%时，才考虑价格调整。

上述15%是一个经验数值，当变化小于15%时，由于承包人在投标时考虑了各种风险，且留有一定余地，故其有能力承担。但一旦突破此界限，承包人将无法承受，风险亦应由业主和承包人双方共同分担，所以要对"有效合同价"进行调整。基于同样的理由，对单项工程变更金额的分析和限制，亦应如此处理。监理工程师在使用变更时，一定要把握此界限，将变更规模控制在此范围内。

第二节　工程延期与索赔

一、工程延期

工程延期是指工程在实施期间，监理工程师根据合同规定对工程期限的延长。如果工期的延长是由于业主原因或客观条件引起的，则应由业主承担责任，给予承包人延期或索赔。如果工期延长是由于承包人的责任，则承包人应向业主给付拖期违约偿金。

1. 延期的原因

除了承包人的失误、违约外，如果出现下述任何一种情况，监理工程师应公平合理地考虑延期：

（1）额外或附加的工作量。如土石方数量增大，或土、石比例发生变化，管涵改为小桥，涵洞或通道的数量增加，沥青混凝土路面改为水泥混凝土路面，平面交叉改为立体交叉等。

（2）异常的恶劣气候条件。

（3）业主的任何延误、妨碍或阻止。

（4）合同中所规定的任何延误原因。如图纸或指令、通知等的签发延误；工程的暂停；现场及其出入通道提供延误；工程受到损害或延误。

（5）非承包人的过失、违约或由其负责的其他特殊情况。

2. 延期的程序

如果由于非承包人的责任,工程不能按原定工期完工,则承包人有权按以下程序申请延期:

(1)延期情况发生后,承包人应在合同规定的时间内向监理工程师提交工程延期意向。

(2)承包人继续按合同规定向监理工程师提交有关延期的详细资料,并根据监理工程师的要求随时提供有关证明。

(3)延期事件终止后,承包人在合同规定的期限内,向监理工程师提交正式的延期申请报告。

如果承包人未履行上述程序,则监理工程师可以不作出任何延期的决定。如果承包人的延期要求是合理的,而由于监理工程师未能在合理的时间内作出延期的决定,致使承包人的工程进度受到进一步的拖延,将可能导致更多的索赔。

当监理工程师考虑承包人的延期要求时,应注意以下几点:

(1)工程延期是否属实,强调实事求是。

(2)是否符合本工程合同文件的规定。

(3)延期事件是否发生在项目完成的关键线路上,即延期是否有效合理,如属于次要线路,则可作局部调整,不考虑延期。

(4)延期天数的计算是否正确,证据资料是否充足。

上述4条中,只有同时满足前3条,延期申请才能成立。至于时间的计算,监理工程师可以根据自己的记录作出公正合理的计算。

3. 临时延期

对于有连续性影响的延期事件,如果承包人不可能在合同规定的时间内提交具体的详细资料,则可在不超过上述规定时间内,向监理工程师提交暂时的详细资料(临时报告)。监理工程师在收到并确认承包人提交的临时报告后,应及时给予临时延期;在收到并确认承包人的正式延期申请后,再给予该事件的最终延期。但最终延期不准少于累计临时延期。

二、索赔

1. 概述

索赔是指根据合同有关规定,业主或承包人通过监理工程师向对方索取合同价格以外的费用或提出其他要求。

严格地讲,索赔不管是业主还是承包人均可提出。但业主对承包人的索赔,在合同通用条件中规定的比较具体,因此较容易处理。如承包人违约、拖期等,业主可直接从支付给承包人的工程款中扣回。所以,通常讲的索赔,主要是指承包人向业主提出的索赔。

索赔是一种正当的权利要求,是在规范履行合同的基础上争取得到合理的补偿,不是无理的争利。几乎所有的国际土木工程项目合同执行中,都会出现程度不同的索赔。索赔直接涉及业主和承包人的利益,妥善处理索赔和防止不必要的索赔是监理工程师的一项重要的工作内容。在合同实施期间,监理工程师必须根据业主和承包人签署的合同文件,站在公正的立场上处理索赔问题。一旦发生索赔,经过证实以后,其合理部分应给予支付,不合理部分加以解释,总之,必须以事实为依据,公平合理地予以解决,促使工程顺利进行。

2. 索赔分类

1）监理工程师责任引起的索赔

（1）延误签发图纸、指令等。

（2）负责提供的书面数据不准确。

（3）要求进行合同中未规定的检验。

2）业主责任引起的索赔

（1）未按合同规定和承包人合理的工程进度计划提供对现场的占有权和出入权。

（2）未按规定向承包人付款。

（3）延误提供图纸。

（4）提前占用或使用永久性工程区段而造成损失或损害。

（5）因工程设计不当而造成的损失和损害。

（6）违约使合同中途终止。

3）难以预见的情况所引起

（1）外界障碍。

（2）战争、入侵、叛乱、暴乱等。

（3）通常无法预测和防范的任何一种自然力。

3. 索赔费用的项目构成和计算原则

1）索赔费用的项目构成

工程索赔的费用项目是用来计算索赔额的费用内容，与合同报价包含的内容相似，主要包括人工费、材料费、机械使用费、管理费及其他费用。表4-1列出了常见的几种索赔情况的费用构成。

2）索赔费用项目的计算原则

（1）人工费

①停工及窝工的人工费。

a. 合同中规定了计算方法的，原则上按合同中规定的计算方法计算；

b. 合同中未规定计算方法的，可以参考计日工单价、人工费预算单价、当前的人工工资水平来计算。

在此基础上确定停工及窝工费的工日单价并根据实际的停工及窝工时间进行计算。其中停工、窝工时间中应根据工程的不同性质扣除雨水天气所占用的时间。

②增加的人工费。由于增加了合同以外的工程内容，或由于业主原因造成工程拖延，致使承包人多用了人工或者延长了工作时间，则承包人有权向业主要求补偿人工费的损失。其计算方法是：工资单价 × 人工数 × 应赔偿（或延长）的天数。经累加后，即为要求赔偿的人工费。

（2）材料费

①材料积压损失费。

a. 合同中已支付材料预付款的，原则上不考虑材料积压损失费；

b. 合同中未支付材料预付款的，可根据材料费价格及积压材料的费用总额计算其利息；

c. 对于使用时间有要求的材料，当材料积压时间太长时，应根据实际情况考虑材料超过使用期限后报废的损失。

常见索赔的费用项目构成分析 表 4-1

索赔事件	可能的费用损失项目	有关说明
延期后的索赔	人工费增加	包括工资上涨,现场停工、窝工、生产效率降低,劳动力使用不经济的损失
	材料费增加	因延期出现材料价格上涨
	机械使用费增加	因延期引起设备折旧费、保养费、租赁费等增加
	管理费增加	包括现场管理费和总部管理费的增加
	物价上涨	因工期延长期间物价上涨使原工程成本增加
	利息增加	因延期造成银行贷款、其他方式筹资款利息的增加
业主指令工期提前	人工费增加	因抢工超合同投入大量劳动力致使工效降低造成损失
	材料费增加	因抢工不经济地使用材料或材料运费等增加
	机械使用费增加	增加大量机械,超合同地使用机械、停班多,费用增加
	管理费增加	临时增加人员、临时宿舍费、加班费、差旅费、生活补贴、管理人员等增加
	利息增加	因抢工临时增加贷款、增加流动资金,银行利息增加
工程中断	人工费增加	留守人员工资,人员遣返和重新招募费用,对工人的赔偿金
	机械费增加	设备停置费、额外设备进出场费、设备租赁费用等
	租赁设备费	
	利息增加	因工程中断造成银行贷款、其他方式筹资的利息增加
	总部管理费	因工程中断造成公司总部管理费用增加
	其他支出	如工地重建和部署,调遣费等
工程变更	工程量增加	变更工程的计价按工程变更的有关规定来处理,工程变更引起的工程中断及延期后的费用索赔按前述规定执行
	附加工程	
	工程的性质、质量、类型改变	

②增加材料的费用。由于业主修改了工程内容,或需要重新施工制作,致使工程材料用量增加,则承包人可向业主提出材料费用索赔。其计算方法是:(实际使用的材料数量 - 原来材料数量) × 所使用材料单价,由此就可以求出增加材料的费用。

(3)机械费

①机械设备停置费。

a. 合同中规定了计算方法的,原则上按合同中规定的计算方法计算;

b. 合同中未规定计算方法的,可参考下列公式计算:

机械停置费台班单价 = (折旧费 + 大修理费) × a% + 机上人员工资 + 养路费及车船使用税

其中,折旧费、大修理费是指机械台班费用定额中每台班的折旧费和大修理费,a% 为机械设备的使用率,查有关规定执行。机上人员工资按停工、窝工人工费的计算方法确定;养路费及车船使用税可查有关定额或规定。

c. 施工单位租赁机械,可在出具租赁合同后,根据租赁价格扣除燃料费后确定其停置费。

②增加机械设备的费用。首先计算机械工作时间的增加量,即原有各种机械比预定计划所增加的工作时间(或台班);新增加各种机械和数量的工作时间(或台班)。其次,将求得以上各种工作时间的增加量乘以合同规定单价或台班单价。最后,将不同种类机械费用累计,就

可以计算出机械的索赔金额。

(4)管理费

①可根据实际情况由业主、监理工程师、承包人协商确定(主要考虑现场管理费)。

②按辅助资料表之单价分析表中的管理费比例,测算管理费占合同总价的比例,确定合同总价中的管理费总额,再根据项目合同工期测算承包人每天的现场管理费总额,最后根据增工、停工或窝工时间确定索赔事件期间所发生的管理费总额。

(5)延长工期后的费用

①当合同规定由承包人办理工程保险时,工程保险费追加可根据保险单或调查所得的保险费率来确定保险费用。

②承包人临时设施维护费,如已包含在现场管理费中,则不另行计算,否则可根据延长时间由业主、监理工程师、承包人协商确定维护费用。

③当合同规定临时租地费由承包人承担时,延长期间的临时租地费可根据租地合同或其他票据参考确定。

④临时工程的维护费可根据临时工程的性质及实际情况由业主、承包人、监理工程师协商确定。

(6)延期付款利息

根据投标书附件中规定的延期付款利率和延期付款时间按单利法或复利法进行计算。

(7)赶工费

为抢工期而增加的周转性材料增加费、工效和机械效率降低费、职工的加班费、不经济地使用材料等赶工费由业主、承包人、监理工程师根据赶工的工程性质和当时当地的实际情况协商确定。

(8)利润

对于不同性质的索赔,取得利润索赔的成功率是不同的。一般来说,由于工程范围的变更和施工条件变化引起的索赔,承包人是可以列入利润的;由于业主的原因终止或放弃合同,承包人除有权获得已完成工程款外,还应得到原定比例的利润。而对于工程延误的索赔,由于利润通常是包括在每项实施的工程内容的价格之内的,而延误工期并未影响、削减某些项目的实施而导致利润减少,所以,一般监理工程师很难同意在延误费用索赔中加进利润损失。索赔利润款额的计算通常是与原报价单中的利润百分率保持一致。即在索赔款直接费的基础上,乘以原报价单中的利润率,即为该项索赔款中的利润额。

4. 索赔程序

1)承包人提出索赔申请

不论合同中如何规定,如果承包人按照合同中规定或由于其他原因要求索赔任何额外支付,应在要求索赔事件开始发生后21d之内,向监理工程师提交索赔申请,并送给业主一份复制件。

2)收集资料、做好记录

索赔事件发生后,承包人应保存好当时的有关记录,以作为以后提出索赔的证实材料。监理工程师应在收到承包人索赔意向后,立即通知有关监理人员,做好工地实际情况的调查和日常记录,收集来自现场以外的各种文件资料与信息。

3)审查承包人的索赔申请

监理工程师收到承包人的正式索赔申请后,应主要从以下几方面进行审查:

(1)索赔申请的格式是否满足监理工程师的要求。

(2)索赔申请的内容是否符合要求。即已列明索赔发生、发展的原因及申请所依据的合同条款;附有索赔数额计算的方法、价格与数量的来源细节和索赔涉及的有关证明、文件、资料、图纸等。

审查通过后,可开始进行下一步评估,否则应对承包人的申请予以退回。

4)索赔评估

应主要从以下几方面进行评定:

(1)承包人提交的索赔申请资料必须真实、齐全,满足评审的需要。

(2)申请索赔的合同依据必须正确。

(3)申请索赔的理由必须正确与充分。

(4)申请索赔数额的计算原则与方法应恰当,数量应与监理工程师掌握的资料一致,价格与取费的来源能被业主接受。否则,监理工程师应修订承包人的计算方法与索赔数额,并与业主和承包人进行协商。

5)审查报告

审查报告由以下文件组成:

(1)正文。包括:受理承包人索赔申请的工作日期;工作简况;确认的索赔理由及合同依据;经过调查、讨论、协商确定的测算方法及由此确定的索赔数额;结论等。

(2)附件。包括:监理工程师对该索赔的评语;承包人的索赔申请,涉及的文件资料、证明等。

6)确定索赔

监理工程师应在确认其结论之后签发《索赔时间金额审批表》,并通过中期支付证书予以支付。

第三节　工程分包与保险

一、工程分包

1. 一般分包

根据合同规定,承包人将其所承担的部分工程,经监理工程师批准,发包给其他承包人,但承包人对分包出去的部分工程继续承担与业主签订的一切合同责任及义务,此即称为一般分包。首先,分包应经监理工程师事先同意。监理工程师在获得承包人推荐的分包人和分包的内容及有关资料后,应对分包人进行审查,主要是审查分包人的技术力量、管理水平、施工机械的适应程度及以前的业绩。监理工程师还应审查承包人和分包人之间的分包合同(分包合同由主承包人和分包人制订),着重审查分包人用于分包工作的人员和施工机械、施工进度计划以及分包合同对整个工程进度和合同的影响等。最后由监理工程师批准分包,并认可分包人。

业主和监理工程师均不与分包人直接联系,也不直接向分包人付款。承包人在取得监理工程师分包同意后,并不解除合同规定的承包人的任何责任和义务。对任何分包人、分包人的代理人、职员或工人的行为、违约和疏忽,均应视为承包人自己及其代理人、职员或工人的行为、违约和疏忽,承包人应为之承担完全的责任。

承包人在下列任一事项上,不必要求取得监理工程师的任何同意,但也不能因此而使业主和监理工程师受到任何牵连。

(1)提供劳务。

(2)根据合同规定的标准购买材料。

(3)向合同中已指明分包工程的任何部分的分包人进行分包。

2. 特殊分包

1)特殊分包人或供货人

为了履行合同中某专业化的或需特殊专业资质要求的工程施工,或提供关键的、专项的材料、设备的供货,以及由于承包人违约需雇佣其他承包人完成部分工程,业主应通过公开或邀请招标方式选定施工单位或供货单位作为业主的特殊分包人或供货人。

承包人应与进行专项施工或供货分包的特殊分包人或供货人签订分包合同。特殊分包合同中,特殊分包人或供货人应独立地承担其合同责任和义务,不使承包人对业主承担的合同责任和义务受到损害,也不使承包人承担因指定的分包人或供货人未能履行责任、义务而引起的索赔、赔偿、诉讼费用及其他开支。承包人对于特殊分包人或供货人及其职工的过失而造成的损失不承担任何责任;此外,特殊分包人或供货人对承包人的临时工程不能随意使用。

2)对特殊分包人的支付

对于特殊分包人或供货人已完成的工程或已提供的货物、材料、设备,承包人应有权得到下述款项:

(1)按照监理工程师的指令,并根据特殊分包合同的约定,由承包人已支付或应支付的实际价款。

(2)承包人向特殊分包人已提供的劳务费用。

(3)承包人对特殊分包人应收取的手续费、利润提成,其金额应按已支付或应支付给特殊的分包人的实际价款的某一百分率计算。该百分率在特殊分包合同中由承包人与特殊分包人协商确定,并经监理工程师认可。

对于特殊的分包人或供货人已完成的工程或已提供的货物、材料或设备的支付,监理工程师在签发支付证书之前应要求承包人提供证明,确认先期的支付证书中已包含的该特殊分包人的有关费用已由承包人支付;如果承包人未提供这样的证明,业主有权根据监理工程师签发的证书,直接向特殊分包人支付分包合同内规定而承包人未支付的一切款项(扣除保留金),并从应付给承包人的款项中将上述款额扣回。监理工程师在发给承包人下一期的支付证书时,应从该证书的支付款额中扣除已由业主直接支付的款额。

二、保险

土木工程实施阶段的保险,是指由保险公司向参加保险的单位收取保险费,建立保险基金,一旦发生自然灾害或意外事故,造成参加保险者的财产损失或人身伤亡时,即用保险基金给予赔偿的一种制度。其优点是参加者只需付出一定的小量的保险费,待遭受巨大损失时则可获得赔偿的保障,从而增强抵御风险的能力。

公路工程的保险主要包括以下几种:

1. 工程一切险

对工程在施工和保险期间,由于自然灾害、意外事故、操作、疏忽或过失而可能造成的一切损失进行保险。其保险范围包括合同规定的全部工程,到达工地的设备材料和施工机具,临时设施及现场的其他物资。承保建筑工程施工中由于下列原因造成的损失和费用,保险公司负责赔偿：

(1)自然灾害(包括水灾、冰灾、风暴、冰雹、海啸、地震、雷击等)；

(2)飞机坠毁或飞行物体坠落；

(3)盗窃；

(4)职工缺乏经验、疏忽、过失或恶意行为造成的损失；

(5)原材料或工艺缺陷引起的事故；

(6)爆炸或其他不可预料的突发事故等。

此项保险应由承包人以承包人与业主联合名义投保，其保险范围、投保金额、保险费率等必须与合同文件中所述的一致；保险费用全部由业主承担，承包人在每次支付后，可将支付凭证列入结账单，经监理工程师核证后支付。

此项保险的投保期限以现场开始工作起至本工程竣工颁发交工证书为止，缺陷责任期内的工程险应由承包人另行投保，并承担保险费用。

2. 第三方责任险(包括业主的财产)

在工程施工和保险期间，因发生意外事故，造成工地或邻近地区的第三者人身伤亡、疾病或财产损失，依当地法律应由被保险人负责时，都将由保险公司负责赔偿。此项保险也可作为工程一切险的附加保险，随同工程一切险一并投保。此项保险的一切费用由业主承担，承包人在每次支付后，凭支付保险费的凭证列入结账单，经监理工程师核证后支付。

3. 承包人装备的保险

承包人应对已经运到工地的施工机具装备和其他物品进行保险，其投保金额应足以在现场重新购置。此项保险的一切费用由承包人自行承担并支付。

4. 人员伤亡或伤残事故险

承包人应对其施工人员(包括所雇职员和工人)进行人员伤亡或伤残事故保险。

第四节　违约与争端的处理

在土木工程项目建设过程中，承包人与业主之间经常会发生一些违约与争端事件，这些事件涉及面较广，影响也较大。因此，业主、承包人和监理工程师都希望尽量减少争端。当出现违约与争端事件时，总希望得到及时的妥善的处理，而处理结果又尽量使合同双方都能接受，达到减少受损程度的目的。以下主要阐述在合同履行过程中，违约与争端的内容及处理措施。

一、承包人的违约与处理

按照违约的程度，承包人的违约可分为一般违约和严重违约两种。

1. 一般违约与处理

(1)当承包人有下列事实之一，监理工程师可确认承包人为一般违约：

①给公共利益带来伤害、妨碍和不良影响。

②未严格遵守和执行国家及有关部门的政策与法规。

③不严格执行监理工程师的指示。

④未按合同规定照管好工程。

(2)处理方法。对于承包人的一般违约，因其影响较小，损失较轻，故其处理方法也较简单。常采用如下方法：

①书面通知承包人尽快对已造成的损失及影响予以弥补和纠正。

②提醒承包人,若一般违约不予重视可能会导致严重违约。

③当采取上述措施无效时,应书面通知业主。

④确定因承包人违约对业主造成的费用影响,办理扣除相应费用的证明。

2. 严重违约与处理

(1)当承包人有下列违约事实时,监理工程师可确认其为严重违约:

①无力偿还债务或陷入破产;或因承包人违反了合同中有关合同转让的规定;或其财产的主要部分被接管;或承包人资产的任何重要部分被强制抵押;或承包人的物资被扣押。

②已放弃合同。

③无正当理由不开工或拖延工期。

④无视监理工程师的书面警告,一贯公然忽视履行合同所规定的义务。

⑤未经监理工程师许可,随意分包工程,或将整个工程分包出去。

(2)业主在收到监理工程师的上述关于承包人破产或任一条违约的书面证明后,应向承包人发出通知,并在通知发出14d后进驻施工现场,并终止对承包人的雇佣。但是这种终止雇佣并不解除合同所规定的承包人应履行的任何义务和责任,也不影响合同授予业主或监理工程师的各种权利和权限。另外,业主在进驻施工现场后,可以自行完成该工程项目或雇佣其他承包人完成该工程,当业主自行或雇佣其他承包人完成该工程时,可以使用数量合适的承包人的装备、材料或临时工程,但这种使用应根据有关规定予以计费。

二、业主的违约与处理

在土木工程承包合同的实施过程中,当因业主违约而使工程进度迟缓或停顿使承包人蒙受损失时,为了保障承包人的合法权益,合同条件中对业主的违约也作了明确的处理规定。

1. 业主的违约

如果业主有下列违约事实之一,承包人有权根据合同条款规定终止合同,并向业主和监理工程师发出终止合同的通知。

(1)业主未能按合同规定的支付期到期后的42d内,向承包人支付按监理工程师签发的任何一支付证书应支付的款额。

(2)干扰、阻挠或拒绝监理工程师签发任何支付证书所需的批准。

(3)业主宣告破产,或作为一个公司宣告停业整顿。

(4)业主通知承包人,由于不可预见的原因,无法继续履行合同的义务。

2. 业主违约后承包人的补救措施

(1)承包人终止合同(如前所述)。

(2)承包人撤离装备。由于业主违约致使承包人单方终止合同后,承包人应向业主和监理工程师发出终止合同的通知。在发出通知14d后,承包人可按合同的规定采用各种运输手段将承包人的一切施工装备和材料撤离现场。

(3)承包人有权暂停工程。如果业主未能按规定的支付期到期后28d之内向承包人支付凭监理工程师签发的任何支付证书项下应付的款额,则承包人有权暂停工程或放慢工程进度,而由此发生的工程延误及有关费用,经监理工程师在与承包人和业主协商后确定,应予延长工期以及补偿有关费用。

三、争端的处理

土木工程承包合同实施过程中，由于其技术经济的复杂性，实施过程较长，所涉及的面又很广，承包人与业主之间或其他方面发生争端是在所难免的。发生争端会影响工程的正常进展，如不及时处理和消解，很可能给工程造成严重的不良后果。因此，监理工程师应正确解决好已出现的争端，积极消除导致争端的隐患。下面具体阐述争端的内容和争端的处理方法。

1. 常见争端的内容

大多数的争端都发生在业主和承包人之间的经济利益方面，一般常见的争端如下：

（1）业主对承包人在施工质量方面出现的施工缺陷，或因提供的材料或设备性能不合格而要求赔偿、更换，但承包人对此持有异议，认为缺陷业已改正，不属于承包人的责任等，以致不能达成一致意见而发生争端。

（2）业主与承包人在工期方面因承包人拖延而引起争议。

（3）承包人与业主因索赔理由、金额等方面的不同意见而引起的争端。

（4）关于工程变更、分包、合同转让方面的意见差异而引起的争端。

（5）当出现特殊风险和不可抗力后，对善后处理的方法、措施不同所发生的争端。

2. 争端的处理

按合同通用条件，对于工程承包合同履行中产生的争端的处理方法，可采取两个步骤：第一，把争端提交给监理工程师裁定；第二，如果监理工程师的裁定不能被双方或一方所接受，则双方还是应尽量自行友好解决。但是，无论是否进行过友好解决，均可以将争端直接提交仲裁机构进行仲裁或向人民法院提起诉讼。

1）监理工程师的决定

在工程实施期间，或在工程完工之后，以及在合同废弃或终止前后，如果业主和承包人之间，对有关合同或因工程实施发生的任何争端，包括对监理工程师的任何意见、指令、决定、证书或价值的争端，首先应将有关争端的事实，用书面形式提交给监理工程师进行裁定，并给另一方一份复制件。监理工程师在收到这个提交件后的42d之内，应将自己的决定通知业主和承包人。

除了合同已被废弃或终止外，在监理工程师的决定没有改变，以及下述规定的友好解决，或者仲裁裁决之前的任何情况下，承包人应尽力继续实施工程，并且承包人和业主应使监理工程师的上述每一个决定付诸实施。

无论是业主或者承包人，如果不满意监理工程师的任何决定，或者监理工程师在收到提交件后的42d之内，未能发出他的决定通知，则业主或承包人的任何一方，都可视情况就有关争端事实，向另一方发出仲裁或诉讼的意向通知，并给监理工程师一份通知书的复制件，该通知将确定提出仲裁或诉讼争端的一方按以下规定开始使用仲裁或诉讼权利。如果未能发出此类的仲裁或诉讼的通知书，按照合同条件规定，有关争端的仲裁或诉讼不能开始。

如果监理工程师已就争端的事实，向业主或者承包人发出了他的决定通知书，无论是业主或者承包人在收到监理工程师的裁定通知书后的第42d当天或之前，任何一方均未就此争端发出要求仲裁或诉讼的意向通知书，则上述决定仍应作为最终的裁定，对业主和承包人均具有约束力。

2）友好解决

按照上述规定，有关争端的仲裁或诉讼的意向书已经发出，但是，双方对解决已有争端，应首先进行一次友好协商或上级调解，即通过双方上级主管部门进行调解。通过协商或调解如果达成书面协议，双方都应执行，且对业主和承包人双方均有约束力，而该协议亦应送监理工程师一份。若协商或调解不能达成协议，则任何一方均可在达不成协议后的第 42d 当天或以前通知另一方，并抄送监理工程师，说明自己对争端中的问题要求开始仲裁或起诉的意向。

对友好解决，还可以通过一个双方同意的调解人进行调解，协助双方达成必要的妥协。这种妥协应既不过多地损害双方的利益，又能为双方所接受。调解人应具有公路工程专业的全面知识，且经验丰富，办事公正。在调解过程中发生的费用应由双方均摊。

3）仲裁

如果发生合同争端，经过第一步监理工程师的决定不能成功解决，或第二步也未能达成友好解决，则可提请仲裁或诉讼来加以解决。

业主和承包人在订立工程承包合同之前，已就仲裁条款达成协议，并在合同条文中写明将来履行合同发生争端需提交仲裁时的仲裁机构、仲裁地点、仲裁范围、仲裁规则和法律效力等。按照国际惯例，仲裁裁决即为终局，对双方具有法律约束力，任何一方都不能再诉诸于法院等来改变裁决的决定。

对于国内公开性招标或议标的土木工程项目，按通用条件规定，仲裁应由有管辖权的经济合同仲裁机构，即我国各级工商行政管理局下设的经济合同仲裁委员会，依照《中华人民共和国经济合同仲裁条例》作出裁决。

对于国际竞争性公开招标的土木工程项目应按 FIDIC 合同条件有关规定，采用涉外经济合同争端的仲裁方法解决。我国涉外仲裁机构为中国国际贸易促进委员会下设的国际经济贸易仲裁委员会的海事仲裁委员会。国际性的仲裁机构有国际商会仲裁委员会、联合国国际贸易法委员会。

仲裁员有权解释、复查和修改监理工程师对争端所作出的任何决定、意见、指示、确定、证书和估价。业主和承包人任何一方在仲裁的过程中，均不受上述为了得到监理工程师的决定，在监理工程师面前出示的证据或论据的限制。不论监理工程师以前作出过任何决定，均不应取消他被传为证人的资格，并就有关争议的任何事实，在仲裁员面前出示证据。

仲裁条例规定，仲裁决定后，合同当事人双方应按照仲裁决定书规定的期限自行履行。

仲裁可以在工程竣工之前或之后进行，但在工程进行期间，不能由于正式提请仲裁，而改变业主、承包人和监理工程师应尽的义务。

若当事人的一方或双方不服仲裁裁决时，可以在收到仲裁决定书之日起的 15d 内向人民法院提起诉讼；也可经调解达成协议，或未经调解和仲裁而直接向法院起诉。诉讼则应由有管辖权的人民法院，依照中华人民共和国经济合同法审理判决。诉讼具有最终法律效力。

4）未能遵守工程师的决定

在上述规定的期限内，如果业主或者承包人对某一争端未提出仲裁或诉讼意向书，而且监理工程师的有关决定已成为最终裁决并具有约束力的情况下，如一方未能遵守上述决定，则任何一方在不损害另一方任何其他权利的情况下，按照通用条件的规定，有权将没有遵守监理工程师裁定的事项提交仲裁或诉讼处理。

第五章　公路工程施工安全及环境保护监理

第一节　施工安全监理

一、概述

1. 建设工程安全生产概况

安全生产关系人民群众的生命和财产安全，关系改革发展和社会稳定大局。我国目前正处在社会经济持续快速发展的历史时期，建筑业的发展规模逐年增长，已经成为继工业、农业、贸易之后的第四大支柱产业。安全发展是社会文明与社会进步程度的重要标志，是改革开放的成果惠及老百姓的具体体现。社会文明与社会进步程度越高，人民对生活质量和生命与健康保障的要求就越强烈。满足人民不断增长的物质与文化生活水平的要求，必须坚持发展是第一要务，但发展必须安全。安全发展就是要坚持以人为本，在劳动者生命权利和职业健康最大限度地得到保障的前提下，实现经济持续、快速、协调、稳定发展，建立和完善安定团结、和谐进步的社会制度和社会秩序。

近年来，国家陆续颁布实施了《中华人民共和国建筑法》、《中华人民共和国安全生产法》、《中华人民共和国公路法》、《中华人民共和国港口法》、《建设工程质量管理条例》、《建设工程安全生产管理条例》等法律法规，加强了建设工程质量、安全法规和技术标准体系建设，在实践中发挥了很好的作用。2003 年 11 月 24 日，国务院颁布了《建设工程安全生产管理条例》，它与《中华人民共和国建筑法》和《 中华人民共和国安全生产法》相配套，通过明确安全责任、加强管理监督和依法处理事故，提高建设工程安全生产水平、减少事故发生，来更好地实现确保施工人员安全与工程和其他财产安全的目的。

《建设工程安全生产管理条例》规定了工程建设参与各方责任主体的安全责任，明确了工程监理单位和监理工程师应对建设工程安全生产承担监理责任，赋予工程监理单位一项新的工作内容，由此产生了安全监理工作，使安全监理成为工程监理重要的一部分。

2. 交通建设工程施工安全生产的特点

1）产品生产的固定性

建设产品一般均为比较复杂的、大型的、投资多的具有固定场所的一次性产品，或称单件性产品。在产品形成过程中要根据其构成特点、技术要求、使用功能、合同约定的质量、工期和资金等条件，进行施工生产和管理。由于产品生产的固定性及其生产和管理的复杂性，因而容易出现施工安全事故。

2）露天作业条件的恶劣性

交通建设工程施工大多是在露天空旷的场地或水域完成的，有些甚至要在悬崖、深谷、潮汐海浪汹涌等处作业，环境相当艰苦，防护条件差，容易发生伤亡事故。

3）结构庞大、施工高空性

交通建设产品的结构十分庞大,操作工人往往要在十几米,甚至几百米的高空进行施工作业,容易产生高处坠落的伤亡事故。

4)实施安全管理的困难性

近年来,由于工程建设发展迅速,缺乏大量有技术基础并能熟练操作的工人,大批文化水平较低、安全意识和自我保护能力较弱的人员进入建筑队伍,导致施工队伍整体素质参差不齐,而且由于施工队伍人员流动性大,多数务工人员还不太了解如何按安全操作规程进行施工作业,这就会给施工安全管理带来难度。

5)劳动保护的艰巨性

在恶劣的作业环境下,施工人员手工操作多,体能耗费大,劳动时间和劳动强度都比其他行业要大,其职业危害严重,带来了工人劳动保护的艰巨性。

6)施工安全管理的复杂性

由于交通建设产品的多样性及施工生产工艺的复杂性,如一座桥梁从基础、下部结构、上部结构至竣工验收,各道施工工序均有其不同的特性,其不安全的因素各不相同,多工种立体交叉作业增加,导致机械伤害、物体打击事故增多;同时,随着工程建设的进展,施工现场的不安全因素也在随时变化,要求施工单位必须针对工程进度和施工现场实际情况不断地、及时地采取安全技术措施和安全管理措施。

3. 交通建设工程安全事故的特点

1)严重性

交通建设工程发生安全事故,其影响往往较大,会直接导致人员伤亡或财产损失,给广大人民群众带来巨大灾难,重大安全事故甚至会导致群死群伤或巨大财产损失。

2)复杂性

工程事故产生的特点,决定了影响交通建设工程安全生产的因素很多,造成工程安全事故的原因错综复杂,即使同一类安全事故,其发生原因也可能多种多样。

3)可变性

许多交通建设工程施工中出现的安全事故隐患并非是静止的,而是有可能随着时间的推移和各种外因条件的变化而发展、恶化,若不及时处理,往往可能发展成为严重或重大安全事故。

4)多发性

交通建设工程中有些安全事故如物体打击事故、触电事故、高处坠落事故、坍塌事故、起重机械事故、中毒事故等,往往会在工程某部位、某工序或某作业活动中经常发生。

4. 安全生产管理

1)安全生产管理的原则

安全生产绝非一个单位、一个部门或一道工序、一个环节的安全管理可以实现的,安全生产管理是一个从项目可行性研究到缺陷责任期的全过程的、由全体相关人员共同参与的管理系统工程,必须遵循以下原则:

(1)管生产必须管安全。安全寓于生产之中,并对生产发挥促进与保证作用。交通建设工程项目各级领导和全体员工在生产过程中必须坚持在抓生产的同时抓好安全工作,这体现了安全和生产的统一,生产和安全是一个有机的整体,两者不能分割更不能对立起来。各级人员安全生产责任制度的建立和健全,管理责任的认真落实,是贯彻"管生产必须管安全"原则的具体体现。

(2)目标管理。安全管理的内容是对人、物、环境状态的管理,有效地控制人的不安全行为和物的不安全状态,消除或避免事故,达到保护劳动者的安全与健康的目的。

没有明确目标的安全管理是一种盲目行为。盲目的安全管理,只能劳民伤财,危险因素依然存在,而且,可能还会导致威胁人的安全与健康,向更为严重的方向发展或转化。

(3)预防为主。安全生产必须坚持“安全第一,预防为主,综合治理”。强调“安全第一”,就是要做到在一切生产活动中,一定要把人民群众的生命财产安全放在首位,不能为了降低生产经营成本,追求经济效益,而取消或减少安全生产所需的资金投入,更不允许以劳动者的生命为代价来换取经济的发展;强调“预防为主”就是要把预防生产安全事故的发生放在安全生产工作的首位,切实做到安全生产管理防患于未然。要端正对生产中不安全因素的认识和态度,在生产活动和各项工作中,要严格遵守有关安全生产的法规和操作规程,加强安全生产的监督管理,经常检查并及时发现不安全因素,并采取措施,尽快地、彻底地予以消除。

(4)动态安全管理。生产活动中必须坚持全员、全过程、全方位、全天候的动态安全管理。安全管理不只是少数人和安全机构的事,而是一切与生产有关的人员的共同的事。缺乏全员的参与,安全管理不会有生气,不会出好的管理效果。当然,这并非否定安全管理第一责任人和安全机构的作用。生产组织者在安全管理中的作用固然重要,全员性参与管理也十分重要。

安全管理是一种动态管理,必须坚持持续改进的原则,以适应变化的生产活动,及时发现并消除新的危险因素。更重要的是要不间断地摸索新规律,注意总结管理、控制的办法与经验,不断改进、完善、提高安全管理工作的水平和质量。

(5)安全具有否决权。“安全具有否决权”是指安全生产工作是衡量建设工程项目管理的一项基本内容,它要求在对项目各项指标考核、评优创先时,首先必须考虑安全指标的完成情况,安全指标没有实现,其他指标虽已顺利完成,该项目就不能认为是已实现了最优化目标,安全具有一票否决的作用。

(6)事故处理“四不放过”。国家有关法律、法规明确要求,在处理事故时必须坚持和实施“四不放过”的原则,即事故原因分析不清不放过,事故责任者和群众没受到教育不放过,没有整改预防措施不放过,责任者和责任领导不处理不放过。

2)安全生产管理的相关制度

(1)安全生产许可证制度。《建设工程安全生产管理条例》规定施工单位应具备安全生产条件,同时,《安全生产许可证条例》进一步明确规定,国家对矿山企业、建筑施工企业和危险化学品、烟花爆竹、民用爆破器材生产企业实行安全生产许可制度。未取得安全生产许可证的,不得从事生产活动。建设部负责中央管理的建筑施工企业安全生产许可证的颁发和管理,省、自治区、直辖市人民政府建设主管部门负责上述规定以外的建筑施工企业安全生产许可证的颁发和管理,并接受建设部的指导和监督。

(2)安全生产责任制度。安全生产责任制应根据“管生产必须管安全”、“安全生产人人有责”的原则,明确各级领导、各职能部门和各类人员在施工生产活动中应负的安全责任。其内容应充分体现责、权、利相统一的原则。建立以安全生产责任制为中心的各项安全管理制度,是保障安全生产的重要手段。

(3)安全生产教育培训制度。安全生产教育培训制度是指对从业人员进行安全生产教育和安全生产技能培训,并将这种教育和培训制度化、规范化,以提高全体人员的安全意识和安全生产管理水平。安全教育主要包括安全思想教育、安全知识教育、安全技能教育、安全法制教育四个方面。培训制度主要包括对施工单位的管理人员和作业人员的定期培训,特别是在采用新技术、新工艺、新设备、新材料时对作业人员的培训。

(4)安全生产费用保障制度。安全生产费用是指建设单位在编制建设工程概算时,为保障安全施工确定的费用。建设单位根据工程项目的特点和实际需要,在工程概算中确定安全生产费用,并将这笔费用根据监理工程师的确认情况划转给施工单位。施工单位必须将安全生产费用用于施工安全防护用具及设施的采购和更新、安全施工措施的落实、安全生产条件的改善。

(5)安全生产管理机构和专职人员制度。安全生产管理机构是施工单位专门负责安全生产管理的内设机构,其人员为专职人员,由施工单位工程项目主要负责人(项目经理)负责,根据工程规模大小、难易程度、复杂性,配备若干个持证的专职安全生产管理人员。管理机构的职责是负责落实国家有关安全生产的法律、法规和工程建设强制性标准,监督安全生产措施的落实,组织施工单位进行内部的安全生产检查活动,及时整改各种安全事故隐患。

专职安全生产管理人员是指施工单位专门负责安全生产管理的人员,是国家法律、法规、标准在本单位实施的具体执行者,其职责是负责安全生产的现场监督检查并做好记录,发现生产安全事故隐患,应当及时向项目负责人和安全生产管理机构报告,对违章指挥、违章操作和违反劳动纪律的行为应当立即制止。

(6)特种作业人员持证上岗制度。施工单位的垂直运输机械作业人员、施工船舶作业人员、爆破作业人员、安装拆卸工、起重信号工、电工、焊工等国家规定的特种作业人员,必须按照国家规定经过专门的安全作业培训,并取得特种作业操作资格证书后,方可上岗作业。

(7)安全技术措施制度。安全技术措施是指从技术上采取措施,防止工伤事故和职业病的危害。在工程施工中,针对工程项目特点、环境条件、劳动组织、作业方法、施工机械、供电设施等,制订确保安全施工的措施。安全技术措施也是建设工程施工组织设计的重要组成部分。

(8)专项施工方案审查制度。对于结构复杂、危险性大的特殊工程,必须编制专项施工方案,并附安全验算结果,经施工单位技术负责人签字。必要时还应当组织专家进行论证审查,经审查同意和总监理工程师签字后,方可组织施工。

(9)安全生产技术交底制度。安全生产技术交底制度是指每项工程实施前,施工单位负责项目管理的技术人员对有关的施工技术要求向施工作业班组、作业人员详细说明并由双方签字确认的制度。安全生产技术交底应详细说明:本项目的施工作业特点和危险点,针对危险点的具体预防措施,应注意的安全事项,相应的安全操作规程和标准,发生事故后应及时采取的避难和急救措施等。

(10)消防安全责任制度。消防安全责任制度是指施工单位确定施工现场的消防安全责任人,制订用火、用电、使用易燃易爆材料等各项消防安全管理制度和操作规程,在施工现场设置消防通道、消防水源,配备消防设施和灭火器材,并在施工现场入口处设置明显标志。

(11)防护用品及设备管理制度。防护用品及设备管理制度是指施工单位采购、租赁的安全防护用具、机械设备、施工机具及配件,应当具有生产(制造)许可证、产品合格证,并在进入现场前进行查验。同时必须做好防护用品和设备的维修、保养、报废和资料档案管理。

(12)起重机械设备设施验收登记制度。施工单位在工程施工中使用起重机械和整体提升式脚手架、滑模爬模、架桥机等自行式架设设施前应当组织有关单位进行验收,或者委托具有相应资质的检验检测机构进行验收。使用承租的机械设备和施工机具及配件的,由承租单位、出租单位和安装单位共同进行验收,验收合格的方可使用。

(13)三类人员考核任职制度。三类人员是指施工单位的主要负责人、项目负责人和专职安全生产管理人员。施工单位的主要负责人对本单位的安全生产工作全面负责,项目负责人对所承包的项目安全生产工作全面负责,专职安全生产管理人员直接、具体承担本单位日常的安全生产管理工作。三类人员在施工安全方面的知识水平和管理能力直接关系本单位、本项目的安全生产管理水平。从事交通建设工程的三类人员必须经交通主管部门对其安全知识和管理能力考核合格后方可任职。

(14)意外伤害保险制度。施工单位应当为施工现场的人员办理意外伤害保险,意外伤害保险费应由施工单位支付。实行施工总承包的,由总承包单位支付意外伤害保险费。该项保险是施工单位必须办理的,以维护施工现场从事危险作业人员的利益。

(15)安全事故应急救援制度。承包单位、施工单位应当针对本项目工程特点,制订生产安全事故应急预案,建立应急救援组织或者配备应急救援人员,配备必要的应急救援器材、设备,并根据建设工程施工的特点、范围,对施工现场易发生重大事故的部位、环节进行监控。

(16)安全事故报告制度。交通建设工程施工单位发生生产安全事故,施工单位应当立即向建设单位、监理单位和事故发生地的公路水运工程安全生产监督部门以及其他安全监督机构报告。按照国家有关伤亡事故报告和调查处理的规定,及时、如实地报告。特种设备发生事故的,还应当同时向特种设备安全监督管理部门报告。实行施工总承包的建设工程,由总承包单位负责上报事故。

(17)工艺、设备、材料的淘汰制度。在交通建设工程的设计、施工中,不得采用国家有关部门公布的淘汰工艺、设备和材料,各项机械、设备应建立相应的资料档案,并按国家有关规定及时报废。对在规定淘汰期限之后仍继续使用淘汰工艺、设备、材料的单位和个人,有关部门将依法责令停止使用,对屡令不止的,由司法机关追究其法律责任。

二、施工安全监理的依据、范围

1. 安全监理的依据

1)有关安全生产、劳动保护等的法律、法规和标准规范

有关建设工程安全生产、劳动保护等的法律、法规和标准规范包括:《中华人民共和国安全生产法》、《中华人民共和国公路法》、《中华人民共和国港口法》、《建设工程安全生产管理条例》、《中华人民共和国劳动法》、《中华人民共和国环境保护法》、《 中华人民共和国消防法》等法律、法规,《公路建设市场管理办法》、《 水运建设市场管理办法》、《公路建设监督管理办法》等部门规章,以及地方性法规等,也包括《工程建设标准强制性条文》、《公路工程施工监理规范》、《水运工程施工监理规范》以及有关的工程安全技术标准、规范、规程等。

2)建设工程批准文件

建设工程批准文件包活:批准的可行性研究报告,建设项目选址意见书,建设用地规划许可证,建设工程规划许可证、施工许可证以及初步设计文件、施工图设计文件等。

3)监理合同和有关的建设工程合同

工程监理单位应当根据两类合同进行安全监理,这两类合同包括:工程监理单位与建设单位签订的建设工程监理合同,建设单位与施工单位签订的有关建设工程合同。

2. 安全监理的范围

监理单位应当按照法律、法规和工程建设强制性标准进行监理,对工程安全生产承担监理责任;应当编制安全生产监理计划,明确监理人员的岗位职责、监理内容和方法等。对危险性较大的工程作业应当加强巡视检查。监理单位应当填报安全监理日志和监理月报。

《建设工程安全生产管理条例》规定了监理单位安全生产管理的范围如下：

(1)审查施工组织设计中安全技术措施或专项施工方案。

(2)在实施监理过程中，发现存在安全事故隐患的，应当要求施工单位整改；情况严重的，应当要求施工单位暂时停止施工并及时报告建设单位；施工单位拒不整改或者不停止施工的，应当及时向有关主管部门报告。

(3)应当按照法律、法规和工程建设强制性标准实施监理。

三、施工安全监理的工作内容

1. 招标阶段

(1)审查施工(投标)单位的资质和安全生产许可证。协助建设单位编制、核查招标文件中相关安全生产的条款，协助建设单位对投标单位进行资格预审以及对投标文件的符合性进行核查。

(2)协助建设单位拟订工程施工安全生产协议书。

2. 施工准备阶段

1)安全监理的工作准备

(1)组织监理人员开展安全教育，确定工作内容。

(2)编制安全监理方案及实施细则。

2)审查施工单位安全生产管理体系

(1)检查施工单位安全管理体系中的管理机构，总、分包现场项目经理和专职安全生产管理人员持证上岗、安全员数量配备情况。

(2)检查施工单位的安全生产责任制度、安全生产教育培训制度、安全生产规章制度和操作规程、消防安全责任制度、安全施工技术交底制度以及设备的租赁、安装拆卸、运行维护保养、自检验收管理制度等是否健全和完善。

(3)检查施工现场各种安全标志和临时设施的设置。

(4)检查、督促施工单位与分包单位之间签订施工安全生产协议书。

(5)检查施工单位安全技术措施或文明施工措施费用的使用计划。

(6)督促施工单位制订安全事故应急救援方案及重点部位和重点环节工程项目危险源监控措施和应急救援方案。

(7)对有关施工单位安全生产管理体系的检查项目，由项目监理机构在第一次工地会议上，书面告知施工单位。

(8)明确本项目工程安全事故上报与处理程序。

3)审查施工单位的安全设施、设备、特种作业人员进入现场的报验手续

(1)审查安全设施。

(2)审查大、中型施工机械。

(3)审查特种作业人员的进场。

4)审查施工现场平面布置

施工现场平面布置是工程施工过程中的重要组成部分，监理工程师在审查施工单位的施工组织设计时，必须从安全的角度审查施工现场平面图设计的合理性和符合性。

(1)施工现场的生活生产房屋、变电所、发电机房、临时油库等均应设在干燥地基上，并应符合防火、防洪、防风、防爆、防震的要求。

(2)施工现场要设置足够的消防设备。

(3)生产生活房屋应按规定保持必需的安全净距，一般情况下活动板房不小于7m，铁皮板房不小于5m，临时的锅炉房、发电机房、变电室、铁工房、厨房等与其他房屋的间距不小于15m。

(4)易燃易爆的仓库、发电机房、变电所，应采取必要的安全防护措施，严禁用易燃材料修建。炸药库的设置应符合国家有关规定，工地的小型油库应远离生活区50m以外，并外设围墙。

(5)工地上较高的建(构)筑物、临时设施及重要库房(如炸药房、油库、发电房、变电房)、塔架、龙门吊架等，均应加设避雷装置。

(6)对环境有污染的设施和材料应设置在远离人员居住的空旷地点。污染严重的工程场所应配有防污染的设施。

(7)场内道路应保持畅通。载货车辆通过较多的道路，其弯道半径一般不小于15m，特殊情况不得小于10m。急弯和陡坡地段应设置明显交通标志。

5)审查安全技术措施和专项施工方案

安全技术措施包括：防火、防毒、防爆、防洪、防尘、防雷击、防触电、防坍塌、防物体打击、防机械伤害、防溜车、防高空坠落、防交通事故、防寒、防暑、防疫、防环境污染等方面的措施。

对不良地质条件下有潜在危险的土(石)方开挖、滑坡及高边坡处理、桩基础、挡土墙基础、深水基础及围堰工程等，监理工程师应依据《公路水运工程安全生产监督管理办法》的规定，督促施工单位在施工前单独编制专项安全施工方案。同时对交通建设工程中特有的危险性较大的工程，如预应力结构张拉施工、特种设备施工、港口码头施工以及采用新技术、新工艺、新材料的工程等，也必须督促施工单位编制专项安全施工方案。

6)对施工单位事故应急救援预案的审查

监理工程师应督促施工单位在开工前根据项目施工现场和周边单位、社区的安全重大危险源类别、周边重要基础设施以及项目工程特点、环境条件、人员素质、物质资源评估等情况编制相应的事故应急救援预案，建立健全施工现场的应急救援体系。

3. *施工阶段*

1)施工现场日常安全监理工作内容

(1)加强督促。监督施工单位按照国家有关法律、法规、工程建设强制性标准和经审查同意的施工组织设计或专项施工方案组织施工，制止违规作业；督促施工单位定期进行安全生产检查，并将检查结果报送项目监理部；督促施工单位分阶段进行自查自评。

(2)巡视检查。监理工程师应对施工现场安全生产情况进行巡视检查，监督施工单位落实各项安全措施。发现有违规施工和存在安全事故隐患的，应要求施工单位整改；情况严重的，由总监理工程师下达工程暂停施工令，并报告建设单位；施工单位拒不整改或不停止施工的，应及时向当地政府有关部门书面报告。

(3)监理会议。监理工程师在定期召开的监理会议上，应将安全生产列入会议主要内容之中，评述现场安全生产现状和存在问题，提出整改要求，制订预防措施，使安全生产工作落到实处。发现施工单位违反安全施工有关要求时，应在监理例会上提出或签发《监理通知》，责成施工单位整改。在《监理月报》中向建设单位汇报有关安全文明施工情况。

2)日常安全监理实施程序

(1)发出口头通知。在日常的现场巡视、检查工作中，若发现存在违反强制性建设标准的现象或安全事故隐患,应首先口头通知施工单位,要求立即采取措施整改。

(2)签发书面通知、指令。当“口头通知”发出后,监理工程师应及时向施工单位签发书面通知、指令。

(3)召开专题监理例会。当签发书面通知、指令后,仍未采取措施整改时,应当组织建设、施工及其他有关单位,召开专题监理例会,对书面通知、指令中的内容加以强调。要求责任方说明原因,落实整改措施,明确整改计划完成的时间。同时,要求责任方在后续工作中,对类似问题提出预控措施,并形成例会纪要。

(4)签发工程暂停令。在签发书面通知、指令并召开专题监理例会后,施工单位仍未及时整改或拒不整改,情况严重的,应当要求施工单位暂停施工,并由总监理工程师签发“工程暂停令”,同时报告建设单位。暂停的部分视工程情况,可以是整个工程,也可以是局部工程。

(5)向建设主管部门报告。若施工单位拒不整改或不停止施工的,总监理工程师应及时向有关交通主管部门以书面形式报告。

4. 交工验收阶段

交工验收阶段监理工程师的主要工作内容包括:协助建设单位落实工程建设项目“三同时”的规定;审查安全设施等是否按设计要求与主体工程同时建成交付使用;承担交工验收至竣工验收阶段质量缺陷和问题修复施工作业安全管理责任。

四、安全隐患和安全事故处理

1. 安全隐患及处理

工程施工安全隐患是在安全检查及数据分析过程中发现的。强调对工程安全事故隐患的处理,是为了对安全事故进行预防,避免安全事故的发生。

1)一般安全问题

一般安全问题是指不符合安全管理规定,不符合安全技术措施规范要求的现象或状态。这种现象或状态的程度尚不严重。

监理工程师对一般安全问题不能轻视、随之任之。对一般安全问题可采用口头指示或签发安全工作指令的方法,要求承包人加强安全管理和教育并限时整改,预防问题扩大。

2)严重安全隐患

严重安全隐患是指存在的安全隐患程度比较严重,或是其数量或规模较大;或是违反强制性条文标准,对施工现场的安全构成了明显的潜在威胁。对严重安全隐患可采用下列处理方法:

(1)由总监理工程师或专业监理工程师召集施工单位项目负责人、安全负责人、专职安全员参加的现场监理会议,要求承包人及时采取有效措施,消除安全隐患。

(2)签发安全工作指令,要求施工单位限时整改、复查。

(3)必要时签发工程暂时停工指令,要求施工单位进行整改,整改后再恢复施工。

(4)施工单位应立即进行严重安全事故隐患的调查,分析原因,制订纠正和预防措施,形成处理为案,并报监理工程师。

2. 重大生产安全事故处理

1)事故处理原则

各级交通主管部门应遵循“统一指挥、快速反应、各司其职、协同配合”的原则,共同做好事故的应急处理工作,可视具体情况派现场督导组参加事故调查处理工作。

发生一次死亡6人以上、一次受伤20人以上和涉险30人以上的事故，交通部派出现场督导组，省级交通主管部门同时予以配合。现场督导组由部质监总站负责组织，成员由与事故没有直接利害关系的相关专业技术专家和施工安全监管等专业人员组成。

发生一次死亡3～5人、一次受伤10～19人和涉险10～29人的事故，省级交通主管部门派出现场督导组，市级交通主管部门同时予以配合。省级现场督导组人员由省级交通主管部门负责组织。根据现场特殊情况或应省级交通主管部门的要求，交通部可派出专家组给予技术支援。

党中央、国务院、交通部领导同志批示的重大生产安全事故，交通部应按批示要求派出现场督导组，省级交通主管部门予以配合。

2）现场处理

（1）督导组主要任务：赶赴现场实地督导，对有关情况进行调查核实；支持协助地方人民政府做好抢险救援工作，防止事态扩大或再次发生次生、衍生的质量安全事故；从行业角度初步分析事故原因，总结经验教训，为事故调查做准备；及时将有关情况向交通主管部门报告，并应通过本级交通主管部门及时将督导报告上报交通部。

（2）按照有关规定，事故现场的抢险救援工作由当地人民政府统一组织。事故发生地的交通主管部门应在当地政府统一领导下，立即启动相关应急预案，迅速赶赴现场，按照政府应急指挥命令和职责分工，协助公安、消防、卫生等部门做好抢险救援工作，会同安全监管、建设检察等部门开展事故调查，及时将有关情况向当地政府和省级交通主管部门报告。

（3）项目建设、施工等单位，在公安、消防、卫生等专业抢险力量到达现场前，应立即启动本单位的应急救援预案，全力开展事故抢险救援工作，同时协助有关部门保护现场，维护现场秩序，妥善保管有关物证，配合有关部门收集证据。

中央企业发生事故时，其总部应全力调动相关资源，有效开展应急救援工作。

第二节　施工环境保护监理

一、施工环境保护监理的概念

施工环境保护监理，是指监理单位受建设单位的委托，依法对施工单位在施工过程中影响环境的活动进行监督管理，确保各项环保措施满足公路施工环境保护的要求。

公路施工环境保护监理是针对施工过程环境保护的全方位、全过程的监理，其主要任务一是根据《中华人民共和国环境保护法》及相关法律法规，对工程建设过程中污染环境、破坏生态的行为进行监督管理，如噪声、废气、污水等污染物排放应达标、减少水土流失和生态环境破坏，也称为“环保达标监理”；二是对建设项目配套的环保工程进行施工监理，确保“三同时”的实施，如对水处理设施、声屏障、绿化工程、自然保护区、水源保护区以及风景名胜保护区的保护等进行监理，也称为“环保工程监理”。

施工环境保护监理是一个新事物，是对施工监理制度一个重要的充实。施工环境保护监理是工程监理的重要组成部分，但由于工作内容不仅仅限于工程本身，涉及到环保技术，因此具有其特殊性。施工环境达标监理是以环保法律法规、监理合同中有关的条款、尤其是公路项目环境影响评价的内容和相关批复作为工作的主要依据，主要是对工程建设过程的环境污染、生态破坏防治及恢复的措施进行监督管理，涉及到工程的质量、投资、工期等方面较少。

二、施工环境保护监理的依据

1. 国家有关的法律、法规

《宪法》中明确了每个公民的环保义务，如“保障自然资源的合理利用，保护珍贵的动物和植物，禁止任何组织或者个人用任何手段侵占或者破坏自然资源”、“保护和改善生活环境和生态环境，防治污染和其他公害”。其他还有《中华人民共和国环境保护法》、《中华人民共和国海洋环境保护法》、《中华人民共和国水法》、《中华人民共和国土地管理法》、《中华人民共和国渔业法》、《中华人民共和国水土保持法》、《中华人民共和国文物保护法》、《中华人民共和国水污染防治法》、《中华人民共和国大气污染防治法》、《中华人民共和国环境噪声污染防治法》、《中华人民共和国野生动物保护法》、《中华人民共和国野生植物保护条例》、《中华人民共和国固体废物污染环境保护法》、《中华人民共和国公路法》、《中华人民共和国环境影响评价法》等，都有环境保护的明确条款。

2. 国家有关的条例、办法、规定

如《建设项目环境保护管理条例》、《建设项目环境保护设施竣工验收管理规定》、《关于加强自然资源开发建设项目的生态环境管理的通知》、《关于涉及自然保护区的开发建设项目环境管理工作有关问题的通知》等。

3. 地方性法规、文件

根据国家规定，可以立法的地方人民代表大会及其常务委员会可以颁布地方性环境保护法规。迄今为止有十几个省(市、自治区)颁布了地方环境保护法规，这些法规同样是施工环境保护监理的依据。

4. 国家标准

国家强制执行的环保标准很多，与公路施工有关的标准主要有：

(1)噪声标准。如《城市区域环境噪声标准》、《建筑施工场界噪声限值》、《工业企业厂界噪声标准》等。

(2)空气标准。如《大气污染物综合排放标准》、《锅炉大气污染物排放标准》等。

(3)水质标准。如《地表水环境质量标准》、《农田灌溉水质标准》、《渔业水质标准》、《污水综合排放标准》等。

(4)振动标准。如《城市区域环境振动标准》等。

5. 项目的环境影响评价和水土保持报告及批复

建设项目的环境影响评价和水土保持报告及其批复，是施工环境保护监理工作最主要的依据之一，其中针对施工期提出的环境保护重点区域、污染防治措施、水土保持措施，是施工环境保护监理工作的重点，也是必须达到的底线。

6. 项目的环境行动计划

利用世界银行或亚洲开发银行贷款修建的公路项目，均有此类文件，这也是施工过程环境保护监理工作的依据之一。

7. 工程设计文件

公路建设的设计阶段，往往已经考虑到了一些重大的环境保护问题，并在设计文件中有所反映，例如水土保持措施、绿化等，可以作为环境保护监理工作的依据。

8. 监理合同、施工合同以及有关补充协议

建设单位委托开展环境保护监理的合同，以及有关的补充协议，都明确规定了环境保护监

理单位的权利、责任和义务，是监理单位开展工作的直接依据。

作为工程环保措施具体执行者的施工单位，责任和义务在《公路工程国内招标文件范本》（2003 年版）中有明确的表述。

9. 施工过程的会议纪要、文件

在施工过程中根据实际情况形成的有关环保问题的会议纪要、有关文件，可以作为环境保护监理的依据。

三、施工环境保护监理工作程序

施工环境保护监理一般应按照下列工作程序进行：

(1)依据监理合同、设计文件、环评报告、水土保持方案以及施工合同、施工组织设计等编制施工环境保护监理规划；

(2)按照施工环境保护监理规划、工程建设进度、各项环保对策措施编制施工环境保护监理实施细则；

(3)依据编制的施工环境保护监理规划和实施细则，开展施工期环境保护监理；

(4)工程交工后编写施工环境保护监理总结报告，整理监理档案资料，提交建设单位；

(5)参与工程竣工环保验收。

四、施工环境保护监理工作的内容

1. 施工环境保护监理工作的内容

1)施工准备阶段的环境保护监理工作

(1)参加设计交底，熟悉环评报告和设计文件，掌握沿线重要的环境保护对象，了解建设过程的具体环保目标，对敏感的保护目标作出标识。

(2)审查施工单位提交的施工组织设计和开工报告，对施工方案中环保目标和环保措施提出审查意见。

(3)审查施工单位的临时用地方案是否符合环保要求，临时用地的恢复计划是否可行。

(4)审查施工单位的环保管理体系是否责任明确，切实有效。

(5)参加第一次工地会议，提出环保监理目标和环保监理措施和要求。

2)施工阶段的环境保护监理工作

(1)审查施工单位编制的分部(分项)工程施工方案中的环保措施是否可行。

(2)对施工现场、施工作业进行巡视或旁站监理，检查环境保护措施的落实情况。

(3)监测各项环境指标，出具监测报告或成果。

(4)向施工单位发出环境保护工作指示，并检查执行情况。

(5)编写环境监理月报。

(6)参加工地例会。

(7)建立、保管环境保护监理资料档案。

(8)处理或协助主管部门和建设单位处理突发环保事件。

3)交工验收及缺陷责任期的环境保护监理工作

(1)参加交工检查，确认现场清理工作、临时用地的恢复等是否达到环保要求。

(2)检查施工单位的环保资料是否达到要求。

(3)评估环保任务或环保目标的完成情况，对尚存的主要环境问题提出继续监测或处理的方案和建议。

(4)完成缺陷责任期环境保护监理工作。

4)环境监测

监理工程师应协助建设单位落实公路施工过程的环境监测计划。监测应定期进行,使数据有可比性,为制订环境保护监理措施和判断环保措施执行效果提供必要的依据。

一般施工期环境监测的每次间隔时间往往比较长,提供的是固定点位的前后历史对比资料。根据工程的实际进展,施工环境保护监理有时候会需要些监测点以外的即时监测数据,对常规污染因子及突发污染事故进行监测,因此监理单位有必要自备一些常用的监测设备,能够自行监测一些比较简单的项目。

一般定期监测的项目有:

(1)空气质量。监测项目有 NO_2、CO 、TSP 等三项,必要时还可监测 SO_2。

(2)地表水质量。一般监测项目有酸碱度(pH)、高锰酸盐指数(COD_{Mn})、5 日生化需氧量(BOD_5)、氨氮、悬浮物(SS)、石油类等。根据工程实际情况,还可视需要加测水温、色度、重金属、总磷(TP)、总氮(TN)、砷(As)、氰化物、挥发酚、活性剂(LAS)、硫化物、溶解氧(DO)等项目。

(3)声环境质量。监测环境噪声 L_{Aep}。监测点位根据施工过程的重点进行安排。

5)对环境影响报告书提出的其他环保措施的监理

根据不同项目的实际情况,环境影响报告会提出不同的环保措施,甚至会有比较特殊的措施,例如指定范围内的拆迁等。对于环境影响报告提出的已经批准的措施,应协助建设单位有效地实施。

2. 施工环境保护监理工作方式

监理工程师对施工活动中的环境保护工作按照施工进程实施动态管理。环保达标监理的工作方式以日常巡视为主,辅以必要的环境监测,以便及时调整环保监控力度;环保工程监理从施工、计量到支付等都与其他工程的监理相似,工作方式与主体工程的监理方式相同。

监理过程中如发现环境污染和生态破坏等情况,监理工程师应立即通知施工单位,限期整改。一般性或操作性的问题,可以采取口头通知形式。口头通知无效或有污染隐患时,应发出书面的监理通知,要求施工单位整改,并根据施工单位的书面回复检查整改结果。严重的环境问题,还应同时向建设单位汇报。如整改情况不理想,可以发布停工指令。

五、施工环境保护监理要点

1. 临时设施的环保要求

临时设施指承包人和驻地监理工程师的临时驻地和临时施工现场。

1)供水

生活用水必须符合国家有关饮水标准的要求。

2)生活污水

(1)临时驻地必须建有化粪池或其他能满足使用要求的系统,并予以管理、维护直至合同终止。此化粪池或系统,用于汇集与处理由临时驻地的住房、办公室、及其他建筑物和流动性设施中排放的污水。

(2)污水处理系统的位置、容量与设计均应能够满足正常使用的要求。

(3)每一处临时施工现场均应备有临时污水汇集设施,对拌和场清洗砂石料的污水应汇集处理回用,不得排出施工现场以外的地方。

3)垃圾处理

(1)临时驻地产生的一切垃圾必须每天有专人负责清理、集中并处理(可与当地有关部门联系,定期运至指定的垃圾处理场),临时施工现场产生的施工垃圾必须随当地日作业班组清理集中处理,以保证作业现场保持整洁卫生。垃圾管理工作直至工程竣工交验后为止。

(2)修建临时工程应尽量减少对原自然环境的损害,在竣工拆除临时工程后,应恢复原来的自然状态。

4)控制扬尘

(1)拌和场。对可产生扬尘的细粉料拌和作业,应在其作业现场设置喷水嘴装置洒水,以使作业产生的扬尘减至最低程度。

(2)运输。对易引起扬尘的材料运输,运输车辆应备有帆布、盖套及类似的物品进行遮盖。

(3)料场。对易引起尘害的细粉料堆应予遮盖或采用洒水措施处理。

5)噪声控制

施工机械噪声对附近居民的影响超过国家标准规定时,应采取降噪措施或调整作业时间或调整施工机械,以保证居民能够有安静休息的环境。

2. 路基、路面工程的环保要求

1)路基工程

(1)场地清理

①公路用地及借土场范围以内的所有垃圾和非适用材料均应清除与移运到适宜的地方妥善处理。

②清除的表层腐殖熟土应集中堆放,以备工程后期用于绿化,或用于弃土场、渣场覆土还耕。

(2)防水、排水

①临时排水设施应与永久性排水设施相结合,污水不得排入农田、耕地和污染自然水源,也不得引起淤积和冲刷。

②在施工过程中,不论何种原因,在没有得到有关管理部门的书面同意的情况下,各类施工活动不应干扰河流、水道、现有灌渠或排水系统的自然流动。

③在路基和排水工程(涵洞、倒虹吸等)施工期间,应为邻近的土地所有者提供灌溉与排水用的临时管道。

(3)路基挖方

①路基挖方施工和开挖方法应考虑对地下历史文物、自然保护区的保护措施,同时不得对邻近的设施及其正常使用产生破坏及干扰。

②挖方施工中产生的弃土不得弃入或侵占可耕地、农田灌溉渠道、河道、现有通车道路等场所,必须运至指定的弃土场。

③弃土的堆放应整齐、美观稳定,必要时坡脚应予加固处理,并且排水通畅。

(4)路基填方

①在取土和运输过程中不得损坏自然环境。

②借土结束或借土场废弃时,应对借土场地面进行修整和清理。在条件许可时最好在地表覆盖熟土还耕。

③粉煤灰路堤施工中,粉煤灰的运输和堆放应呈潮湿状态,运输车辆周边密闭,顶面加盖,

以防粉煤灰沿路散落飞扬而污染环境。同时在施工路堤两侧应有良好的排水设施和防雨冲刷的措施,以防粉煤灰遭雨水冲刷流失而污染附近水源和农田等。

2)路面工程

(1)拌和场

①拌和场选址应遵从远离自然村落,并在其常年主导风向下风口处的原则。

②拌和设备应配装有集尘装置。

(2)路面摊铺

沥青路面和水泥路面摊铺施工过程中剩余废弃料必须及时收集运到废弃料场集中处理,不得随意抛弃。

3. 桥、隧工程的环保要求

1)桥梁工程

(1)桥基施工钻孔桩必须设置泥浆沉淀池,不得将钻孔泥浆直接排入河水或河道中。

(2)桥基施工现场材料应堆放整齐有序,应坚持每日清理收集废弃的包装等材料。

(3)施工现场应设置简易临时厕所,以防粪便侵入河道污染河水。

(4)桥梁预制厂必须设置排水系统,防止产生的废水随意溢流。有条件者,也可采取废水回收处理后循环使用。

2)隧道工程

(1)隧道凿岩施工必须采用湿法钻孔。通风量必须保证能够有效地通风除尘并置换新鲜空气进入作业面。

(2)作业面应有瓦斯监测报警装置,以防瓦斯浓度超过警戒浓度,威胁施工人员生命及造成安全生产事故。

(3)隧道弃渣应充分予以利用。多余的渣土应放在指定的弃渣场,堆放整齐、稳固;并修建必要的排水设施。禁止在洞口随意堆弃。

(4)隧道施工废水应经过处理后,再进行排放,不得对附近居民生活用水造成污染。

4. 绿化工程

1)一般要求

(1)公路绿化工程应符合图纸和规范要求。在实施绿化工程若干天前,制订出详尽的施工计划,说明栽种位置、种植范围和植物种类等,并报请监理工程师批准。

(2)在公路建设期过程中,要尽量保护道路用地范围之外的现有植被不受破坏。若因修临时工程破坏了现有植被,则必须在拆除临时工程时同时等量予以恢复。

(3)在绿化工程实施全过程中,必须要有园林专业工程师作为技术指导或代理人,在技术上领导或指导全部绿化工程。

2)种植与管理

(1)植物的种植应选择当地各类植物的最佳种植季节植种。

(2)种植用土应选用含有植物生长的有机物质(也可直接用原地表层熟土)的腐殖土。

(3)苗木要选择健康无病害的适用苗木,以保证成活率达到设计要求。

(4)种植工作结束后,应进行有效的管理,使植物保持良好的生长条件。该管理工作包括浇水(或洒水)、修剪、清除杂草杂物、垃圾、防治病虫害及保护种植地带的整洁和美观。

(5)在管理期内,对有病害或严重损伤或不符合生长条件的植物应立即清除,在季节条件许可时,及时补种同样种类的植物。

第二篇　公路工程施工质量监理

第六章 公路工程施工质量监理概论

第一节 质量监理的依据和质量控制程序及方法

一、概述

工程质量监理，是根据合同技术规范、图纸的要求和规定，对工程施工中各个环节、每道工序进行严格的、系统的、全面的监理，以保证工程施工质量达到合同规定的要求。

公路工程质量监理的对象主要是原材料、结构和建筑安装工程的质量以及施工过程各环节和公路整体的质量，所以，公路工程质量监理必须是对施工过程各环节的全过程监理，任何一个环节的监理出现偏差都将给公路的整体质量带来危害。

在公路工程质量形成过程中，下列因素对质量的可靠性都会产生影响：

(1)公路设计的几何形状，结构设计的合理性和施工放样的准确性。

(2)材料(土、碎石、片石、块石、砂、矿粉、沥青、水、混合料等)的质量。

(3)用于制备、摊铺及压实的材料和混合料的工艺设备的可靠性。

(4)工艺程序(操作、筛分、配料、加热、搅拌、运输、保存等)的准确性。

(5)施工人员的劳动质量(技术人员、工人、辅助人员等的素质)。

(6)原材料、工厂半成品的质量检验结果的可靠性。

二、质量管理标准

1987 年 3 月国际标准化组织(ISO)颁布了 ISO 9000《质量管理和质量保证》系列标准。我国也于 1992 年发布了等同采用国际标准的 GB/T 19000—ISO 9000《质量管理和质量保证》系列标准。这一系列标准有助于企业建立完善质量体系，提高质量意识和质量保证能力，提高管理素质和市场经济条件下的竞争能力。

我国 GB/T 19000—ISO 9000《质量管理和质量保证》系列标准由五个标准组成：

(1) GB/T 19000—ISO 9000《质量管理和质量保证—选择和使用指南》；

(2) GB/T 19000—ISO 9001《质量体系—设计/开发、生产、安装和服务的质量保证模式》；

(3) GB/T 19000—ISO 9002《质量体系—生产和安装的质量保证模式》；

(4) GB/T 19000—ISO 9003《质量体系—最终检验和试验的质量保证模式》；

(5) GB/T 19000—ISO 9004《质量管理和质量体系要素—指南》。

有关 ISO 9000 系列的其他相关知识请参阅公路与桥梁专业国家规划教材《公路工程管理》的有关章节。

三、质量监理的依据、任务和组织体系

1. 质量监理的依据

1)合同条件

各项工程质量的保障责任、处理程序、费用支付等,均应符合业主与承包商签订的合同条件的规定。

2)合同图纸

全部工程应与合同图纸符合,并符合监理工程师审核批准的设计变更与修改要求。

3)技术规范

所有用于工程的材料、设施、设备及施工工艺,应符合合同文件所列技术规范,它可以是国家或有关部颁的通用施工技术规范,也可以是合同文件中加以明确的专为本工程编制的施工技术规程;监理工程师同意使用的其他技术规范及监理工程师批准的工程技术要求也可以作为质量监理的依据。

4)质量标准

所有工程质量均应符合合同文件中列明的质量标准或监理工程师同意使用的其他标准。

2. 质量监理的任务

监理工程师应审查承包人的质量控制体系和措施,核实质量文件,对作为施工依据的合同文件、设计图纸和技术要求进行检查和认可,对施工质量进行监督;对单项工程、隐蔽工程和施工前的准备等进行检查、验收,对施工质量进行评价。总之,通过对施工全过程进行监督、检查和管理,制止影响工程质量的各种不利因素,使承包人提交的工程项目符合合同图纸、技术规范、使用要求和验收标准。

四、质量监理程序

1. 质量控制的基本程序

开工以前,监理工程师应向承包人提出对所有工程项目进行质量控制的程序及说明,以供所有监理人员、承包人的自检人员和施工人员共同遵循,使质量控制工作程序化。

质量控制一般按以下程序进行:

1)开工报告

在各单位工程、分部或分项工程开工之前,驻地监理工程师应要求承包人提交工程开工报告并进行审批。工程开工报告包括:提出工程实施计划和施工方案;依据技术规范列明本项工程的质量控制指标及检验频率和方法;说明材料、设备、劳力及现场管理人员等的准备情况;提供放样测量、标准试验、施工图等必要的基础资料。

2)工序自检报告

驻地监理工程师应要求承包人的自检人员按照专业监理工程师批准的工艺流程和提出的工序检查程序,在每道工序完工后首先进行自检,自检合格后,向专业监理工程师提交工序自检报告,以获得专业监理工程师的检查认可。

3)工序检查认可

专业监理工程师应紧接承包人的自检或与承包人的自检同时对每道工序完工后进行检查验收并签认,对不合格的工序应指示承包人进行缺陷修补或返工。前道工序未经检查认可,后道工序不得进行。

4)中间交工报告

当工程的单位、分部或分项工程完工后，承包人的自检人员应再进行一次系统的自检，汇总各道工序的检查记录及测量和抽样试验的结果，提出交工报告。自检资料不全的交工报告，专业监理工程师应拒绝验收。

5)中间交工证书

专业监理工程师应对工程量清单中分项完工的单项工程进行一次系统的检查验收，必要时应做测量或抽样试验。检查合格后请高级驻地监理工程师签发《中间交工证书》。未经中间交工检验或检验不合格的工程，不得进行下项工程项目的施工。

6)中间计量

对填发了《中间交工证书》的工程，方可进行中间计量，并由驻地监理工程师签发《中间计量表》。若完工项目的竣工资料不全，可暂不计量支付。

2. 工序质量检查程序

各专业(结构、路基、路面、隧道等项目)监理工程师应在组成工程的各个单位、分部或分项工程开工前，提出(或制订)工序检查程序说明，以供现场旁站监理人员、承包人的自检人员及施工人员共同遵循。工序检查程序应按以下原则提出：

(1)应与合同图纸和工程量清单的分项所含内容相一致。

(2)应与技术规范及监理工程师批准采用的施工方法和工艺流程相协调。

(3)应与国家或合同规定的验收标准、检验频率和检验方法相配合。

(4)工序检查程序宜采用直观的框图形式表示，并应与相应的检查记录、报表、证书相配套。

各工程分项和专业的监控程序各不相同，现以路面工程质量监控程序的制订过程为例说明如下。

路面是用各种材料，如砂、碎石、矿渣、工业废渣、水泥混凝土等，经过制备、运输、摊铺和压实修筑而成的。因此，路面施工的质量在很大程度上取决于路面材料的制备、摊铺和压实工艺。抓住路面材料的制备、摊铺和压实这三个主要环节的质量监控，路面质量就会得到保证。例如：路面面层沥青混凝土的制备，它是碎石、石屑或砂、矿粉、沥青等多种材料的组合，要把这些材料组合成合格的沥青混凝土混合料，就要保证其中碎石、石屑或砂、矿粉、沥青等材料的物理力学指标和级配组成符合标准规定的要求。因此，应首先要求承包人对组成沥青混合料的各种材料进行试验，以确定各种材料和沥青的各项指标是否符合标准；然后将合格的各种材料进行级配组成设计，使之达到符合规范规定的级配范围，再按规范推荐的沥青用量，按不同级差沥青用量进行马歇尔试验，在满足规范规定的密度、稳定度、流值和空隙率的前提下，确定出最佳沥青用量的控制范围；当马歇尔试验的各项指标达到规范规定要求之后，试验监理工程师可以对其合理的混合料级配试验资料给予认可，由监理工程师批准其进行试拌。这是沥青混凝土路面配合比设计阶段监控的工作内容。

按试验室选择确定的沥青混凝土混合料配合比进行工厂试拌，试拌应重复多次，并应严格控制拌和时间及拌和温度。将试拌后的沥青混凝土混合料分组抽样试验，看是否能达到规范规定的各项指标，并应抽样试验检查试拌后混合料的级配情况和沥青用量是否有所改变。若各项指标与试验室控制的结果相符，经试验监理人员认可和监理工程师批准后方可进行试铺。这是路面混合料试拌阶段的监控工作内容。

下一步为试铺检查。通过试铺确定松铺厚度、压实系数、符合规范要求密度的不同机具组合的压实遍数，以便给大面积铺筑路面总结出一套合理的、科学的操作程序，使路面铺筑程序化、标准化。在此期间，监理工程师应严格要求承包人测试摊铺温度、碾压温度，并做出记录。按照规范进行规定的和其他检测试验，以便获得最佳的碾压遍数、松铺厚度等经验参数。而后对试铺后的路面进行测量，检查其高程、平整度、路面横坡是否合格，并进行随机取样试验，检查密实度和厚度。如以上各项经检查后符合规范规定，监理工程师应同意进行正式的路面铺筑工作。

当路面面层正式铺筑开始后，监理工程师应不间断地对试验室、拌和厂、运输、摊铺、压实进行监督、检查、测量、抽样试验，随时监督路面面层施工的工艺过程是否按以上控制的步骤进行，直至面层摊铺压实完成，交付验收为止。

根据上述的沥青混凝土路面监控工作内容和步骤，路面面层的施工质量监控可以总结为以下程序：

1）沥青混合料试验室监控（配合比设计）

由承包人按规定的级配范围、参考沥青用量在试验室制订符合规定的多种沥青含量配合比设计，并将各组沥青含量配合比设计所做的试验结果报监理工程师审批。监理工程师在审查满意后，应以正式文件批准试拌。

2）拌和厂试拌

承包人应按监理工程师批准的沥青混合料配合比设计进行工厂试拌，试拌时应严格控制拌和时间。根据沥青混合料试拌情况可推荐一组最佳沥青用量和最佳拌和时间的混合料。监理工程师在选取时应反复察看和检查，并按承包人标示的各组沥青用量、拌和时间认真选择其中最佳一组，并以正式文件批准试铺。

3）沥青混合料的试铺

承包人应根据监理工程师批准的最佳沥青用量的混合料进行试铺，试铺时应严格控制摊铺和碾压温度。如果一切符合要求，监理工程师应要求承包人提交一份沥青混合料的试铺报告，经监理工程师以正式文件批准后方可进行大面积的铺筑。

4）正式铺筑沥青混凝土面层

承包人按上述批准的沥青混合料以及批准的试铺报告所总结的一套程序对路面面层进行拌和、摊铺和压实施工。正式摊铺、碾压时，应不间断地要求承包人对摊铺温度和碾压温度进行测试和记录，待路面摊铺、碾压结束，并经各项指标测试一切符合标准后，由承包人填写沥青混凝土面层中间交工报告，报专业监理工程师验收批准，合格后提请高级驻地监理工程师签发《沥青混凝土面层中间交工证书》。

5）计量

在承包人和监理工程师都在场的情况下进行实地量测，由承包人填写计量申请，监理工程师审查认可后签字。

其他工程分项和专业的监理程序可参照上述方法制订。

五、质量监理的方法

在施工过程中，监理工程师可以通过审查承包人所提供的技术报告和文件、现场监理、发布监理指令以及必要的技术手段如测量、试验检测等诸多方法对工程质量进行有效的监控。

1．现场监理

现场监理，是对承包人的各项施工程序、施工方法和施工工艺以及材料、设备、配比等进行

全方位的巡视、全过程的旁站、全环节的检查,以达到对施工质量有效的监督和管理。现场监理主要包括以下工作内容:

1)巡视

巡视,是指监理人员对施工现场进行的经常性巡回检查。如:清理施工场地、清除表土;钻孔桩钻孔;混凝土工程中的钢筋绑扎和支搭模板等。

监理人员每天对每道工序巡视应不少于一次,现场发现并处理施工质量问题。

2)旁站

对承包人施工的隐蔽工程、重要工程部位、重要工序及工艺,应由专业监理工程师及其助理人员实行全过程的旁站监督,及时消除影响工程质量的不利因素。旁站主要分为以下两种情况:

(1)全过程旁站。是指现场监理人员对某一工序或某一工程部分自始至终“盯”在现场观察施工全过程的一种监理形式。它主要用在施工条件比较复杂、工程质量难以保证的工序。例如,混凝土钻孔灌注桩工程中灌注混凝土工序,预应力筋张拉工序,混凝土的浇筑及路面施工从摊铺、碾压到成型的整个过程等。

(2)部分旁站。是指监理人员对某一个施工工序用一定的时间在现场进行检查的一种监理形式。它主要用于关键、重要但施工情况相对稳定的工序。例如,路基分层填筑和压实成型,各种路面混合料的拌和现场,构造物完工后的回填等。

3)检查

现场监理人员应在每道施工工序结束后对其进行全环节的、及时的检查和认定,并现场监督承包人的试样抽取及施工记录。

2. 测量

测量是监理人员对承包人的路线、构造物等放样和有关几何指标进行检查和控制的重要手段。在公路工程开工之前,监理人员要对承包人的路线和构造物等放样进行复核,不合格者要求承包人返工,否则不准开工。对已完成工程的几何指标,如路基路面的高程、宽度、横坡、曲线半径、超高及构造物高程和几何尺寸等也要进行验收,不合格者也要求整修或修正。无法通过整修达到质量要求的工程,要坚决予以返工。

测量的监督检查工作,应由测量监理工程师(配备必要的助手)专门负责。

3. 试验

对公路工程的施工质量的判断,很多情况下是要根据试验结果才能作出结论的。因此,监理工程师对工程质量进行控制,试验是一个重要的技术手段,是监理工程师坚持一切用数据说话,保证工程质量的基础。

4. 监理工程师发布指令文件

在工程质量监理过程中,监理工程师有时也可通过指令性文件对工程质量进行监理。如监理工程师可通过文件给承包人指出施工中存在的问题或质量事故的苗头,提醒承包人加以注意和改进;在监理工程师发现或确认发生了工程质量事故后,也可以向承包人发出《质量事故通知单》,这就成为永久性记载,存入竣工文件和档案中,这种情况是承包人最不愿意看到的。监理工程师还可通过监理指令文件发布变更设计、补充技术标准和质量要求,以及一些通知、备忘录、会议记录等。这些文件都直接关系到工程质量,一般都能得到承包人的重视,使工程质量得到进一步提高。

六、质量监理阶段的划分

公路工程质量监理贯穿于公路施工全过程，根据不同的时间段和施工内容可将项目施工阶段的监理划分为三个阶段：施工准备阶段的监理、施工阶段的监理、交工验收及缺陷责任期阶段的监理。

1. 施工准备阶段

当监理服务合同签订之后，即进入施工准备阶段的监理。在这段时间内，监理工程师的任务主要是熟悉合同文件，参加施工招标，复核图纸和放样定线的数据，督促承包人提交施工组织设计，准备召开第一次工地会议，准备发布开工令等。

2. 施工阶段

施工阶段是工程项目主体的实施阶段，也是建设项目的质量形成阶段。在这个阶段里，质量监理工作的主要任务是监督承包人按照规范规定的施工方法和监理工程师批准的施工方案及进度计划实施工程，以达到设计文件的要求。

在监理过程中对不符合有关质量标准和要求的原材料，坚决不准使用；必须坚持每一施工工序完工后，未经监理工程师认可不得进行下一道工序施工的规定；对施工过程中出现的工程缺陷或质量事故进行调查处理，达到设计要求后才能允许承包人继续施工。在施工阶段，监理工程师应主要抓住“检查”这个中心环节，并尽可能增加检查时间，加密检查点，使检查工作达到足够的深度和广度。对已发现的质量问题，要及时责令承包人处理。

3. 交工验收及缺陷责任期阶段

在工程交工验收及缺陷责任期阶段，监理工作师的主要任务是对承包人已完成的工程进行质量验收和等级评定。但其工作重点应放在竣工验收前，督促承包人做好竣工验收准备，组织初验并限期解决遗留问题，以确保工程实体的质量达到合同规定和评定标准有关的质量要求。

若检查合格，监理工程师应向承包人签发质量验收单。在规定的缺陷责任期内，监理工程师应督促设计、承包人对竣工运营路段进行质量回访，实行保修，以及向业主提供必要的服务。

工程质量监理是贯穿于施工全过程的，上述三个阶段缺一不可。但在实施时，应把重点放在前两个阶段上，其目的是力求对施工中存在的问题早发现，早解决。

第二节　监理工程师试验室

在工程质量控制过程中，监理工程师要客观公正地对工程质量作出评价，有效地控制各个施工环节，单凭承包人的自检报告是难以做到的，因为承包人的自检结果有时会包含一些不可靠的成分。为此，监理工程师必须有自己的试验室来核查试验结果，完成试验监督检查的任务。

监理试验室承担各项室内试验及现场检测任务。监理试验室的设置应与监理机构的设置和工程规模相适应，一般设立监理中心试验室和驻地试验室。

一、中心试验室的职责

（1）监理工程师中心试验室是对整个工程项目进行数据控制和检验鉴定的中心。

（2）凡涉及质量标准的一切试验，现场监督人员进行监督和审查后，应报监理工程师批准，当监理工程师认为有必要时，可要求中心试验室做对比试验，经批准后的试验数据应成为各项质量的控制指标。

(3)当现场各专业监理人员对承包人提供的试验资料有疑问或者认为其可靠性有问题时,应提请中心试验室核查,并提供新的试验数据。

(4)承担各合同段送交或提出的抽样试验,并根据部分工程完工情况迅速提出试验数据,以满足各合同段的需要。

(5)对承包人的工地试验室和流动试验室的人员资质、仪器设备、操作方法、资料管理等项工作进行有效的监督、检查和管理;并监督承包人定期将仪器交由政府监督部门进行标定。

(6)采用统一的表格对各种试验进行记录和报告,并按统一的方法整理和保存。

二、监理工程师试验室的工作范围

1. 验证试验

验证试验,是指对材料或商品构件进行预先鉴定,以确定其是否可以用于工程。凡用于工程的一切材料,均应在材料监理人员在场的情况下由承包人的试验人员取样进行验证,经现场材料监理人员及材料监理工程师签字认可后,由中心试验室审查备案。验证试验应按以下要求进行:

(1)在材料或商品构件订货之前,应要求承包人提供生产厂家的产品合格证书及试验报告,必要时监理人员还应对生产厂家生产设备、工艺及产品的合格率进行现场调查了解,或由承包人提供样品进行试验,以决定同意采购与否。

(2)材料或商品构件运入现场后,应按规定的批量和频率进行抽样试验,不合格的材料或商品构件不准用于工程,并应由承包人运出场外。

(3)在施工过程中,应随机对用于工程的材料或商品构件进行符合性的抽样试验检查。

(4)随时监督检查各种材料的储存、堆放、保管及防护措施。

2. 标准试验

标准试验,是指对各项工程的内在品质进行施工前的数据采集,它是控制和指导施工的科学依据,包括各种标准击实试验、集料的级配试验、混合料的配合比试验、结构的强度试验等。标准试验应按以下要求进行:

(1)在各项工程开工前合同规定或合理的时间内,应由承包人先完成标准试验,并将试验报告及试验材料提交监理工程师中心试验室审查批准。试验监理工程师应派出试验监理人员参加承包人试验的全过程,并进行有效的现场监督检查。

(2)监理工程师中心试验室应在承包人进行标准试验的同时或以后,平行进行复核(对比)试验,以肯定、否定或调整承包人标准试验的参数或指标。

3. 工艺试验

工艺试验,是指依据技术规范的规定,在动工之前,对路基、路面及其他需要通过预先试验方能正式施工的分项工程预先进行工艺试验,然后依其试验结果全面指导施工,如试验段的铺筑等。工艺试验应按以下要求进行:

(1)监理工程师应要求承包人提交工艺试验的施工方案和实施细则,并予以审查批准。

(2)工艺试验的机械组合、人员配额、施工程序、预埋观测以及操作方法等,应有两组以上方案,以便通过试验选定。

(3)监理工程师应对承包人的工艺试验进行全过程的旁站监理,并应做详细记录。

(4)试验结束后,应由承包人提出试验报告,并经监理工程师审查批准。

4. 抽样试验

抽样试验,是指对各项工程实施中的实际内在品质进行的符合性检查,内容应包括各种材料的物理性能、土方及其他填筑施工的密实度、混凝土及沥青混凝土强度等的测定和试验。抽样试验应按以下要求进行：

(1)监理工程师应随时派出试验监理人员，对承包人的各种抽样频率、取样方法及试验过程进行检查。

(2)在承包人的工地试验室(或流动试验室)按技术规范的规定进行全频率的抽样试验的基础上，监理工程师中心试验室应按10%～20%的频率独立进行抽样试验，以鉴定承包人的抽样试验结果是否真实可靠。

(3)当施工现场的旁站监理人员对施工质量或材料产生疑问并提出要求时，监理工程师中心试验室应随时进行试验，必要时还应要求承包人增加抽样频率。

5. 验收试验

验收试验，是指对各项已完工程的实际内在品质作出评定，应按如下要求进行：

(1)监理工程师应派出试验监理人员，对承包人进行的钻芯抽样试验的频率、抽样方法和试验过程进行有效的监督。

(2)监理工程师应对承包人按技术规范要求进行的加载试验或其他试验检测项目的试验方案、设备及方法进行审查批准；对试验的实施进行现场检查监督；对试验结果进行评定。

第三节　承包人质量自检系统

施工自检是公路工程建设质量保证体系的重要组成部分，承包人必须按照合同要求建立一个完善的质量自检系统。各级自检人员应由富有施工经验、具有专业技术职称、熟悉规范和图纸，并且工作作风优良的技术人员担任。监理工程师应审查批准承包人在投标书中所报负责质量保证和自检工作负责人的资格，并要求其一直在工程现场专职负责本工程的自检工作。

一、承包人试验室

承包人试验室是其控制施工质量的关键部门。监理工程师应监督、检查和批准承包人装备自己的工地试验室和流动试验室，其规模、设备及人员配备应能满足本工程各项试验的需要。

1. 工地试验室的功能及要求

(1)在各工程项目开工前，工地试验室应进行标准试验和预先试验，并将试验结果提交监理工程师中心试验室进行复验和批准。

(2)承担进场材料及流动试验室没有条件完成的当地材料的鉴定试验，并将试验结果提交监理工程师中心试验室复验和批准。

(3)统一协调和管理各流动试验室的试验业务。

(4)对各流动试验室的试验项目进行抽检，并将抽检试验的结果呈报监理工程师中心试验室备案。

(5)对本工程项目的各种试验结果进行数理统计和分析整理，建立全部工程的试验资料档案，以便随时向监理工程师提供可靠的数据及为工程竣工提供翔实的试验资料。

2. 流动试验室的功能及要求

承包人流动试验室的主要功能是对工程所采用的当地材料进行鉴定试验，并将试验结果提交监理工程师中心试验室进行复验和批准；配合施工进度，提供和采集为控制施工质量所需要的各种参数；根据规范规定的抽样频率、时间、方法，进行施工过程中的抽样试验和工序或单项工程完工后的检查试验,并向监理工程师提供试验结果。

二、承包人自检职责及其要求

(1)在工程开工之前,承包人应自检各项工程的开工条件,满足要求后,提出各项工程的开工报告及有关技术资料。

(2)在各项工程的施工中,承包人自检人员应按照监理工程师规定的质量监控程序,对每道工序或工艺进行现场质量自检,保证整个施工过程中的材料、操作及工艺符合要求,并获得监理工程师认可。

(3)当施工过程中出现质量缺陷,经监理人员认定后,应及时采取措施予以消除。

(4)对工程质量事故或安全事故进行现场记录,并及时报告监理工程师。

(5)及时检测各工程部位的位置、高程和几何尺寸,并将检测资料提交给监理工程师审批。

(6)按合同和规范规定的抽样频率、时间、方法,及时通知工地试验室进行取样或现场试验,并对保留在工程现场试样的养护与管理进行监督检查。

(7)对每道工序或分项工程完工后进行自检和测定,并配合监理工程师进行检查验收。

(8)对各项工程质量进行数理统计和分析整理,建立各项工程质量的档案系列,为交工验收提供翔实的施工资料。

三、监理工程师对承包人的试验管理

对承包人的工地试验室和流动试验室,监理工程师中心试验室应派员对其进行全面的监督和管理。对承包人质量自检体系的负责人,要进行资格审查;要求其所有试验仪器均须经事前标定及定期进行鉴定;所有参加试验工作的人员必须持有经过业务培训和考核的上岗证书,在试验中,必须严格执行试验规范和操作规程;对重要的试验,监理人员应旁站监督;对不称职和不合格的试验人员,监理工程师应根据合同规定,建议承包人撤换。

第四节　质量缺陷与事故处理

一、质量缺陷的处理

在公路工程施工中,由于种种主、客观原因,常会出现这样那样的质量缺陷,甚至发生质量事故,监理工程师应从质量控制的要求出发进行认真的调查和分析,分清质量缺陷的性质、责任,及时、妥善地进行处理。

1. 质量缺陷的现场处理

在各项工程的施工过程中或完工以后,现场监理人员如发现工程项目存在着技术规范所不容许的质量缺陷,应根据质量缺陷的性质和严重程度,按如下方式处理:

(1)当因施工而引起的质量缺陷处于萌芽状态时,应及时制止,并要求承包人立即更换不合格材料、设备或不称职的施工人员,或要求其立即改变不正确的施工方法和操作工艺。

(2)当工程出现一般性质量缺陷,如路基填方施工时局部发现弹簧土、水泥混凝土表面部分的蜂窝麻面等质量问题时,可以向承包人下达口头指令,要求承包人及时进行处理。当修复后的工程能满足设计及验收标准的要求时,监理工程师即可验收。

(3)当施工引起了较为严重的质量缺陷时,应立即向承包人发出暂停施工的指令(先口头后书面),待承包人采取了足以保证施工质量的有效措施,并对质量缺陷进行了正确的补救处理后,再书面通知其恢复施工。

(4)当质量缺陷发生在某道工序或单项工程完工以后,而且质量缺陷的存在将对下道工序或分项工程产生质量影响时,监理工程师应对质量缺陷产生的原因及责任作出判定,并会同承包人确定补救方案,待承包人按既定的方案对缺陷处理并达到要求后,才能进行下道工序或分项工程的施工。

(5)当现场监理人员已经证明并通知承包人继续施工将带来更大的危害,而承包人仍然继续施工,并继续造成工程缺陷或严重缺陷时,监理工程师有权根据通用条件的规定拒绝验收。已造成质量危害的工程,可根据通用条件的规定,由业主雇佣其他承包人拆除或重建。为这些工作所付出的费用,应从付给承包人的款项中扣除。

(6)在交工后的缺陷责任期内发现施工质量缺陷时,监理工程师应及时指令承包人进行修补、加固或返工处理。

2. *质量缺陷的修补与加固要求*

(1)对因施工原因而产生的质量缺陷的修补与加固,应先由承包人提出修补方案及方法,经监理工程师批准后方可进行;对因设计原因而产生的质量缺陷,应通过业主提出处理方案及方法,由承包人进行修补。

(2)修补措施及方法应不降低质量控制指标和验收标准,并应是技术规范允许的或是行业公认的良好的工程技术。

(3)如果已完工程的缺陷,并不构成对工程安全的危害,并能满足设计和使用要求时,经征得业主的同意,可不进行加固或变更处理。如工程的缺陷属于承包人的责任,应通过与业主及承包人的协商,降低对此项工程的支付费用。

二、质量事故的处理

1. *质量事故处理的程序*

当某项工程在施工期间(包括缺陷责任期间)出现了技术规范所不允许的断层、裂缝、倾斜、倒塌、沉降、强度不足等情况时,应视为质量事故。对质量事故可按如下程序处理:

(1)监理工程师应立即指令承包人暂停该项工程的施工,并采取有效的安全措施。

(2)监理工程师应要求承包人尽快提交质量事故报告,并报告业主。质量事故报告应准确且详细地反映该项工程的名称、部位、事故原因、应急措施、处理方案以及损失的费用等。

(3)监理工程师应组织有关人员,在对质量事故现场进行审查、分析、诊断、测试或验算的基础上,对承包人提交的处理方案予以审查、修正、批准,并指令恢复该项工程施工。

(4)监理工程师应对承包人提出的有争议的质量事故责任予以判定。判定时应全面审查有关施工记录、设计资料及水文地质现状,必要时还应进行实际检验测试。在分清技术责任时,应明确事故处理的费用数额、承担比例及支付方式。

(5)当事故比较严重,在技术规范内无法解决时,监理工程师应组织专家进行专项调查研究,并提出处理方案。

2. *质量事故处理的结论*

承包人对工程质量事故按照要求处理后,监理工程师应根据设计要求、施工规范及质量检验评定标准等对工程质量事故的处理效果作出结论。监理工程师的结论应该明确,不能含糊

其辞,一般应包括以下几种:

(1)质量事故已经排除,可以继续施工;隐患已经消除,工程结构安全。

(2)经修补后,完全满足使用要求。

(3)基本满足使用要求,但附有限制条件。

(4)对耐久性及安全方面的影响的结论。

(5)对工程外观影响的结论。

另外,在工程质量事故经处理后,还应重新进行工程质量的检查和评定,并在质量等级评定栏内,加盖“处理”章。对于重大和特大质量事故,经处理后,还应呈报上级主管部门和上一级质量监督部门备案。

第五节 公路工程质量等级评定

一、工程项目划分

根据建设任务施工管理和质量检验评定的需要,建设项目通常按下列原则划分为单位工程、分部工程和分项工程。详见表6-1。

单位、分部、分项工程的划分　　表6-1

单位工程	分部工程	分项工程
路基工程(每10km或每标段)	路基土石方工程*①(1~3km路段)②	土方路基*,石方路基*,软土地基*,土工合成材料处治*等
	排水工程(1~3km路段)	管节预制,管道基础及管节安装*,检查(雨水)井砌筑*,土沟,浆砌排水沟*,盲沟,跌水,急流槽*,水簸箕,排水泵站等
	小桥及符合小桥标准的通道*,人行天桥,渡槽(每座)	基础及下部构造*,上部构造预制、安装或浇筑*,桥面*,栏杆,人行道等
	涵洞、通道(1~3km路段)	基础及下部构造*,主要构件预制、安装或浇筑*,填土,总体等
	砌筑防护工程(1~3km路段)	挡土墙*,墙背填土,抗滑桩*,锚喷防护*,锥、护坡,导流工程,石笼防护等
	大型挡土墙,组合挡土墙*(每处)	基础*,墙身*,墙背填土,构件预制*,构件安装*,筋带,锚杆、拉杆,总体*等
路面工程(每10km或每标段)	路面工程(1~3km路段)*	底基层,基层*,面层*,垫层,联结层,路缘石,人行道,路肩,路面边缘排水系统等
桥梁工程(特大、大、中桥)	基础及下部构造*(每桥或每墩、台)	扩大基础,桩基*,地下连续墙*,承台,沉井*,桩的制作*,钢筋加工及安装,墩台身(砌体)浇筑*,墩台身安装,墩台帽*,组合桥台*,台背填土,支座垫石和挡块等
	上部构造预制和安装*	主要构件预制*,其他构件预制,钢筋加工及安装,预应力筋的加工和张拉*,梁板安装,悬臂拼装*,顶推施工梁*,拱圈节段预制,拱的安装,转体施工拱*,劲性骨架拱肋安装*,钢管拱肋制作*,钢管拱肋安装*,吊杆制作与安装*,钢梁制作*,钢梁安装,钢梁防护*等
	上部构造现场浇筑*	钢筋加工及安装,预应力筋的加工和张拉*,主要构件浇筑*,其他构件浇筑,悬臂浇筑*,劲性骨架混凝土拱*,钢管混凝土拱*等

单位工程	分部工程	分项工程
桥梁工程（特大、大、中桥）	总体、桥面系和附属工程	桥梁总体*，钢筋加工及安装，桥面防水层施工，桥面铺装*，钢桥面铺装*，支座安装，搭板，伸缩缝安装，大型伸缩缝安装*，栏杆安装，混凝土护栏，人行道铺设，灯柱安装等
	防护工程	护坡，护岸*③，导流工程*，石笼防护，砌石工程等
	引道工程	路基*，路面*，挡土墙*，小桥*，涵洞*，护栏等
互通立交工程	桥梁工程*（每座）	基础及下部构造*，上部构造预制、安装或浇筑*，桥面*，栏杆或护栏，人行道等
	主线路基路面工程*（1～3km路段）	见路基、路面等分项工程
	匝道工程（每条）	路基*，路面*，通道*，护坡，挡土墙*，护栏等
隧道工程	总体	隧道总体等
	明洞	明洞浇筑，明洞防水层，明洞回填*等
	洞口工程	洞口开挖，洞口边仰坡防护，洞门和翼墙的浇（砌）筑*，截水沟，洞口排水沟等
	洞身开挖*	洞身开挖*（分段）等
	洞身衬砌*	（钢纤维）喷射混凝土支护，锚杆支护，钢筋网支护，仰拱，混凝土衬砌*，钢支撑，衬砌钢筋等
	防排水	防水层，止水带，排水沟等
	隧道路面	基层*，面层*等
	装饰	装饰工程
	辅助施工措施	超前锚杆，超前钢管等
环保工程	声屏障（每处）	声屏障
	绿化工程（1～3km路段或每处）	中央分割带绿化，路侧绿化，互通立交绿化，服务区绿化，取、弃土场绿化等
交通安全设施（每20km或每标段）	标志*（5～10km路段）	标志*
	标线、突起路标（5～10km路段）	标线*，突起路标等
	护栏*、轮廓标（5～10km路段）	混凝土护栏*，缆索护栏*，混凝土护栏*，轮廓标等
	防眩设施（5～10km路段）	防眩板、网等
	隔离栅、防落网（5～10km路段）	隔离栅、防落网
机电工程	监控设施	车辆检测器，气象检测器，闭路电视监视系统，可变标志，光电缆线路，监控（分）中心设备安装及软件调测，大屏幕投影系统，地图板，计算机监控软件与网络等
	通信设施	通信管道与光电缆线路，光纤数字传输系统，数字程控交换系统，紧急电话系统，无线移动通信系统，通信电源等
	收费设施	入口车辆设备，出口车辆设备，收费站设备及软件，收费中心设备及软件，IC卡及发卡编码系统，闭路电视监视系统，内部有线对讲及紧急报警系统，收费站内光、电缆及塑料管道，收费系统计算机网络等

续上表

单位工程	分部工程	分项工程
机电工程	低压配电设施	中心(站)内低压配电设施,外场设备电力电缆线路等
	照明设施	照明设施
	隧道机电设施	车辆检测器,气象检测器,闭路电视监视系统,紧急电话系统,环境检测设备,报警与诱导设施,可变标志,通风设施,照明设施,消防设施,本地监控器,隧道监控中心计算机控制系统,隧道监控中心计算机网络,低压供配电等

注:①表内标注 * 号者为主要工程,评分时给以 2 的权值;不带 * 号者为一般工程,权值为 1;

②按路段长度划分的分部工程,高速公路、一级公路宜取低值,二级及以下公路可取高值;

③护岸参照挡土墙。

1. 单位工程

在建设项目中,根据业主下达的任务和签订的合同,具有独立施工条件,可以单独作为成本计算对象的工程,即单位工程。

2. 分部工程

在单位工程中,按其结构部位、路段长度及施工特点(或施工任务)又可划分为若干部分,称为分部工程。

3. 分项工程

在分部工程中,按不同的施工方法、材料、工序及路段长度等划分,即为分项工程。

承包人应按这种工程划分项目进行质量自检和资料汇总,质量监督部门则按照这种工程项目划分逐级进行工程质量等级评定。

二、工程质量评分方法

承包人应在各分项工程完工后,按公路工程质量检验评定标准所列基本要求,通过实测项目和外观鉴定进行自检,按"分项工程质量检验评定表"提交真实、完整的自查资料,由监理工程师确认。质量监督部门根据抽查资料和确认的施工自查资料评分。

公路工程质量检验评分以分项工程为评定单元,采用 100 分制评分方法进行评分。在分项工程评分的基础上,逐级计算各相应的分部工程、单位工程、合同段和建设项目评分值。

1. 分项工程评分方法

分项工程质量检验内容包括:基本要求、实测项目、外观鉴定和质量保证资料四个部分,只有在其使用的材料、半成品、成品及施工工艺符合基本要求的规定且无严重外观缺陷和质量保证资料基本齐全时,才能对分项工程质量进行检验评定。

分项工程的评分值满分为 100 分,按实测项目采用加权平均法计算。外观缺陷或资料不全时,应予以减分。

$$\text{分项工程得分} = \frac{\sum[\text{检查项目得分} \times \text{权值}]}{\sum \text{检查项目权值}}$$

$$\text{分项工程评分值} = \text{分项工程得分} - \text{外观缺陷得分} - \text{资料不全得分}$$

具体步骤如下:

1)基本要求检查

各分项工程所列基本要求,包括了有关规范的要点,是对施工质量的优劣进行检验和评定的关键。应按基本要求对工程进行认真检查，经检查不符合基本要求的规定时，不得进行工程质量的检验和评定。

2）实测项目评分

对规定检查项目采用现场抽样方法，按照规定频率和下列计分方法对分项工程的施工质量直接进行检测评分。

检查项目除规定须按数理统计方法评定的项目以外，其余均应按单点（组）测定值是否符合标准要求进行评定，并按合格率计分。

$$\text{检查项目合格率(\%)}=\frac{\text{检查合格的点(组)数}}{\text{该检查项目的全部点(组)数}}\times 100$$

$$\text{检查项目得分}=\text{检查项目合格率}\times 100$$

对于路基路面压实度、弯沉值、路面结构层厚度、水泥混凝土抗压和抗折强度、半刚性材料强度等检查项目，则应采用《公路工程质量检验评定标准》（第一册土建工程）（JTG F80/1—2004）附录中所列的相关数理统计方法进行评分。

实测项目的规定极值是指任一单个检测值都不能突破的极限值，不符合要求时该实测项目为不合格。

涉及结构安全和使用功能的重要实测项目为关键项目，其合格率不得低于90%（属于工厂加工制造的桥梁金属构件不低于95%，机电工程为100%），且检测值不得超过规定极值，否则必须进行返工处理。

3）外观缺陷减分

对工程外表状况应逐项进行全面检查，如发现外观缺陷，应进行减分。对于较严重的外观缺陷，承包人须采取措施进行整修处理。

4）资料不全减分

分项工程的施工资料和图表残缺，缺乏最基本的数据，或有伪造涂改资料的，不予检验和评定。资料不全者应予减分，减分幅度，视资料不全情况，每款减1~3分。

2. 分部工程和单位工程评分方法

分项工程和分部工程区分为一般工程和主要（主体）工程，分别给以1和2的权值。进行分部工程和单位工程评分时，采用加权平均值计算法确定相应的评分值。即：

$$\text{分部(单位)工程评分}=\frac{\Sigma[\text{分项(分部)工程评分}\times\text{相应权值}]}{\Sigma\text{分项(分部)工程权值}}$$

3. 合同段和建设项目工程质量评分

合同段和建设项目工程质量评分值按《公路工程竣工验收方法》计算。

$$\text{合同段工程质量评分值}=\frac{\Sigma[\text{单位工程质量评分值}\times\text{该单位工程投资额}]}{\text{合同段总投资额}}$$

$$\text{工程项目质量评分值}=\frac{\Sigma[\text{合同段工程质量评分值}\times\text{该合同段投资额}]}{\Sigma\text{合同段投资额}}$$

4. 承包人应提交的质量保证资料

承包人应有完整的施工原始记录、试验数据、分项工程自查数据等质量保证资料，并进行整理分析，负责提交齐全、真实和系统的施工资料和图表。工程监理单位负责提交齐全、系统的监理资料。质量保证资料应包括以下六个方面：

（1）所用材料、半成品和成品质量检验结果。

(2)材料配比、拌和加工控制检验和试验数据。

(3)地基处理和隐蔽工程施工记录。

(4)各项质量控制指标的试验记录和质量检验汇总图表。

(5)施工过程中遇到的非正常情况记录及其对工程质量影响分析。

(6)施工中如发生质量事故,经处理补救后,达到设计要求的认可证明文件等。

三、交工验收工程质量等级评定

交工验收工程质量等级评定分为合格和不合格,应按分项、分部、单位工程、合同段和建设项目逐级评定。

1. 分项工程质量等级评定

分项工程评分值不小于75分者为合格,小于75分者为不合格;机电工程、属于工厂加工制造的桥梁金属构件不小于90分者为合格,小于90分者为不合格。

经检查评为不合格的分项工程,允许进行加固、补强、返工或进行整修,当满足设计要求后,可以重新评定其质量等级,但计算分部工程评分值时按其复评分值的90%计算。

2. 分部工程质量等级评定

所属各分项工程全部合格,则该分部工程评为合格;所属任一分项工程不合格,则该分部工程评为不合格。

3. 单位工程质量等级评定

所属各分部工程全部合格,则该单位工程评为合格;所属任一分部工程不合格,则该单位工程评为不合格。

4. 合同段和建设项目质量等级评定

合同段和建设项目所含单位工程全部合格,其工程质量等级评为合格;所属任一单位工程不合格,则合同段和建设项目工程质量评为不合格。

四、竣工验收工程质量等级评定

竣工验收工程质量评分采用加权平均法计算,其中交工验收工程质量得分权值为0.2,工程质量监督机构工程质量鉴定得分权值为0.6,竣工验收委员会工程质量评定得分权值为0.2。

工程质量评定得分大于等于90分为优良,小于90分且大于等于75分为合格,小于75分为不合格。

第七章　路基工程施工质量监理

第一节　路基施工准备阶段监理

路基是公路工程的重要组成部分，路基的强度与稳定性是保证路面强度与稳定性的基本条件。因此，路基施工质量的好坏，直接影响到路面的使用质量与使用效果。要保证路基工程施工质量，从施工准备阶段就要认真做好监理工作。从承包人进场至正式签发开工通知书之前，即为路基工程施工准备阶段，在这一阶段监理工程师的工作重点是：根据合同条款对承包人开工前的准备工作进行检查和审核。主要有以下几个方面的工作内容。

一、审查承包人的质量自检系统

（1）审查承包人配备的质量自检人员数量与素质。

（2）检查承包人配备的工地试验室功能与试验设备的规格、品种、数量与质量能否满足正常施工期及施工高峰期进行质量自检的需要。

（3）检查承包人试验室及拌和站质量自检计量系统是否准确、可靠，是否通过上级质量主管部门或有关计量部门的审定与认证。

二、施工现场和测量放样的校核检查

1．施工测量及放样的校核检查程序

（1）在合同规定时间内，监理工程师应向承包人书面提供原始基准点、基准线和基准高程的方位和数据。

（2）承包人根据监理工程师提供的书面数据，进行计算、复核，并确定施工中需要的任何导线点、水准点、中线点、高程、位置、尺寸等，数据应准确无误，然后报监理工程师。

（3）监理工程师应检查其施工测量精度是否符合有关规程和技术标准的要求并审批。

（4）承包人根据监理工程师批准后的定线数据进行准确的施工放样。

（5）承包人经过准确放样后，应将放样数据及图表，报监理工程师检查审批。

（6）经监理工程师检查批准后，承包人方可按批准的段落进行清理与掘除，未经监理工程师批准，承包人不得对地面作任何改变。

2．校核检查的项目及内容

1）导线复测

（1）当复测的中线主要控制桩由导线控制时，承包人必须根据设计文件认真做好导线复测工作。

（2）原有导线点不能满足施工要求时，应进行加密，保证在施工全过程中，相邻导线点能互相通视。

(3)导线起讫点应与设计文件提供的结果相比较,测量精度满足设计要求,当设计未规定时,应满足下列要求:角度闭合差(″)为$\pm 6\sqrt{n}$,n是测点数;坐标相对闭合差为± 1/10000。

(4)复测导线时,必须和相邻施工段的导线闭合。

(5)对有碍施工的导线点,复测后施工前应加以固定。固定桩应牢固可靠,桩位应便于架设仪器,并设在施工范围以外。

2)中线复测和固定

(1)路基开工前承包人应全面恢复中线并固定路线主要控制桩,如交点、转点、圆曲线和缓和曲线的起讫点以及起控制作用的百米桩及加桩。对高速公路、一级公路应采用坐标法恢复主要控制桩。

(2)恢复中线时应注意与结构物中心、相邻施工段的中线闭合,发现问题应及时查明原因,并报现场监理工程师。

(3)路线的复核丈量,如发现原设计中线长度与实际复核丈量的长度出入较大或业主需局部改线时,应作断链处理,在纵断面图上相应调整纵坡,并在设计图表上的相应部位注明断链的距离和桩号。同时在书面报告中予以说明。

(4)内业图表应包括中桩(辅助桩)一览表、长短链一览表、曲线元素一览表、曲线计算表以及关于测量中问题说明的书面报告。

(5)精度要求按有关规范或合同规定的技术标准执行。

3)水准基点的复测、增设

(1)承包人应对路线沿线原设计单位敷设的水准基点全部复测一遍,若不符合精度要求,应查明原因,并在书面报告中说明。

(2)水准点必须设置在永久性建筑物上,且建筑物应不易损坏、不下沉、不受自然侵蚀。

(3)两个承包人水准点的衔接高程必须一致,且符合精度要求。

(4)水准基点的闭合差应满足相关标准的技术要求。

(5)遇下列情况,如人工构造物附近(桥位、隧道进出口、山岭垭口及其他较大的人工构造物)、高填深挖地段、工程量集中及地形复杂地段,应增设临时水准基点,临时水准基点必须符合精度要求。

(6)应列出水准点复测一览表,核实并标明水准点位置、里程、建筑物特征、高程。

4)纵断面高程复测

(1)观测距离不得超过仪器的有效视距。

(2)观测数据必须闭合。

(3)测点必须与中桩吻合。

(4)记录清楚完整,不得涂改。

(5)内业整理时,应重新绘制复测后的纵断面图,并计算填挖高。

(6)精度要求,按交通部颁布的公路工程验收标准或合同规定的技术标准执行。

5)横断面的检查与补测

(1)路基施工前,应详细检查、校对横断面;加桩处应予以补测。

(2)对地形变化、特殊地段,应加测若干断面,对地貌特征要做好记录和说明。

(3)土石方列表计算,填挖分清。

(4)内业整理,应提供横断面图、土石方数量表、说明书等。

(5)精度要求,按交通部颁布的公路工程验收标准或合同规定的技术标准执行。

6)路基施工放样

(1)路基开工前,承包人应根据恢复的路线中桩、设计文件及有关规定进行路基施工放样,钉好路基用地界桩和路堤坡脚、路堑坡顶、边沟、取土坑、护坡道、弃土堆等的具体位置桩。距路中线一定距离沿着路中线一般每隔 50m 设立控制桩,并注明桩号及路中线的填挖高度,用(+)表示填方,用(-)表示挖方。

(2)边桩放完后,应进行边坡放样,对深挖高填地段,每挖填 5m 应复测中线桩,测定路基边坡和宽度,以控制边坡的大小。

(3)承包人应根据施工放样后的填、挖高度进行填、挖工程量的复核计算,并将施工放样及计算结果填入"路基工程施工放样报告单"报监理工程师审核。

三、料场材料的验收和审批

监理工程师及其助手,在路基填筑、路基防护及支挡工程所需的土、水泥、砂石等材料未运入工地前,应详细了解承包人的材料供应情况,避免不符合要求的材料进入施工现场,造成工程质量事故。材料进入工地之前,可按下列步骤进行监督:

(1)在路基开工前,承包人应确定取土坑、弃土场的地点、位置,每一取土坑可取用土方的数量,弃土场需占用的土地面积、运距及土质情况,还应修好去取土场或弃土场的施工便道。

(2)对合同段内,准备用做填方材料的挖方段或借方土料场,应进行土质的液塑限值、塑性指数、颗粒含量、天然含水量、标准干密度及最佳含水量等指标测试,并要求承包人提供试验结果报告。必要时监理工程师对用于施工的路基填土进行抽样试验,确认测试指标符合合同规定的技术标准时,方能取用。

(3)应要求承包人提供当地的或外购的材料产地和厂家以及出厂合格证书,以备监理工程师审查。

(4)监理工程师可在施工初期亲自或派助手对这些厂家的生产工艺、设备等进行调查了解。

(5)必要时可要求承包人对材料进行取样试验。在报监理工程师审查时,还应要求承包人提供该料场的开采机械、加工设备、成品率、环保措施等资料,以确定该料场采用与否。

(6)对一些商品构件,如管道、混凝土构件等,应要求承包人提供生产厂家的试验报告,以备监理工程师审批。

(7)材料进场后应做进一步的抽样检验,不合格的材料应要求承包商立即运出工地。

四、施工机械的检查和审批

对承包人运入施工现场的土方施工机械设备进行全面的检查记录至关重要,这关系到今后的施工质量和进度,尤其对工期延误而产生的费用计算有直接的影响,所以应按如下要求进行系统的检查和记录。

(1)应对进场机械的数量、型号、规格、生产能力、完好率等进行认真的检查和记录。

(2)当发现承包人进场的机械和投标书附表所填的不一致时,应查明原因,必要时要求承包人补充材料。

(3)对施工机械的配套使用应作细致分析,以满足施工要求。

(4)对承包人直接用于网络计划中关键线路工程的机械的生产能力、效率、性能及周转情况,应特别细致地进行检验。

(5)承包人应详细填写施工机械进场报告单,报监理工程师审批。

五、施工方案的审批

承包人在提交《路基工程开工申请单》报告时,应附一份施工进度计划及说明,以便监理工程师审批。监理工程师在审批施工进度计划时应注意:调查承包人实现进度计划的能力和不利因素;落实业主对工程进度计划实现的不利影响因素;当确认承包人所提交的工程进度计划是合理而切实可行时,应在合理的时间内同意该进度计划;经过充分的分析调查,确认承包人提交的工程进度计划与其实际的技术、装备能力不相适应,尤其是计划中的关键线路和动员阶段的计划不可靠或并非有效时,应要求承包人重新拟订一份工程施工进度计划并报监理工程师审批。

如果监理工程师提出要求,承包人还应以书面形式提交一份有关承包人为完成工程而建议采取的施工安排和施工方法总说明,以备监理工程师查阅。

六、试验路段的铺筑

1. 铺筑试验路段的目的

(1)通过试验段的施工,来检验承包人提出的施工方案和方法的适用性,了解承包人施工机械的实效。

(2)检验和确认路基施工中各道工序的质量控制指标、保证质量的有效措施以及质量检验的试验方法。

最终,以此试验段为全线(本合同段)路基土方工程施工提供技术依据。

2. 试验路段工作程序

(1)承包人应在合同规范或监理程序规定的期限内,向监理工程师递交试验路段开工申请报告,详列试验路段方案及准备工作情况,供监理工程师审批。

(2)承包人应按监理工程师批准的试验路段方案,在现场确定试验场地,使用批准的施工机械和适用材料进行试验。

(3)试验过程中,要详细记录各种试验参数,经过分析,不断修正。试验必须进行到监理工程师和承包人双方取得一致意见,并符合合同规定和有关技术标准为止。

(4)试验路段通过交工验收后,承包人应提交试验路段总结报告,监理工程师批准后,即以此报告推荐的施工工艺作为指导全线(本合同段)路基土方施工的基本技术依据。

3. 试验路段铺筑方案

试验路段铺筑方案主要包括以下内容:

(1)填方材料检验。

(2)原地基处理。

(3)铺筑层厚(虚铺或实铺)与压实工艺、压实机具的确定。

(4)其他特殊工艺要求的试验,如清淤换填、砂桩、砂垫层、堆载预压等,以及有基底隔离层,顶、侧面隔离层等施工要求的。

七、开工申请的审批

当监理工程师对承包人施工前的准备工作和开工条件进行了认真校核检查,结果认为均满足合同规定的开工条件,则应立即签发路基开工通知单。承包人在接到监理工程师签发的开工通知单后,应迅速而毫不延误地进行路基施工,直到按规定工期完成工程。

第二节　路基施工阶段的质量监理

施工阶段是一项工程质量的形成阶段，因此，此阶段是监理工程师实行监理工作的中心内容。监理工作应重点抓住各道施工工序的检查，严格执行工序质量管理程序，确保每道工序质量符合合同规定的技术要求。

一、工序质量检查程序

路基工程的分项和工序一般有表土清理与压实、填方铺筑与压实、挖方铺筑与压实、挖方路堑与边坡、路基排水设施、路基挡墙与护坡、特殊路基处理等。

监理工程师应在开工前提出工序质量检查程序说明，以供现场旁站监理、承包人的自检人员及施工人员共同遵循。在每道工序完工后，承包人的自检人员应按照专业监理工程师批准的工艺流程和提出的工序检查程序进行自检，自检合格后，填写《工序自检报告》，报送专业监理工程师进行检查认可。

监理工程师收到承包人的《工序自检报告》后应在规定时间内对完工待检的工序进行检查验收，若检验合格，则根据检查结果填写《工序检查质量认可》，即可批准其进行下一道工序，若检验不合格，应指示承包人进行缺陷修补或返工。前道工序未经检查认可的，不得进行下道工序的施工。

工序质量检查验收程序见图 7-1。

二、各工序质量监理工作的内容及要点

1. 表土清理与压实

路基填方施工前，将原地面上的杂草、耕作物及地表层腐殖土清除干净，用平地机整平，用压路机进行填前压实的过程称为表土的清理与压实。其工序流程及质量监理工作项目如图 7-2所示。具体内容如下：

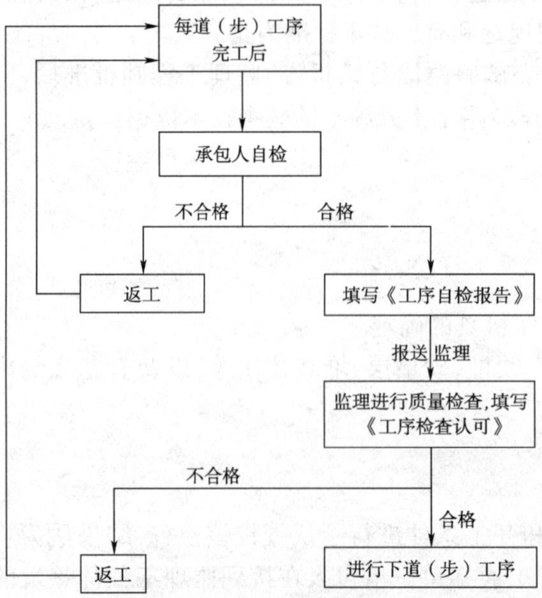

图 7-1　工序质量检查验收程序

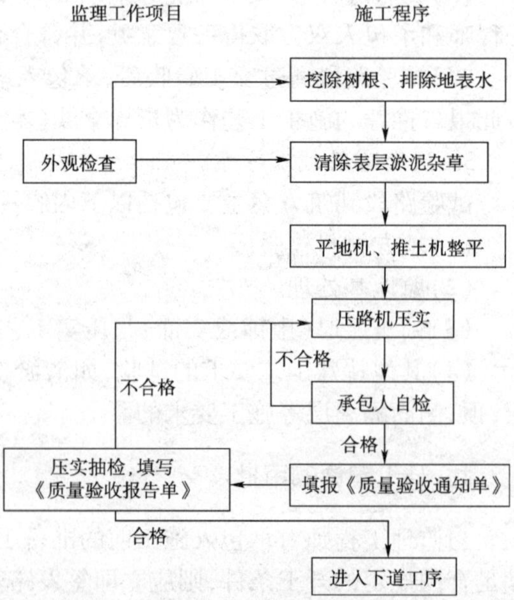

图 7-2　表土清理与压实质量检查验收程序

(1)在路基施工范围,对树根或有树根的表层土必须挖除,挖除深度由监理工程师现场确定,并将挖出的不带树根的表土搬运到由承包人提供且监理工程师同意的储料堆。

(2)对含有地表水、淤泥、杂草、垃圾、腐殖土等的地基,应进行排除清理,对软土地基,则要进行特殊处理。

(3)为使路基土方能均匀压实,要求使用平地机或推土机将地面推平,平整度误差不超过5cm,并应碾压密实。二级和二级以上公路路堤基底的压实度不应小于90%,三、四级公路不应小于85%。当路堤填土高度小于路床厚度(80cm)时,基底的压实度不宜小于路床的压实度标准。

(4)基底土密实,且地面横坡不陡于1:5时,路堤可直接填筑在自然地面上;地面横坡陡于1:5时,原地面应挖成台阶(台阶宽度不小于2m),并用小型夯实机夯实。

(5)零填及路堑路床的压实,应符合表7-1的规定。对于基底原状土强度不符合要求时,应予以换填,换填深度应不小于30cm,并予以分层压实。

土质路堤压实度标准 表7-1

填挖类型		路面底面以下深度(m)	压实度(%)		
			高速公路、一级公路	二级公路	三、四级公路
路堤	上路床	0~0.30	≥96	≥95	≥94
	下路床	0.30~0.80	≥96	≥95	≥94
	上路堤	0.80~1.50	≥94	≥94	≥93
	下路堤	>1.50	≥93	≥92	≥90
零填及挖方路基		0~0.30	≥96	≥95	≥94
		0.30~0.80	≥96	≥95	—

注:①表列压实度以部颁《公路土工试验规程》(JTJ E40—2007)重型击实试验法为准;

②三、四级公路铺筑水泥混凝土路面或沥青混凝土路面时,其压实标准应采用二级公路的规定值;

③路堤采用特殊填料或处于特殊气候地区时,压实标准应根据试验路在保证路基强度要求的前提下可适当降低;

④特殊干旱地区的压实标准可降低2%~3%。

2. 填方路基施工

1)填方铺筑的一般要求

在填方铺筑过程中,质量监理人员首先要求承包人应按下述规定施工,以使填筑方案得到正确的实施:

(1)当透水性较小的土填筑在下层时,其顶面应做成4%的双向横坡,以保证来自上层透水性填土的水分及时排出;如用以填筑上层时,不应覆盖在透水性较大的土所填筑的路堤边坡上。

(2)以不同性质土填筑路堤时,应分层分别填筑,每种填料层累计总厚不宜小于0.5m。不得混杂乱填,以免形成水囊或滑动面。

(3)凡不因潮湿和冻融而改变其体积的优良土应填在路堤上层,强度(形变模量)较小的土应填在下层。

(4)填石路堤的路堤填料最大粒径应不大于500mm,并不宜超过层厚的2/3;路床底面以下40cm范围内,填料粒径应小于150mm。路床填料粒径应小于100mm。

(5)用中硬、硬质石料填筑路堤时,应进行边坡码砌。码砌边坡的石料强度应不小于30MPa,码砌石块最小尺寸不应小于300mm。边坡码砌与路堤填筑宜基本同步进行。

(6)土石混合填筑路堤时,如土石易于分清时,宜分开分段填筑,如不易分清时,应尽量做到:

①当石块多于70%时,先将石块大面向下、小面向上分开摆平、放稳,缝隙内再填以土或石屑,每层厚不超过40cm,大致找平后碾压;

②当石块含量小于70%时,土石可混合铺填,但应避免硬质石块集中。

(7)桥头及涵洞两侧回填,应选择透水性好的材料填筑,以防止产生不均匀沉陷;桥台后面填筑宜与锥坡填筑同时进行,应认真做到水平分层填筑和夯实。涵洞两侧应水平分层,对称地向上填筑,分层夯实,并注意压实的均匀性。台背填土顺路线方向长度一般为顶部距翼墙尾端不小于台高加2m,底部距基础内缘不小于2m,涵洞填土长度每侧不应小于2倍孔径长度。

(8)加宽旧路堤时应做到:

①所用土宜与旧路堤相同,否则,宜选用透水性较好的土或选用接近于旧路堤的土;

②清除地基上的杂草,并沿旧路边坡挖成向内倾斜的台阶,而透水性好的土可不挖台阶;

③分层夯实到要求密实度。

2)填方铺筑压实的控制

填方铺筑压实工序流程及监理工作内容如图7-3。

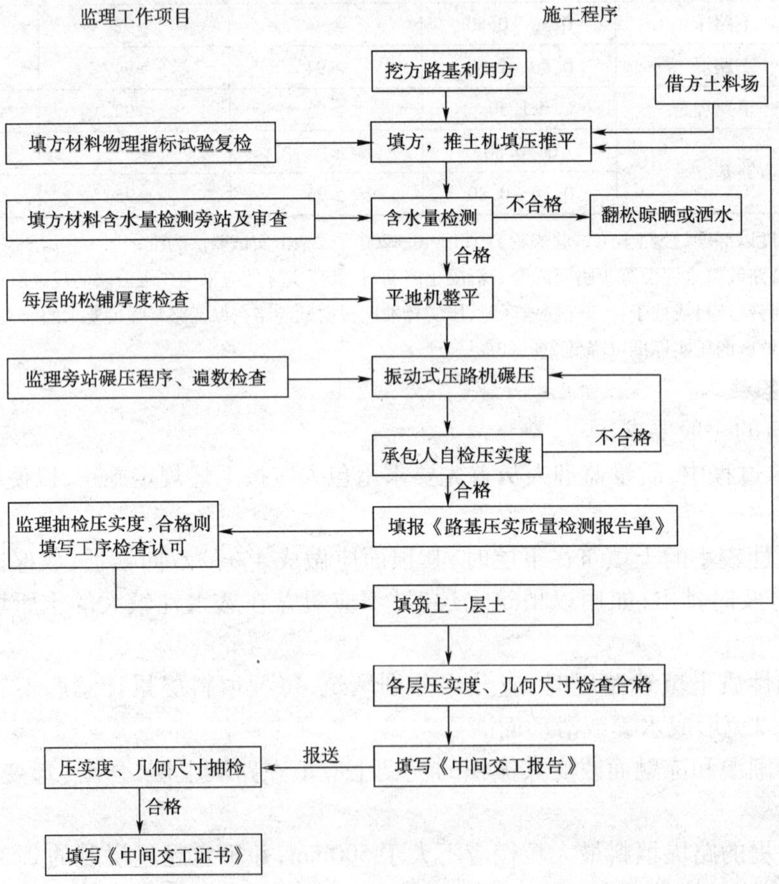

图7-3 填方铺筑压实施工工序及监理工作流程示意图

要控制好路基的压实质量,首先要充分考虑影响压实的各种因素,然后根据现场实际情况采取各种技术措施，充分发挥现场压实机械的工作效率，使所施工的路基达到压实标准的要求。路基压实施工中的质量监理，重点应注意以下六个方面：

(1)确定不同种类填土的最大干密度和最佳含水量。公路系带状构造物，一条公路延绵几公里以至数百公里，由于填筑路基的沿线土石材料性质往往有较大变化，在路基填筑施工之前，必须对主要取土场采取代表性土样，进行土工试验，用规定方法求得各个土场土样的最大干密度和最佳含水量，以便指导路基土的压实工作。一般规定每一料源试验 1 次，施工中每 3 000m^3试验 1 次。另外，发现土质变化，随时试验。

(2)检查控制填土含水量。由于含水量是影响路基土压实效果的主要因素，故须经常检测欲填入路基中的土的含水量。当填土含水量接近于最佳含水量时，填筑碾压的质量才有保证。试验表明，当采用 12 ~ 15t 光轮压路机时，现场土含水量略小于最佳含水量时，容易达到较高的压实度。天然土常接近于最佳含水量，因此，填土后应随即压实。天然土表层常比较干燥，宜在取土前一天在取土坑表面浇洒适当水量。填土含水量过大时，应将土摊开晾晒至需要的含水量时再碾压。

(3)分层填筑、分层碾压。每层填土厚度的大小，也是影响压实效果的重要因素。压实土层的密实度随深度递减，填土层厚度大时，其深处常常达不到要求的密实度。所以应严格控制松铺厚度。高速公路、一级公路不应超过 30cm，其他公路填土分层的压实厚度和压实机械种类、土的种类及压实度要求有关，应通过试验来确定。但最大松铺厚度不宜超过 50cm，填足至路床顶面最后一层的最小压实厚度不应小于 10cm。

(4)全宽填筑、全宽碾压。填筑路基时，应从基底开始在路基全宽范围分层向上填土和碾压，尤其应注意路堤边坡部分，必须从下至上予以充分的压实。经验表明，凡不注意全宽碾压的(只碾压路基中部，而不严格碾压边部路基)，路堤填筑到一定高度时，均出现程度不同的纵向裂缝，严重的还会使路面出现纵向裂纹。故两侧可采取宽填 40 ~ 50cm，压实工作完成后再按设计宽度和坡度予以刷齐整平。

(5)加强压实度的检测与控制。填筑路基时，应分层碾压、分层检查压实度，并要求每一土层压实度达到要求后方能允许填筑上一层填土。只有分层控制填土的压实度，才能保证全深度范围的路基压实质量。

检查细粒土、砂类土和砾类土的压实度时，一般采用灌砂法测定土的湿密度，烘干法测定土样的含水量。当用其他方法时，因为测试条件不同，必须以灌砂法为标准进行对比试验，找出相关的压实度修正系数。当采用环刀法时，测得的土样密度一般稍大于灌砂法的结果。当采用核子密度仪时，也应注意以灌砂法结果为准进行修正。尤其是当填土种类发生变化时，必须重新标定，方能保证压实度检测的准确可靠性。检查粗粒土和巨粒土的压实度，可采用灌水法和烘干法。

当工地实测的压实度小于要求的压实度时，应检查填土的含水量，当填土含水量与最佳含水量相差在 ±2% 以内时，说明压实功能不够，应增加碾压变数，如果压实遍数超过 10 遍仍达不到要求，应考虑减小压实层厚，再行碾压。

3)路基压实标准与现场压实质量评定

(1)压实标准。路基压实要求应与路基的受力相适应，即从上而下逐渐降低。路堤由路床(路面结构层下 0 ~ 80cm)、上路堤(80 ~ 150cm)及下路堤(150cm 以下范围内)组成，路床又分为上路床(0 ~ 30cm)和下路床(30 ~ 80cm)。土质路堤的压实标准见表 7-1。

(2)现场压实质量的评定。现场压实度检验以 1 ~ 3km 长的路段为检验评定单元，按部颁

《公路工程质量检验评定标准》(第一册土建工程)(JTG F80/1—2004)中规定的最小检测频率,每200m每压实层检测不少于4处(密度法)抽样检查。求算每一测点的压实度K_i,并按规定的方法计算评定路段的压实度代表值。

检验评定段的压实度代表值K为:

$$K=\bar{k}-\frac{t_\alpha}{\sqrt{n}}S\geqslant K_0$$

式中:$\bar{k}$——检验评定段内各测点压实度的平均值;

t_α——t分布表中随测点数和保证率(或置信度α)而变的系数;高速、一级公路保证率取95%,其他公路取90%;

S——检测值的标准差;

n——检测点数;

K_0——压实度标准值。

当$K\geqslant K_0$,且单点压实值K_i全部大于或等于规定值减2个百分点时,评定段压实度合格率为100%。

当$K\geqslant K_0$,且单点压实度全部大于等于规定极值时,按测定值不低于标准值减2个百分点的测点数计算合格率。

当$K<K_0$,或某一单点压实度K_i小于规定极值时,则评定段压实度不合格。

路堤施工段落较短时,分层压实度要求每点都符合要求,且样本数不少于6个。

3. 挖方路基施工

挖方路基施工工序及监理工作示意图如图7-4所示。

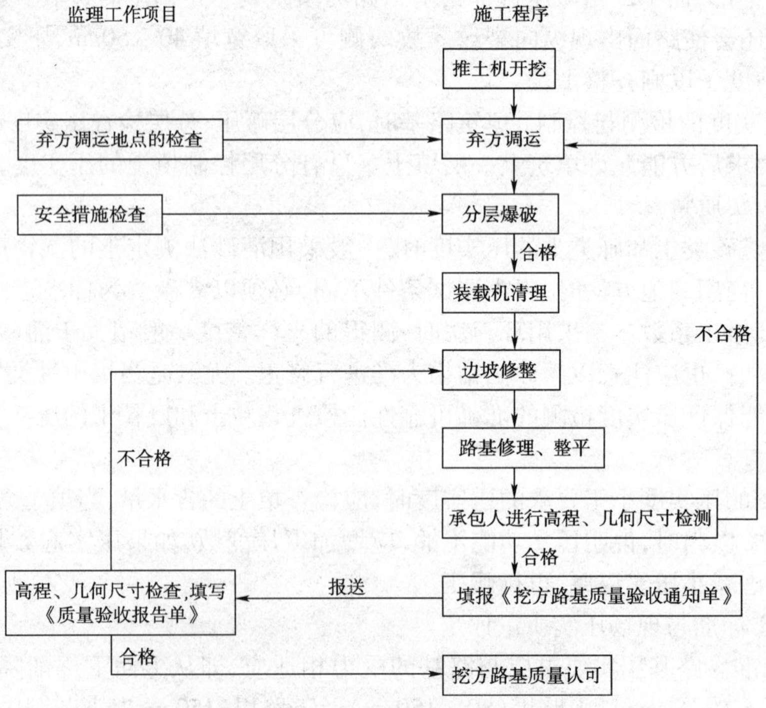

图7-4 挖方路基施工工序及监理工作流程示意图

挖方路基的质量监理应注意以下几个方面:

1)挖方准备

挖方施工前要核实挖方工程量及挖方调运线路图，做好堑顶截、排水设施，并视土质情况做好防渗工作。在整个施工过程中要保持开挖面排水通畅。

2)开挖方式

根据路堑的不同类型，应采用不同的开挖方式施工：

(1)路堑短而浅，可采用全断面开挖法，从两端向中间掘进。路堑较深时，可采用分层台阶式开挖，上层在前，下层随后。

(2)路堑较长，可采用分段开挖法，即两端为纵向出土，路堑中部选择适宜地点挖穿堑壁，使路堑分成两段或数段，各段再纵向开挖，采用横向出土。

(3)拟设挡土墙的路堑，可考虑采用纵向分段挖法，以便同时分段修筑挡土墙。

3)开挖规定

(1)开挖边坡面应平顺，不应有明显的凸出部分，岩石边坡不应有浮石、渣堆，出现坑穴凹槽应及时修补。

(2)所有道路上的边坡、边沟的断面尺寸、坡度大小均应符合要求。边沟底纵坡与路线纵坡应一致，并不小于0.3%。边坡坡度准确，平整、密实，特别是不应有翻松的材料。

(3)拟设防护工程的边坡，当防护工程不能紧跟开挖施工时，应留下一定厚度的保护层，待防护工程施工时再刷坡挖足。

(4)开挖中应尽量避免超挖，超挖数量不仅不计量支付，而且如果发生超挖，承包人应自费采用监理工程师批准的材料回填压实。

(5)当挖方路基(含取土坑)有不同的土或岩石层次时，承包人应尽可能按土和岩石层次分层进行开挖；在开挖中，如果出现石方，承包人应测出土石分界线，并经监理工程师鉴定认可，无论在任何情况下，是否按石方开挖，需经监理工程师同意，方能按石方计量支付。承包人应将可利用的材料和不适用的材料分开，未经监理工程师同意，不能将可利用的材料倾弃。

(6)当挖方路基顶面以下顶层土质不良时，承包人应按设计图纸和监理工程师的指示，采取消除、换填土或其他措施进行处理。

4)弃方处理

(1)路基弃方包括：开挖中未被利用的剩余材料、清理场地的杂物和废料，以及不适合作路堤填料的材料。

(2)弃方应送到图纸所示或承包人提供经监理工程师同意的地点堆放。承包人进行弃土堆放时，应防止对周围的灌溉渠道和天然水流造成污染和淤塞。任何因弃土污染水源和淤塞水道而引起的损失，由承包人自己负责进行补救处理。

4. 路基排水设施

地面水与地下水对路基的强度和稳定性影响极大，必须修建路基排水设施，保证将危害路基的地面水和地下水排出路基范围之外。路基排水工程主要分为地面排水设施和地下排水设施。地面排水设施包括边沟、截水沟、排水沟、跌水、急流槽、拦水缘石与蒸发池等；地下排水设施包括渗沟、渗井、隔离层等，渗沟也可分为填石渗沟、管式渗沟和洞式渗沟三种形式，三种渗沟均应设置排水层(或管、洞)、反滤层和封闭层。

路基排水设施施工质量监理的工作要点如下：

(1)排水工程的建筑材料应符合设计图纸或规范规定的质量标准；承包人应在施工前将所用建筑材料的试验数据报监理工程师审查。

(2)根据路基施工的现场情况核对路基排水设计，如设计与现场情况相符时，应检查各类排水设施的位置、断面、尺寸、坡度、高程。如果需要变更，施工监理应根据实际需要确定。

(3)各类排水设施要求纵坡顺适、沟底平整、排水畅通，无冲刷和阻水现象。

(4)检查沟槽护砌片石的强度，严禁采用风化岩石；检查确定护面砌体所用砂浆和混凝土的配合比，抽样检查其强度。

(5)检查沟槽护面砌体的质量(包括砂浆饱满程度和密实程度)，要求砌体咬扣紧密，勾缝平顺无脱落，缝宽大体一致。

(6)检查渗沟、渗井及隔离层的底面高程及尺寸，确保地下排水设施的埋设深度符合设计要求。检查渗沟、渗井的回填渗透材料的规格尺寸。

(7)遇到下列情况时，监理工程师应详细检查，地面排水系统是否采取了防漏或防冲刷的加固措施：

①位于松软或透水性大的土层，以及有裂缝的岩石上；

②流速较大，可能引起冲刷的地段；

③当纵坡大于4%，或者产生路基病害地段的边沟；

④路堑与路堤交接处的边沟出口处；

⑤水田地带、路堤填土高度小于0.5m地段的排水沟；

⑥兼作灌溉沟渠的边沟或排水沟；

⑦有集中水流进入的截水沟和排水沟。

(8)旁站地下排水设施的施工后，对施工单位填报的《隐蔽工程记录单》进行审核检查，确认符合设计要求方能认可。

5. 路基支挡及防护构造物

路基支挡及防护构造物是指挡土墙、护墙、护坡、护面墙等。其施工程序流程及监理工作项目框图如图7-5所示。

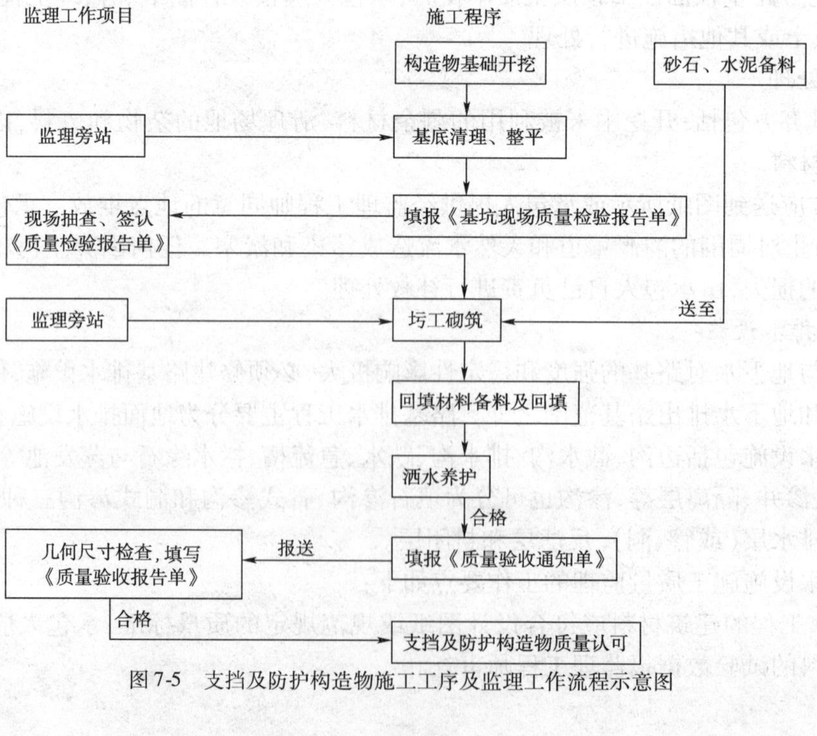

图7-5　支挡及防护构造物施工工序及监理工作流程示意图

支撑及防护构造物施工质量的监理要点如下：

1)基础开挖

在进行结构物基础开挖之前，承包人应制订开挖方法和支护方案报送监理工程师，待批准后方能施工，但这种批准并不免除承包人应负的责任。结构物的基坑和涵管沟槽，应按设计图所示的高程和尺寸进行开挖，且不得超挖，若超挖，承包人应自费使用与结构物基础相同等级的混凝土与基础整体浇筑，但监理工程师可根据实际情况，经业主同意后，决定基础的开挖深度和宽度，承包人据此施工而增加的费用，由业主负担。基础在开挖期间，承包人必须采取措施避免基坑或沟槽内积水，以保持施工在干燥状态下进行；如开挖工作和基础工程必须在已知地下水位以下作业时，为排降渗水和积水，承包人应提供良好的排水系统，施工现场要配置足够的水泵(含1/3的备用泵)，并且每天有24h工作的排水能力，因此，承包人应提交关于保证整个工程能在干燥条件下施工的建议措施报告，经监理工程师审批后方能施工；已提供的排水系统，未经监理工程师批准，亦不得拆除。

2)基底处理与检查

结构物基坑底应分别按岩层(未风化、风化、泥岩等)、土层(碎石类、砂类、黏性土、不均匀土层等)及土质不良需换填等不同情况，分别加以处理。监理工程师应根据现场实际，对基底平面位置、尺寸大小、基底高程等按要求检验。

当进行基础圬工施工前，监理工程师必须对基坑底土质及地质情况进行检验，确认符合设计要求并签证认可后，承包人方能进行施工。

3)圬工砌筑

构造物施工时应注意：

(1)沿构造物长度方向地面有纵坡时，应沿纵向挖成台阶。

(2)用来修筑构造物的片石、砂浆、混凝土等材料应满足规范要求。

(3)砌筑基础的第一层时，如基底为基岩或混凝土基础，应先将其表面加以清洗、湿润、坐浆砌筑。

(4)砌体应分层砌筑，砌筑上层时，不应振动下层。

(5)砌石分层错缝，砌筑时坐浆挤紧，嵌填饱满密实，无空洞。

(6)沉降缝、伸缩缝、防水层、泄水孔的位置和数量应符合图纸规定。

(7)墙背填料应符合设计要求。用作挡土墙泄水孔进口处理的反滤层和墙背渗水层，其材料为砾石、砂石、砂或其组合，其级配应符合设计要求。

4)回填

(1)回填所用材料，应采用透水性土，严禁使用含有淤泥、杂草、腐殖物、含冻土块的土。

(2)回填材料的压实，应在接近最佳含水量时分层填筑和夯实。

6. 特殊路基的处理和监理要点

特殊路基路段主要指经过水田、沿河、盐渍土、黄土、翻浆土、泥沼和软土等特殊地带的路基。在路基施工中遇到这类地质情况时，必须事先对其进行特殊处理，采取有效措施以提高路基的稳定性。不同的特殊地区路段的地基处理，不同的处理措施，其施工方法、材料和监理工作要点也不相同。

1)水田地区路基

对水田地区的路基处理，主要检查排水、排淤工程质量，内容包括：

(1)施工前是否先在公路用地两侧筑埂并在埂内开挖有足够深度的排水沟，排水沟的沟底纵坡是否达到不小于5%的要求，基底的杂草和淤泥是否清除干净。

(2)当地下水位高而路基高度达不到最低填土高度时，是否按要求设置了砂砾垫层、隔离层或盲沟。

(3)跨越水田的路基，是否设有足够的灌溉涵管，当数量不足或位置设置不当时，应及时按程序提出变更设计。

(4)跨越水田的路堑，是否在坡顶上筑起了拦水的田埂，并按要求进行夯实。田埂至路堑坡顶的距离视土质情况而定，但应满足下列要求：无弃土堆时，截水沟边缘至堑顶距离一般不小于5m；土质良好，堑坡不高，且沟内进行加固者可不小于2m；湿陷性黄土路堑，一般不小于10m，并应加固防渗。有弃土堆时，截水沟应设置于弃土堆上方，弃土堆坡脚与截水沟边缘间应留不小于1m的距离，弃土堆顶部应设2%倾向截水沟的横坡。

2)沿河地区路基

对河滩、海滩路堤，应根据设计文件要求进行检查，在施工质量检查与监理中，一般应注意几个方面：在河滩修筑路堤时，应注意检查基底是否有松软土层，是否作了技术处理，质量是否可靠；路堤的浸水部分，是否用非黏性土填筑。如果受到限制，是否采取了可靠措施；其边坡稳定是否可靠；在不同情况下，相应的防护工程是否齐备和质量可靠；另外，要特别注意防洪问题，防洪工程宜在汛期前完工，且应着重检测工程质量，特别是隐蔽部分工程质量。

对水库路堤，应做必要的试验，检查库堤稳定程度是否符合设计提出的各项要求。对由于水位及地下水位的变化而有可能发生崩塌、滑坡、松软等现象且危及路基时，要特别注意检查防护加固工程的质量与可靠性。水库路基及防护，除按设计文件要求进行质量检查外，根据水库特点，还应根据下列规定进行检查：

(1)深水浸泡或急浪冲击的高路堤，宜在防护物顶面设置宽度不小于2m的护道。

(2)路堤长期浸水部分，宜采用渗水性良好的土填筑，如果采用黏性土填筑时，应进行稳定性验算，确定水下边坡坡度，一般高度20m以下者，可采用1:2～1:3。

3)盐渍土地区路基

盐渍土在干旱季节和干旱地区，因盐类的胶结和吸湿、保湿作用，故而有利于路基稳定。但一旦受到雨水、冰雪融化的作用，含水量急增，易出现湿化坍塌、溶陷、路基发软、强度降低等现象而丧失稳定，甚至失去承载力。故按照设计要求进行施工对保证质量十分重要，为此，必须认真做好质量监理工作。应注意的主要问题如下：

(1)盐渍土的含盐程度在容许范围时，可用作路堤填料，氯盐渍土及亚氯盐渍土容许含量为5%～9%，但后者所含的硫酸盐的含量应以小于2%为宜。硫酸盐渍土的容许含量应不超过2%；碳酸盐渍土的容许含量不宜超过0.5%。

施工时要注意检查盐量的均匀性，如将上下两层盐打碎拌和而盐量不超过规定时，则表土不必铲除废弃。

(2)在盐渍土范围内，应避免设置盲沟。

(3)修在强盐渍化细粒黏土(黏性土、粉性土)地区的路基，路基边缘至地下水位高度又不可能达到设计规定时，应在路堤边缘以下40～60cm处的整个路基宽度上，设置毛细水隔离层，其材料可以用卵石、碎石或其他粒径在5～50mm之间的砂砾，厚度采用10～30cm，并在上、下面各铺设一层5～10cm厚粗砂或石屑作为反滤层。

(4)施工时，应自基底开始清除，从基底到路堤表面一次连续不间断完成；在设置隔离层的地段，至少也应一次连续做到隔离层的顶部。

(5)路堤的边坡值应符合合同规范或图纸要求。

(6)当路基两侧有取土坑时,其底部距离地下水位不应小于15~20cm,底部向路堤外应有2%~3%排水横坡和不小于0.2%的纵坡;两侧无取土坑时,应设置必要的横向排水沟。两排水沟的间距不宜大于500m,长度不超过2km;在排水困难地段或取土坑有被水淹没可能时,应在路基一侧或两侧取土坑外边设置高0.4~0.5m、顶宽1m的纵向护堤。

(7)盐渍土路基边缘高出地面和长期地下水最小高度应符合规范或合同要求。

(8)盐渍土路基基底,如含水量超过液限的土层在50~100cm时,则须全部换填渗水性土;如含水量介于液限和塑限之间时,应铺10~30cm渗水性土后,再填黏性土;如含水量在塑限以下时,可直接填筑黏性土。当清除软弱土体达到地下水位以下时,则应铺筑渗水性土,并应高出地下水位30cm以上,再填黏性土;在难以取得渗水性土的地区,应在路堤下部设置可靠的防水层(如用不透水的黏土层等),以隔断地下水的上升后患。如表土含盐量超过设计规范规定应在填筑路堤前予以挖除,挖除深度应根据试验决定。如路堤高度小于1.0m时,除将基底含盐量较重的表层土挖除外,还应换填渗水性土,其厚度不小于0.7m。

4)黄土地区路基

由于黄土土质自身的特性,在黄土地区修筑的路基容易出现下述问题:

(1)边坡坡面剥落和小型坍方,坡面被水流冲出大、小沟槽及洞穴等。

(2)边坡滑坍。

(3)边沟被水流冲深蚀宽,致使路肩、路面及边坡坡角破坏。

(4)黄土路堑边坡或黄土山坡土体,在地表水或地表水与地下水的综合作用下易形成泥流而侵入路基等。

因此,在黄土地区路基施工过程中,监理工程师应注意以下几点:

(1)黄土路堤的边坡是否刷顺,整平拍实,并及时设置防护层,以防雨水冲刷。

(2)黄土路堤压实要求同黏质土。不可用黄土填筑浸水路堤。

(3)路堑边坡应严格按设计坡度开挖。路堑施工,当挖到接近设计高程时,应对上路床部分的土基整体强度和压实度进行检测。若土质符合要求,应预留一部分土方,洒水或翻松晾晒碾压至规定压实度。若土质不符合要求则应将其挖除,另行换土分层摊铺、碾压至规定的压实度。

(4)边沟、截水沟、排水沟的长度大于200m,且纵坡大于下述规定,即新黄土3%,老黄土4%,红色黄土6%时,均应采取加固及防止渗漏等措施。

(5)注意检查黄土陷穴的处理质量,而且陷穴的处理范围要满足下述要求:一般在路基填方或挖方边坡外,上侧50m,下侧10~20m;若陷穴倾向路基,虽在50m之外,仍应作适当处理;对串珠状陷穴则应彻底进行处理。

5)泥沼和软土地基处理

在软土地段填筑路堤,承包人应将地基处理措施、施工方法及所使用材料样品和试验报告提交监理工程师,并经监理工程师批准后才能施工。在合同段内,承包人应提前安排软土地段的施工,并在施工中做好沉降监测和严格控制施工填料的加载速度。

软土地基处治时应遵循以下原则:投资少、效益高、少占农田和安全实用的技术经济政策。软土地基处理的方法很多,通常根据软土、淤泥的物理力学性质、埋层深度、路堤高度、材料条件、公路等级以及上述原则,可采用砂垫层、抛石挤淤、反压护道、土工合成材料处治、路堤预压、袋装砂井、碎石桩、粉喷桩等方法。软土地基处理的施工程序流程及监理工作项目内容如图7-6所示。

下面简要介绍几种处理方法的施工和监理要点：

(1)砂垫层。砂垫层为设置于路堤填土与软土地基之间的透水性垫层，可起排水的作用，从而保证了填土荷载作用下地基中孔隙水的顺利排出，既加快了地基的固结还可以保护路堤免受孔隙水的浸泡。其施工及监理要点是：垫层材料宜采用洁净的中、粗砂，含泥量不大于5%，垫层厚度宜为0.5～0.7m，宽度应超出路基坡脚两侧各0.5～1.0m；注意防止被细粒污染而造成排水孔隙堵塞，在砂垫层的上下应设反滤层；必要时可与塑料排水板、袋装砂井等加固措施配合设置。

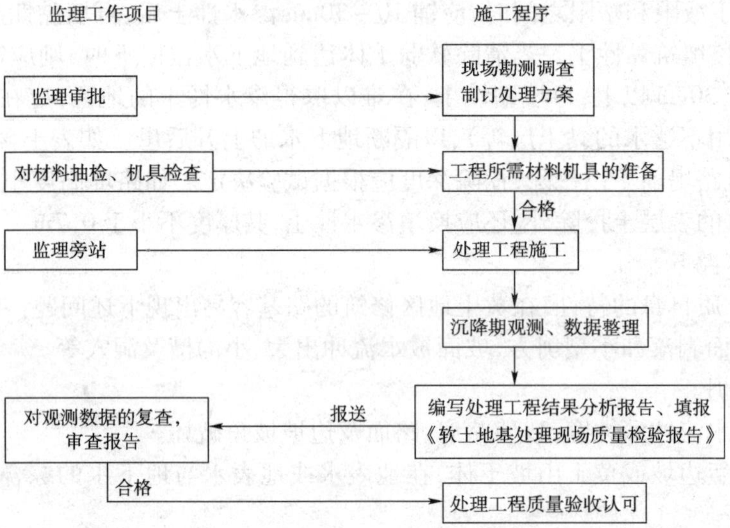

图7-6　软土地基处理施工工序及监理工作流程示意图

(2)抛石挤淤。采用抛石法时，应采用不易风化的岩石，石料尺寸不宜小于30cm；抛填方向根据软土下卧地层横坡而定，较平坦时自中部向两侧抛填，横坡陡于1∶10时，自高向低抛填；片石露出水面或软土面后，应用较小石块填塞垫平、压实，然后铺设反滤层。

(3)反压护道法。反压护道法主要是当路堤在施工过程中，达不到要求的稳定安全系数容许值时，在路堤一侧或两侧填筑一定宽度和高度的护道，利用力学平衡原理以达到路堤稳定的目的。施工和质量监理中应注意以下几点：反压护道的填筑材料应符合路堤施工的要求；高度宜为路堤高度的1/3～1/2；宽度应通过稳定性验算确定，且应满足路堤工后沉降的要求；反压护道的施工宜与路堤同时填筑，分开填筑时，必须在路堤达到临界高度前将反压护道填筑好；压实度不能低于90%。

(4)土工合成材料处治。土工合成材料具有加筋、防护、过滤、排水、隔离等功能，利用土工合成材料的抗拉、抗剪强度好，改善施工机械的作业条件，均匀支承路堤荷载，减小地基的沉降和侧向位移，提高地基的承载力。

土工合成材料的种类有：土工网、土工格栅、土工模袋、土工织物、土工复合排水材、土工垫等。

土工合成材料加筋路堤的施工与监理要点：

①土工合成材料在铺设时，应将强度高的方向置于垂直于路堤轴线方向。

②土工合成材料之间的连接应牢固。在受力方向连接处的强度不得低于材料设计抗拉强度，且其叠合长度不应小于15cm。

③土工合成材料的铺设不允许有褶皱，应用人工拉紧，必要时可采用插钉等措施固定土工

合成材料于填土层表面。

④铺设土工合成材料的土层表面应平整,表面严禁有碎、块石等坚硬凸出物;在距土工合成材料层8cm以内的路堤填料,其最大粒径不得大于6cm。

⑤土工合成材料摊铺以后应及时填筑填料,以避免其受到阳光过长时间的直接暴晒。一般情况下,间隔时间不应超过48h。

⑥填料应分层摊铺、分层碾压,所选填料及其压实度应达到规范要求。

(5)路基预压。在软土地基上修筑路堤,如果工期不紧,可先填筑一部分或全部,使地基经过一段时间固结沉降,然后再填足或铺筑路面;拟建桥涵等构造物处,先填土预压,等地基强度提高到一定强度后,挖去填土再建造构造物,称之为预压。预压分等载预压和超载预压。

当采用路堤预压方法时,其预压材料要报经监理工程师批准,并分层摊铺压实,预压路堤顶面应设置一定横坡使之排水顺畅;同时,承包人还应按设计图纸于沿路中心线上安装预压路堤沉降板,沉降板纵向间距一般为200m,如软土地段较短,至少应在该路段中部设一块沉降板。在施工期间,应对所设置的沉降板严加保护,不要使其变形和破坏。承包人应每1~2d测量一次路堤沉降,直到路堤沉降已稳定;承包人应在路堤面的路中心和两侧边线上设置监桩,其纵向间距一般为50m,桥头引道地段为25m。承包人应每周定期测量一次监桩高度。根据这些实测沉降量数据,计算路堤因产生沉降而应实际增加的额外填料。在距离路堤两侧趾部5m处,承包人还应按纵向距离50m(桥头引道地段为25m)设置混凝土监测桩,在施工期间承包人应每周定期测量一次标记的位置(按三维控制),当路堤完工后,则每月测量一次。

在软土地段填筑路堤,其填料的加载速度可按下法控制,即在已压实的填料上作标记,每日测一次高程,当沉降量小于20mm,则可继续加载填筑。

承包人每次进行定期测量后,应将测量结果尽快提交给监理工程师审核。

软土地带的路堤完工,路面未施工前,应有一段让路堤沉降的沉降期,沉降期一般为6个月(或由设计图示出)。在沉降期内,承包人不得在路堤上进行任何后续工程,且应进行沉降监测。在沉降期完成前10d,承包人应把监测记录,绘制的沉降曲线和完成沉降期的报告,提交给监理工程师审批。沉降期完成并经监理工程师批准后,承包人应将路堤预压填料的多余部分移出,并将路堤整修到路基面高程。

第三节　交工验收阶段的质量监理

一、交工验收监理工作程序

路基工程交工验收是指路基施工完工后,经承包人自检合格,并向监理工程师申请,由监理工程师进行中间交验的过程,即中间交工。进行中间交工验收的分项工程,应同时满足设计文件及施工技术规范所规定的各个分项工程各项技术指标及标准。

路基交工验收监理工作程序流程如图7-7所示。

(1)路基工程按合同规定要求完工后,承包人应根据合同及工程质量检验评定标准要求先进行质量自检,合格后,提交《中间交工报告》,报送监理工程师。

(2)监理工程师收到承包人报送的《中间交工报告》后,首先应汇总检查该单项(个)工程每道(步)工序的《质量检验报告单》,并将其编号,填写到《中间交工证书》中,然后对交工各分项工程进行系统的检查验收,必要时应做测量或抽样试验。若《质量检验报告单》证明每道

(步)工序均符合规范要求,最后检验也符合规范要求,且同时具备批准的《开工申请单》时,可提请监理工程师签《中间交工证书》及《中间计量表》,允许下项工程施工。否则,应责令承包人返工。

(3)《中间交工证书》不一定要与《开工申请单》和《质量验收单》一 一对应。

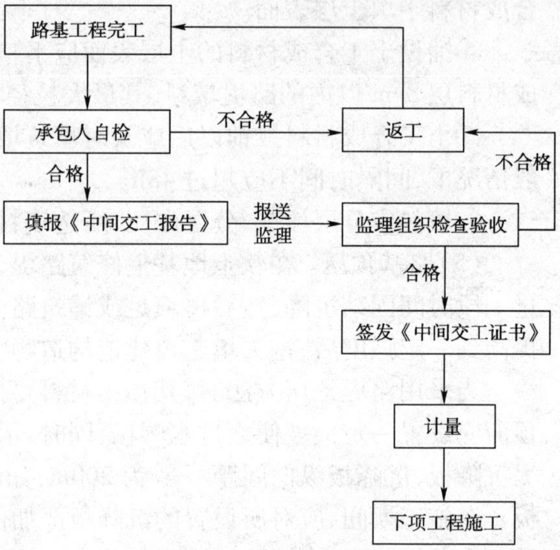

图7-7　路基交工验收监理工作流程图

二、路基交工验收检查项目及内容

路基工程除压实度指标需分层检测外,其他检查项目在路基完成后的路基顶面进行检查测定,但路肩工程应作为路面工程的分项工程进行检查评定。具体检查时,按土方路基、石方路基、软土路基和土工合成材料处治层等项目,根据质量检验评定标准规定的检查频率和方法,从基本要求、实测项目、外观鉴定三个方面评分,最后作出质量评定等级。这里主要介绍土方路基和石方路基的检查内容。

1. *土方路基的检查*

1)基本要求

(1)在路基用地和取土坑范围内,应清除地表植被、杂物、积水、淤泥和表土,处理坑塘,并按规范和设计要求对基底进行压实。

(2)路基填料应符合规范和设计规定,经认真调查、试验后选用。

(3)填方路基须分层填筑压实,每层表面平整,路拱合适,排水良好。

(4)施工临时排水系统应与设计排水系统结合,避免冲刷边坡,勿使路基附近积水。

(5)在设定取土区内取土,不得滥开滥挖。完工后应按要求对取土坑和弃土场进行整修,保持合理的几何外形。

2)实测项目及标准

土方路基实测项目及标准见表7-2。

3)外观鉴定

土方路基的外观鉴定应按下列各项进行:

(1)路基表面平整,边线直顺,曲线圆滑。不符合要求时,单向累计长度每50m减1~2分。

(2)路基边坡坡面平顺、稳定,不得亏坡,曲线圆滑。不符合要求时,单向累计长度每50m减1~2分。

(3)取土坑、弃土堆、护坡道、碎落台的位置适当,外形整齐、美观,防止水土流失。不符合要求时,每处减1~2分。

通过上述基本要求、实测项目、外观鉴定三个方面的检验后,即可按《公路工程质量检验评定标准》(第一册土建工程)(JTG F80/1—2004)对土方路基工程进行工程质量评分。

2. *石方路基的检查*

1)基本要求

(1)石方路堑的开挖宜采用光面爆破法。爆破后应及时清理险石、松石,确保边坡安全、稳定。

土方路基实测项目 表 7-2

项次	检查项目			规定值或允许偏差			检查方法和频率	权值
				高速公路、一级公路	二级公路	三、四级公路		
1△	压实度(%)	零填及挖方(m)	0~0.30	—	—	≥94	按附录 B 检查。密度法:每 200m 每压实层测 4 处	3
			0.30~0.80	≥96	≥95	—		
		填方(m)	0~0.80	≥96	≥95	≥94		
			0.80~1.50	≥94	≥94	≥93		
			>1.50	≥93	≥92	≥90		
2△	弯沉(0.01mm)			不大于设计要求值			按附录 I 检查	3
3	纵断高程(mm)			+10,-15	+10,-20		水准仪:每 200m 测 4 个断面	2
4	中线偏位(mm)			50	100		经纬仪:每 200m 测 4 点,弯道加 HY、YH	2
5	宽度(mm)			符合设计要求			米尺:每 200m 测 4 处	2
6	平整度(mm)			15	20		3m 直尺:每 200m 测 4 处×10 尺	2
7	横坡(%)			±0.3	±0.5		水准仪:每 200m 测 4 个断面	1
8	边坡			符合设计要求			抽查:每 200m 测 4 处	1

注:①标注△者为关键项目;

②表中的附录 B、I 指《公路工程质量检验评定标准》(第一册土建工程)(JTG F80/1—2004)中的附录,全书同。

(2)修筑填石路堤时,应进行地表清理,逐层水平填筑石块,摆放平稳,码砌边部。填筑层厚度及石块尺寸应符合设计和施工规范规定。填石空隙用石渣、石屑嵌压稳定。上、下路床填料和石料最大尺寸应符合规范规定。采用振动压路机分层碾压,压至填筑层顶面石块稳定,20t 以上压路机振压两遍无明显高程差异。

(3)路基表面应整修平整。

2)实测项目

石方路基实测项目主要有压实度、纵断高程、中线偏位、宽度、平整度、横坡、边坡等。压实度主要是检查层厚和碾压遍数是否符合要求,其他项目的检查方法及频率和土方路基相同,各项规定分参阅《公路工程质量检验评定标准》(第一册土建工程)(JTG F80/1—2004)。

3)外观鉴定

(1)上边坡不得有松石。不符合要求时,每处减 1~2 分。

(2)路基边线直顺,曲线圆滑。不符合要求时,单向累计长度每 50m 减 1~2 分。

第八章 路面工程施工质量监理

路面结构一般由底基层、基层、面层三部分组成。其每部分的强度与稳定性,对路面的整体强度、使用质量和使用寿命都有十分重要的影响。本章将主要介绍底基层和基层、沥青路面、水泥混凝土路面的工程质量监理的工作程序、内容和方法。

第一节 路面底基层和基层施工质量监理

底基层和基层可分为粒料类和无机结合料稳定类。无机结合料稳定类基层又称半刚性基层,具有强度高,水稳定性、板体性好的特点。我国干线公路广泛采用半刚性基层材料。在半刚性基层的施工中,混合料的拌和方式有路拌和厂拌两种,其摊铺方式有人工和机械两种。从施工程序来看,一般是先通过修筑试验路段制订出一套标准的施工方法,然后再进行大面积的施工。本节主要介绍无机结合料稳定类底基层、基层的施工质量监理。

一、施工准备阶段的质量监理

监理工程师在施工准备阶段的工作程序如下:

1. 检查承包人工地试验室

监理工程师应在工程开工前,对承包人工地试验室进行检查。承包人工地试验室应具备完成合同要求和实际工程量所需的各项试验检测能力,如原材料检测、路面基层混合料配合比试验,成品试验等。试验室面积和试验设备型号、数量应不少于合同规定值。所用仪器设备要通过计量监督部门标定、发放合格证后才能投入使用,并按规定时间间隔要求进行标定。

2. 验收承包人进场设备

监理工程师依据承包人投标书的承诺和工程实际需要,对承包人进场设备进行验收。基层施工主要设备包括:拌和机械、压实机械、摊铺机械、整平机械、运输机械、养生机械等。机械设备应达到投标书规定的型号、数量和运行质量,应确保底基层、基层的施工质量和工期要求。

3. 原材料的试验与审批

由承包人提交原材料(石灰、水泥、土、碎石、砂、粉煤灰等)的产地、规格、数量和质量测定结果,监理工程师对承包人申报的材料试验报告进行审核和抽检。对料源进行认可后,监理工程师还应加强抽检与监督,注意料源质量的稳定性。

4. 审批基层混合料组成设计

承包人在试验路段开工前28d,向监理工程师提交一份路面基层混合料的组成设计。监理工程师通过对比试验对承包人提供的基层混合料的组成设计试验报告进行验证。混合料试验检验的项目是:击实试验、承载比、抗压强度和耐久性等。

5. 试验路段施工与总结报告的审核

底基层和基层正式开工前至少一个月,承包人应自费在监理工程师批准的地点试铺一段面积为400~800m^2的试验路段。并提供用于试验路段的原材料和混合料的组成设计,以及备料、拌和、运输、摊铺、碾压、养生机械设备一览表和施工程序及工艺操作计划等详细书面说明，报监理工程师审批。该试验路段若经检验合格，亦可作为主体工程的一部分。

（1）修筑试验路段的目的是检验承包人在拌和、运输、摊铺、碾压、养生等工序中所计划投入使用的机械设备的可靠性；检验混合料的组成设计是否符合质量要求；检验各道工序的质量控制措施是否适当；提出用于大面积施工的材料配合比和松铺系数；确定每一作业段的合适长度和一次铺筑的合理厚度；提出标准的施工方法。

标准施工方法的内容包括：集料与结合料数量的控制；合适的拌和方法、拌和速度、拌和深度与拌和遍数；混合料最佳含水量的控制方法；摊铺方法；整平和整型的合适机具与方法；压实机械的组合、压实顺序、压实的速度和遍数；压实度的检查方法及每一作业段的最小检查数量。

（2）试验内容和项目包括用于正式施工的基层材料配合比；混合料的松铺系数；水泥稳定类材料施工允许延迟的时间；标准的施工方法；确定一次铺筑的合适厚度；每一作业段的合适长度。

6. 批准施工

基层、底基层施工前的各项准备工作就绪，确实具备开工条件，经过监理工程师核实，同意开工时，由监理工程师签发开工指令，批准施工。

二、底基层、基层施工阶段的监理

1. 监理工程师在施工阶段的主要工作内容及程序（图 8-1）

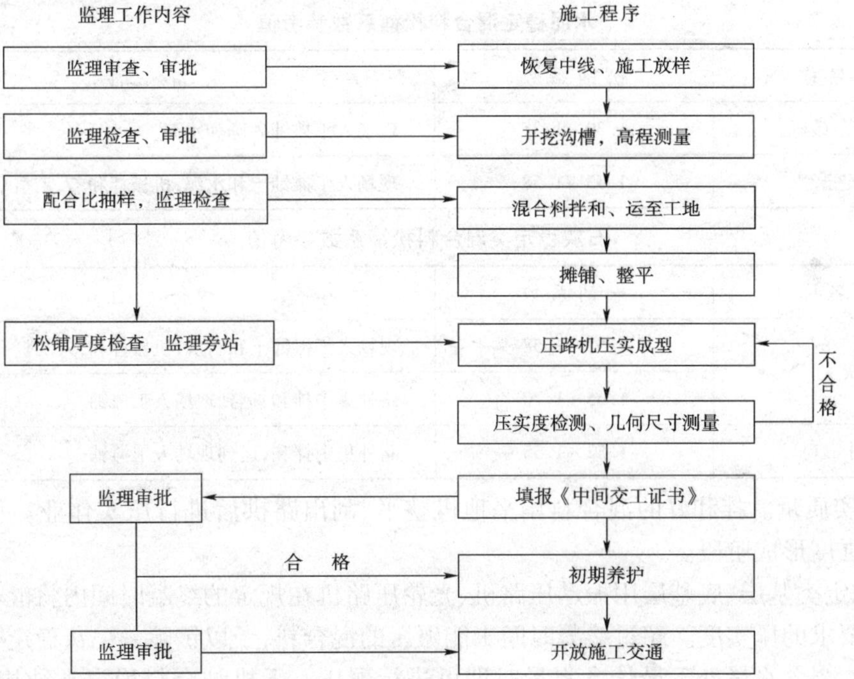

图 8-1 底基层、基层施工程序及监理工作示意图

2. 底基层、基层施工过程质量监理要点

1）底基层、基层施工过程的质量监控要点

在底基层、基层施工中不论承包人采用何种施工方法，监理工程师应加强旁站与巡视，重点控制放样、拌和、摊铺、整平压实这几道工序，这是质量（宽度、厚度、高度、横坡度、纵坡度、压实度、强度、平整度和中心线）的基本保证。

(1)放样。在经验收合格的路基上恢复中线，直线段20～25m设一桩，平曲线每10m设一桩，并在两侧路面边缘外设指示桩。进行高程测量，并在两侧指示桩上用红漆标出基层的边缘设计高程及松铺厚度标记，以此控制基层的高程、横坡度和纵坡。

(2)拌和质量。拌和方法有路拌法、移动式拌和机沿线拌和法及集中拌和法等，根据基层类型及施工要求进行选择。

首先配料必须准确，以保证混合料的级配及结合料用量满足施工配合比要求。稳定材料均匀注入集料，加水拌和要均匀，并保证达到工地混合料的含水量接近最佳含水量。并随时抽查混合料，检查拌和均匀性，做水泥剂量测定及筛分试验，或随时检查石灰剂量，及时调整，保证施工配合比要求的剂量。

(3)摊铺质量。当在远离施工地点拌和材料时，应保证混合料的中途运送时加以覆盖，以防水分蒸发散失。混合料摊铺时应确保不受污染，否则要置换新的混合料。摊铺混合料时应尽量避免粗、细离析。在施工作业段内，用摊铺机摊铺混合料时，中间不宜中断。水泥稳定类底基层、基层如因故中断而超过水泥初凝时间应设置施工缝。因故超过水泥终凝时间的混合料不得使用。摊铺时，应从现场取样做强度试验。

(4)整平质量。用平地机(或人工摊铺)将混合料按松铺厚度整平，保持要求的厚度、横坡，并检查松铺厚度。水泥稳定类混合料松铺系数参考表8-1；石灰稳定类混合料的松铺系数参考表8-2。

水泥稳定混合料松铺系数参考值 表8-1

材料名称	松铺系数	备注
水泥稳定砂砾	1.30～1.35	现场人工摊铺砂砾和水泥
水泥土	1.53～1.58	现场人工摊铺土和水泥，机械拌和，人工整平

石灰稳定类混合料松铺系数参考值 表8-2

材料名称	松铺系数	备注
石灰土	1.53～1.58	现场人工摊铺土和石灰，机械拌和，人工整平
	1.65～1.70	路外集中拌和，运到现场人工摊铺
石灰土砂砾	1.52～1.55	路外集中拌和，运到现场人工摊铺

(5)压实质量。拌和好的混合料用平地机整平、刮出路拱后进行压实作业。压实是底基层、基层的强度形成阶段。

水泥稳定类基层、底基层用振动压路机、光轮压路机在规定的终凝时间内将混合料碾压密实，并达到要求的压实度。超过终凝时间未能碾压的混合料，予以铲除。二灰稳定类结构的混合料整平后，当含水量处于最佳含水量时即可进行碾压。无机结合料稳定类结构层应用12t以上的光轮压路机碾压，每层压实厚度不超过20cm；对于稳定中粒土和粗粒土，当采用能量大的振动压路机时，每层压实厚度采用试验路段提供的结果。压实厚度超过上述规定时，应分层铺筑，但每层最小压实厚度不得小于10cm。

在碾压过程中，如果出现软弹、松散、起皮等现象，应及时让承包人翻开重新拌和或挖除后，换填新的混合料。在碾压之前，应用平地机再整平一次，使其纵向顺适，路拱和超高符合设计要求。压实完后检测压实度和压实厚度。

2)施工中质量控制项目

在底基层、基层施工过程中,监理工程师应检查承包人是否按合同与规范要求的项目、频率进行质量自检。无机结合料类基层、底基层需测项目包括含水量、级配、拌和均匀性、压实度、塑性指数、承载比、弯沉值等。

三、底基层、基层交工验收阶段的监理

基层、底基层完工后应安排好桥涵、排水、防护、通信等工程施工,防止多工序、多工种交叉作业对完工基层的污染和损害。每作业段完工后立即养生,养生期间禁止开放交通,严禁在基层上野蛮装卸,防止损坏基层。与排水、防护、通信工程等产生交叉作业时,应对基层进行覆盖,并不得在基层上卸料。

工程完工后,应进行交工检查验收。交工验收的目的是通过检查评定,判断已完工的底基层、基层的施工质量、外形尺寸、外观质量与设计文件的符合程度;交工验收的各项技术指标是否达到施工技术规范及质量评定标准的质量要求。

检查验收通常以1km长的路段为评定单元。当采用流水作业法施工时,也可按每天完成的段落长度作为评定单元。验收时,监理工程师应首先审查承包人报送的各分项工程完工质量交验单中各项验收指标的合格率与实得分,再按规定频率对底基层、基层交工验收技术指标进行随机抽检、现场检测,最后根据自检与抽检内容逐项审核,计算实得分。由监理工程师评定工程的优良等级。合格后,即签发《中间交工证书》,并进行工程计量;然后根据现场情况及施工日期,确定开放交通的时间。以二灰土的施工验收为例,应达到以下基本要求:提交有关土、石灰、粉煤灰等材料的合格证明,准确的混合料的配合比及施工质量检测指标合格的原始资料,再按表8-3所列项目实测。

石灰、粉煤灰稳定粒料基层和底基层实测项目 表8-3

项次	检查项目		规定值或允许偏差				检查方法和频率	权值
			基层		底基层			
			高速公路、一级公路	其他公路	高速公路、一级公路	其他公路		
1△	压实度(%)	代表值	98	97	96	95	按附录B检查,每200m每车道2处	3
		极值	94	93	92	91		
2	平整度(mm)		8	12	12	15	3m直尺:每200m测2处×10尺	2
3	纵断高程(mm)		+5,-10	+5,-15	+5,-15	+5,-20	水准仪:每200m测4个断面	1
4	宽度(mm)		符合设计要求		符合设计要求		尺量:每200m测4个断面	1
5△	厚度(mm)	代表值	-8	-10	-10	-12	按附录H检查,每200m每车道1点	2
		合格值	-15	-20	-25	-30		
6	横坡(%)		±0.3	±0.5	±0.3	±0.5	水准仪:每200m测4个断面	1
7△	强度(MPa)		符合设计要求		符合设计要求		按附录G检查	3

注:表面应平整密实、无坑洼、无明显离析。不符合要求时,每处减1~2分;施工接茬处应平整、稳定。不符合要求时,每处减1~2分。

第二节　沥青路面施工质量监理

沥青路面具有行车舒适、噪声低、施工期短、养护维修简便等优点，因此得到广泛应用。沥青路面主要包括热拌沥青混合料路面(沥青混凝土、沥青碎石)、沥青表面处治路面、沥青贯入式路面、乳化沥青碎石混合料路面等。本章主要介绍沥青路面在施工准备阶段、施工阶段的质量监理和交工验收阶段的监理。

一、施工准备阶段的监理

沥青路面施工准备阶段质量监理的主要工作内容：

1. 原材料审批

沥青路面开工前要求承包人对沥青路面所用的原材料，如沥青材料的针入度、软化点、延度及黏度等指标，粗集料的规格、强度、耐磨性指标，细集料的洁净程度，各种填料的物理性质、粒度范围等进行检查。所有检验结果应符合《公路沥青路面施工技术规范》(JTG F40—2004)规定的材料要求。试验合格后报监理工程师审批。只有经过监理工程师审核，确认合格的原材料，才能在工程中使用。

2. 沥青混合料组成设计的审批

沥青混合料组成设计，包括选择合适的材料，确定各种粒径矿料和沥青的配比。承包人应向监理工程师提交沥青混合料组成设计报告，以便审批。为了获得满足规范标准、适应路用性能要求，而且经济性良好的沥青混合料，监理工程师主要应控制矿料配比设计和沥青最佳用量，并通过试验进行验证。

3. 施工机械、设备的检查

沥青路面施工机械设备主要有拌和楼、摊铺机、汽车、压路机、沥青洒布车、集料撒布机及其他配套设备。承包人投入的施工机械设备的配套情况、技术性能、数量、完好率和维修能力必须满足工程的计划工期、工程质量和连续施工作业的需要，并得到监理工程师的认可。

4. 施工放样及基层检查

沥青路面开工前，承包人进行高程和平面控制测量放样，监理工程师对承包人自检报告进行复核、审批。

要求承包人对基层进行检查。基层表面应干燥、清洁和无任何松散的石料、灰尘与杂质。任何黏在面上的用扫帚不能清除的杂质，应用其他方法清除；任何较严重的被油类污染的地方，应用有效的方法清除油污。对某些表面凹洼深度较大的部位，则需要填补坑槽，并整平、压实，达到基层的设计高程。

5. 试验段铺筑的检查

高速公路和一级公路的沥青路面主体工程开工前应铺筑试验路段。铺筑长度宜为100～200m，宜选在正线上铺筑。

沥青路面试验路段铺筑过程中，监理工程师的主要工作内容：验证沥青混合料生产配合比设计，提出生产用的标准配合比和最佳用量；检验承包人的施工机械设备的规格、数量及组合方式是否匹配；确定施工工艺(如松铺系数、压实度、施工温度等)；确定每工作日作业长度；建立用钻孔法与核子密度仪无破损检测路面密度的对比关系，确定压实度的标准检测方法，核子仪等无破损检测在碾压成型后热态测定，取13个测点的平均值为1组数据，1个试验段不得少于3组，钻孔法在第2天或第3天以后测定，钻孔数不少于12个；检测试验段的渗水系数。

二、施工阶段质量监理

1. 沥青面层施工阶段监理工作项目内容（图8-2）

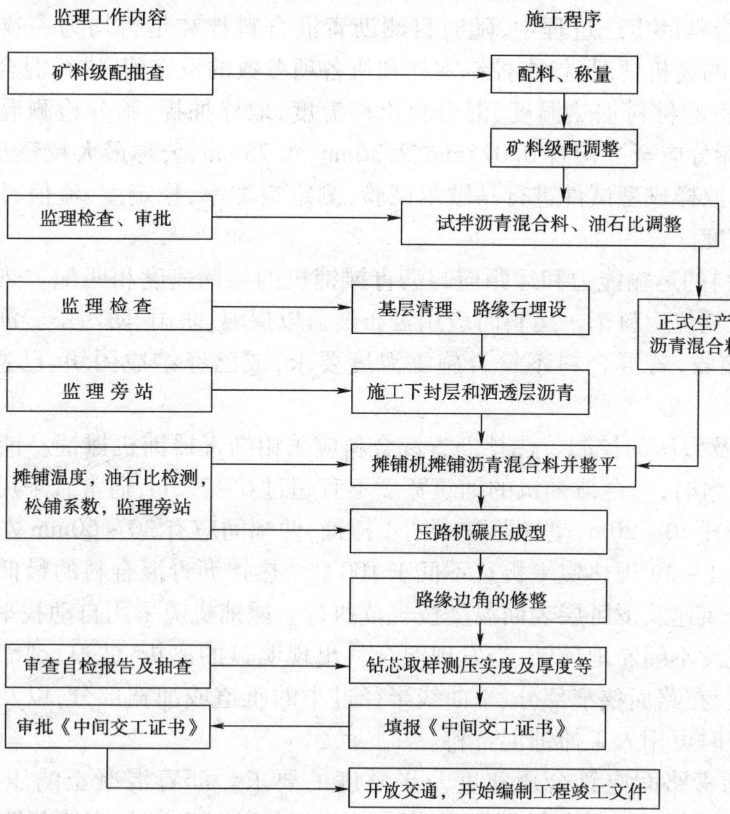

图8-2 沥青面层施工程序及监理工作示意图

2. 沥青表面处治面层施工质量控制要点

（1）在新建或改建旧路的表层进行表面处治时，应将表面的泥沙及一切杂物清除干净，而底层必须在坚实、稳定、平整、保持干燥的情况下才可施工。

（2）沥青材料的各项指标、规格及用量应符合规范规定，各层用量可根据施工气温、沥青标号、基层情况，在总用量不变的情况下作适当调整；沥青表处所采用的集料最大粒径应与处治层的厚度相等，其规格和用量按施工规范选用；沥青表处施工后，应在路侧另备S12（5～10mm）碎石或S14（3～5mm）石屑、粗砂或小砾石（2～3m^3/1 000m^2）作为初期养护用料。

（3）选择在干燥和较热的季节进行施工，并在最高温度低于15℃时期到来之前半个月及雨季前结束。

（4）沥青洒布应均匀，无露白，且不得污染其他构筑物；嵌缝料必须趁热撒铺，洒布均匀，不得有重叠现象，并应压实平整。

（5）各个工序必须衔接紧密，不得脱节，每天的施工路段必须当天完成所有作业内容。

（6）加强初期交通控制，重视初期养护。当发现泛油时，应在泛油处补撒与最后一层石料规格相同的嵌缝料并扫匀，过多的浮料应扫出路外。

3. 沥青混凝土面层和沥青碎石面层施工质量控制要点

沥青混凝土面层和沥青碎石面层路面广泛用于高等级公路中，监理工程师应按以下要点对其施工质量严格进行监控。

(1)认真检验、审核沥青材料及混合料的各项指标、沥青混合料的矿料质量及矿料级配是否符合设计和施工规范的要求。

(2)在沥青混合料的生产过程中，随时目测沥青混合料拌和是否均匀一致、有无花白料，检查集料和混合料的离析情况；检查控制室拌和机各项参数的设定值，进行混合料质量动态管理，检测沥青混合料的材料加热温度、混合料出厂温度，取样抽提、筛分检测混合料的矿料级配、油石比。抽提筛分应至少检查0.075mm、2.36mm、4.75mm、公称最大粒径及中间粒径等5个筛孔的通过率。取样成型试件进行马歇尔试验，测定空隙率、稳定度、流值，计算合格率；确定压实度的标准密度。

(3)沥青混合料的运输能力和运距应与沥青摊铺机的摊铺速度相匹配。热拌沥青混合料应用车厢干净的大吨位运料车。运料时应用苫布覆盖以保温、防雨、防污染。沥青混合料在摊铺地点凭运料单接收，若混合料不符合施工温度要求，或已经结成团块、已遭雨淋，则不得铺筑。

(4)现场摊铺及碾压的控制。热拌沥青混合料应采用沥青摊铺机摊铺。铺筑高速公路及一级公路沥青混合料时，一台摊铺机的铺筑宽度不宜超过6~7.5m，通常宜采用两台或更多台数的摊铺机前后错开10~20m，呈梯队方式同步摊铺，两幅间应有30~60mm左右的搭接。摊铺机开工前应提前1~2h预热熨平板且不低于100℃。热拌沥青混合料的最低摊铺温度根据铺筑层厚度、气温、风速及下卧层表面温度按规范执行。摊铺机应采用自动找平方式。摊铺机必须缓慢、均匀、连续不间断地摊铺，当发现混合料出现明显的离析、波浪、裂缝、拖痕时，应分析原因，予以消除。在路面狭窄部分、平曲线半径过小的匝道或加宽部分，以及小规模工程不能采用摊铺机铺筑时可用人工摊铺混合料。

压实成型的沥青路面应符合压实度及平整度的要求。沥青混凝土的压实层最大厚度不宜大于100mm，沥青碎石混合料的压实层厚度不宜大于120mm。高速公路铺筑双车道沥青路面的压路机数量不少于5台。压路机应以慢而均匀的速度碾压，在不产生严重推移和裂缝的前提下初压、复压、终压都应在尽可能高的温度下进行。同时不得在低温状况下作反复碾压，避免石料棱角磨损、压碎，破坏集料嵌挤。初压应紧跟摊铺机后碾压，初压后检查平整度、路拱，有严重缺陷时进行修整乃至返工。复压应紧跟在初压后开始，碾压段总长度通常不超过60~80m。终压紧接在复压后进行，如经复压后无明显轮迹时可免去终压。碾压轮在碾压过程中应保持清洁，有混合料沾轮应立即清除。压路机不得在未碾压成型路段上转向、掉头、加水或停留。在当天成型的路面上，不得停放各种机械设备或车辆，不得撒落矿料、油料等杂物。

(5)施工接缝的控制。沥青路面的施工必须接缝紧密、连接平顺，不得产生明显的接缝离析。上、下层的纵缝应错开150mm(热接缝)或300~400mm(冷接缝)以上。相邻两幅及上、下层的横接缝均应错位1m以上。接缝施工应用3m直尺检查，确保平整度符合要求。摊铺时采用梯队作业的纵缝应采用热接缝，将已铺部分留下100~200m宽暂不碾压，作为后续部分的基准面，然后作跨缝碾压以消除缝迹。在半幅施工或特殊原因而产生纵向冷接缝时，宜加设挡板或加设切刀切齐，也可在混合料尚未完全冷却前用镐刨除边缘留下毛茬的方式，但不宜在冷却后用切割机作纵向接缝。高速公路和一级公路的表面横向接缝应采用垂直的平接缝，以下各层可采用自然碾压的斜接缝，沥青层较厚时也可作阶梯形接缝。斜接缝的搭接长度与层厚有关，宜为0.4～0.8m。搭接处应洒少量沥青，混合料中的粗集料颗粒应予剔除，并补上细料，搭接平整，充分压实。阶梯形接缝的台阶经铣刨而成，并洒黏层沥青，搭接长度不宜小于3m。平接缝宜趁尚未冷透时用凿岩机或人工垂直刨除端部层厚不足部分，使工作缝成直角连接。铺筑新混合料接头应使接茬软化，压路机先进行横向碾压，再纵向碾压成为一体，充分压实，连接平顺。

4．施工过程中的质量检验项目

（1）沥青及各种矿料的质量检验内容见表8-4。

沥青及各种矿料的质量检验 表8-4

沥青	施工前检测试验	按《公路工程沥青及沥青混合料试验规程》（JTJ 052—2000）、《公路沥青路面施工技术规范》（JTG F40—2004）进行各项指标的试验
	施工中抽样检查	针入度、软化点、延度、含蜡量
粗集料	施工前检测试验	压碎值、洛杉矶磨耗损失、相对密度、吸水率、坚固性、针片颗粒含量、软石含量、与沥青的黏附性、磨光值
	施工中抽样检查	外观（石料品种、含泥量）、针片颗粒含量、颗粒组成、压碎值、磨光值、洛杉矶磨耗值、含水量
细集料	施工前检测试验	表观相对密度、坚固性、含泥量、砂当量、亚甲蓝值、棱角性
	施工中抽样检查	颗粒组成、、砂当量、含水量、松方单位重
矿粉	施工前检测试验	表观密度、含水量、粒度范围、外观、亲水系数、塑性指数、加热安定性
	施工中抽样检查	外观、<0.075mm含量、含水量

（2）施工过程中，应对沥青混凝土混合料的性能作检查，检查项目包括：逐盘检查混合料外观、拌和温度、矿料级配、沥青用量，每台拌和机每日抽检马歇尔试验（空隙率、稳定度、流值），必要时还应进行马歇尔浸水试验和车辙试验。

（3）沥青路面铺筑过程中必须随时对铺筑质量进行评定，施工质量检查按表8-5进行。

热拌沥青混合料路面施工过程中质量的控制标准 表8-5

项目		检查频度及单点检验评价方法	质量要求或允许偏差	
			高速公路、一级公路	其他等级公路
外观		随时	表面平整密实，不得有明显轮迹、裂缝、推挤、油汀、油包等缺陷，且无明显离析	
接缝		随时	紧密平整、顺直、无跳车	
		逐条缝检测评定	3mm	5mm
施工温度	摊铺温度	逐车检测评定	符合《公路沥青路面施工技术规范》（JTG F40—2004）规定	
	碾压温度	随时	符合《公路沥青路面施工技术规范》（JTG F40—2004）规定	
厚度	每一层次	随时 厚度50mm以下 厚度50mm以上	 设计值的5% 设计值的8%	 设计值的8% 设计值的10%
	每一层次	一个台班区段的平均值 厚度50mm以下 厚度50mm以上	 -3mm -5mm	—
	总厚度	每2 000m^2 一点单点评定	设计值的-5%	设计值的-8%
	上面层	每2 000m^2 一点单点评定	设计值的-10%	设计值的-10%

续上表

项目		检查频度及单点检验评价方法	质量要求或允许偏差	
			高速公路、一级公路	其他等级公路
压实度		每 2 000m² 检查 1 组逐个试件评定并计算平均值	试验室标准密度的97%（SMA 为98%）； 最大理论密度的93%（SMA 为94%）； 试验段密度的99%（SMA 为99%）	
平整度（最大间隙）	上面层	随时，接缝处单杆评定	3mm	5mm
	中下面层	随时，接缝处单杆评定	5mm	7mm
平整度（标准差）	上面层	连续测定	1.2mm	2.5mm
	中面层	连续测定	1.5mm	2.8mm
	下面层	连续测定	1.8mm	3.0mm
	基层	连续测定	2.4mm	3.5mm
宽度	有侧石	检测每个断面	±20mm	±20mm
	无侧石	检测每个断面	不小于设计宽度	不小于设计宽度
纵断面高层		检测每个断面	±10mm	±15mm
横坡度		检测每个断面	±0.3%	±0.5%
渗水系数（不大于）		每1km 不少于5点，每点3处取平均值	300mL/min（普通密级配沥青混合料） 200mL/min（SMA 混合料）	

三、交工验收阶段的监理

工程完工后，施工单位应将全线以 1 ~ 3km 作为一个评定段，在规定时间内提交全线检测结果及施工总结报告，申请交工验收。沥青路面交工验收阶段的监理工作程序如下：

（1）承包人在沥青面层按合同要求竣工后，首先进行质量自检，合格后即可填报《沥青面层竣工验收通知单》，报送监理工程师审批。

（2）监理工程师收到此通知单后，应立即组织监理试验室进行合同规定的检验项目的检查，见表 8-6 和表 8-7。

沥青表面处治面层实测项目　　　　表 8-6

项次	检查项目		规定值或允许偏差	检查方法和频率	权值
1	平整度	σ（mm）	4.5	平整度仪：全线每车道连续按每 100m 计算 IRI 或 σ	2
		IRI（m/km）	7.8		
		最大间隙 h（mm）	10	3m 直尺：每 200m 测 2 处 ×10 尺	
2	弯沉值（0.01mm）		符合设计要求	按附录 I 检查	2
3△	厚度（mm）	代表值	−5	按附录 H 检查：每 200m 每车道 1 点	3
		合格值	−10		
4	沥青总用量（kg/m²）		±0.5%	每工作日每层洒布查 1 次	2
5	中线平面偏位（mm）		30	经纬仪：每 200m 测 4 点	1
6	纵断高程（mm）		±20	水准仪：每 200m 测 4 断面	1
7	宽度（mm）	有侧石	±30	尺量：每 200m 测 4 处	2
		无侧石	不小于设计值		
8	横坡（%）		±0.5	水准仪：每 200m 测 4 断面	1

(3)检查各道工序的质量验收单是否齐全。

(4)检查每道工序的质量检验报告是否符合合同规定的要求。

沥青混凝土面层和沥青碎石面层实测项目 表 8-7

项次	检查项目		规定值或允许偏差		检查方法和频率	权值
			高速公路、一级公路	其他等级公路		
1△	压实度(%)		试验室标准密度的96%(*98%); 最大理论密度的92%(*94%); 试验段密度的98%(*99%)		按附录 B 检查,每 200m 测 1 处	3
2	平整度	σ(mm)	1.2	2.5	平整度仪:全线每车道连续按每 100m 计算 IRI 或 σ	2
		IRI(m/km)	2.0	4.2		
		最大间隙 h(mm)	—	5	3m 直尺:每 200m 测 2 处 × 10 尺	
3	弯沉值(0.01mm)		符合设计要求		按附录 I 检查	2
4	渗水系数		SMA 路面 200mL/min; 其他沥青混凝土路面 300mL/min	—	渗水试验仪:每 200m 测 1 处	2
5	抗滑	摩擦系数	符合设计要求	—	摆式仪:每 200m 测 1 处;摩擦系数测定车:全线连续,按附录 K 评定	2
		构造深度			铺砂法:每 200m 测 1 处	
6△	厚度(mm)	代表值	总厚度:设计值的 -5% 上面层:设计值的 -10%	-8% H	按附录 H 检查,双车道每 200m 测 1 处	3
		合格值	总厚度:设计值的 -10% 上面层:设计值的 -20%	-15% H		
7	中线平面偏位(mm)		20	30	经纬仪:每 200m 测 4 点	1
8	纵断高程(mm)		±10	±15	水准仪:每 200m 测 4 断面	1
9	宽度(mm)	有侧石	±20	±30	尺量:每 200m 测 4 断面	1
		无侧石	不小于设计			1
10	横坡(%)		±0.3	±0.5	水准仪:每 200m 测 4 处	1

注:①表内压实度可选用其中的 1 个或 2 个标准,并以合格率低的作为评定结果。带 * 号者是指 SMA 路面,其他为普通沥青混凝土路面;

②表列厚度仅规定负允许偏差。其他等级公路的厚度代表值和极值允许偏差按总厚度计,当总厚度≤60mm 时,允许偏差分别为 -5mm 和 -10mm;总厚度 >60mm 时,允许偏差分别为 -8% 和 -15% 的总厚度。H 为总厚度(mm)。

(5)外观鉴定。以沥青混凝土面层和沥青碎石面层为例。

①表面应平整密实,不应有泛油、松散、裂缝和明显离析等现象,对于高速公路和一级公路,有上述缺陷的面积(凡属单条的裂缝,则按其实际长度乘以 0.2m 宽度,折算成面积)之和不得超过受检面积的 0.03%,其他公路不得超过 0.05%。不符合要求时每超过 0.03% 或 0.05% 减 2 分。

半刚性基层的反射裂缝可不计作施工缺陷,但应及时进行灌缝处理。

②搭接处应紧密、平顺,烫缝不应枯焦。不符合要求时,累计每 10m 长减 1 分。

③面层与路缘石及其他构筑物应密贴接顺,不得有积水或漏水现象。不符合要求时,每一处减 1 ~ 2 分。

(6)监理工程师逐项检查审核以上各项内容合格后,评定其质量等级,并签发《沥青路面中间交工证书》。

第三节 水泥混凝土路面施工质量监理

水泥混凝土路面是指以水泥混凝土板作为面层的路面。按组成材料和施工方法的不同，水泥混凝土路面可分为：无筋混凝土（常称素混凝土或水泥混凝土）、钢筋混凝土、碾压混凝土、钢纤维混凝土、滑模摊铺混凝土、连续配筋混凝土及预应力混凝土等。目前我国水泥混凝土路面铺筑主要采用滑模、轨道、碾压、三辊轴、小型机具等5种施工方式。

水泥混凝土路面具有刚度大、强度高、整体性好、耐久性好的优点，但也有接缝多、对超载敏感、修补困难、噪声大等缺点。工程实践表明，水泥混凝土路面的使用性能在相当程度上取决于先进的施工机具和工艺管理水平，同时监理工程师对工艺的全过程进行严格的监理也是水泥混凝土路面施工质量的基本保证。

一、施工准备阶段的质量监理

水泥混凝土路面施工准备阶段质量监理的主要工作内容：

1．审批原材料

开工前承包人对用于水泥混凝土路面施工的原材料（包括水泥、砂、石料、外加剂、钢筋、胀缝板等）进行自检。检查原材料是否满足《公路水泥混凝土路面施工技术规范》（JTG F30—2003）的要求，并将试验结果和产品质量合格证书一并报监理工程师审查。经监理工程师逐一审查，进行抽检试验。

2．审批混合料配合比

用经监理工程师批准使用的原材料进行混凝土配合比试验，混合料试验包括坍落度、抗压强度、抗折强度等，以确定施工用配合比，同时检查水灰比、用水量和砂率等参数的选择是否合理，监理工程师对原材料抽检和配合比试验进行验证，报请业主正式审批。

3．审查主要机械设备的配置及调试情况

监理工程师按承包人报检的设备清单及质量自检结果，根据选定的施工方法及配套的施工机械设备，包括混凝土拌和物搅拌设备、摊铺和碾压设备等，进行检查合格后，予以批准使用。

4．施工放样数据审核

模板安装前，监理工程师督促施工单位在摊铺开始前完成所辖施工路段的导线点和水准基点的补设和贯通测量复测工作，并报送测量成果表。监理工程师可对施工单位报送的测量成果表采取参与和抽查控制测量的方式，复测施工单位的施工放样和基准线设置，以确保混凝土面层的设计厚度。

5．模板、传力杆、拉杆制作的质量检查

模板应具有足够的刚度。模板的高度、顶面平整度、沿长度方向的顺直度以及传力杆、胀缝板、拉杆的制作质量逐一进行检查。符合规范要求的批准使用。

6．铺筑试验路段

二级及其以上公路混凝土路面工程，在正式摊铺路面前必须铺筑长度不短于200m的试验路段，高速公路、一级公路宜在主线路面以外进行试铺。铺筑试验路段时，路面专业监理工程师及现场监理员必须全过程旁站并做好监理记录，全面地掌握工作参数、检验全套施工工艺流程的合理性、检查滑模施工系统的全面质量管理体系。

7. 批准开工

试验段铺筑后，经监理工程师审查核实，具备开工条件，签发《水泥混凝土路面开工通知单》。

二、施工阶段的监理工作

水泥混凝土路面施工中主要工序质量控制的监理工作内容包括：原材料检验，混凝土拌和运输过程的质量控制，混凝土浇筑质量的控制，混凝土接缝施工质量的控制，混凝土表面修整和拆模养生质量的控制与检查，混凝土路面与其他构造的接头处理六个方面。

1. 水泥混凝土路面施工质量监理工作程序

监理工程师在水泥混凝土路面施工中的工作程序和项目如图 8-3 所示。

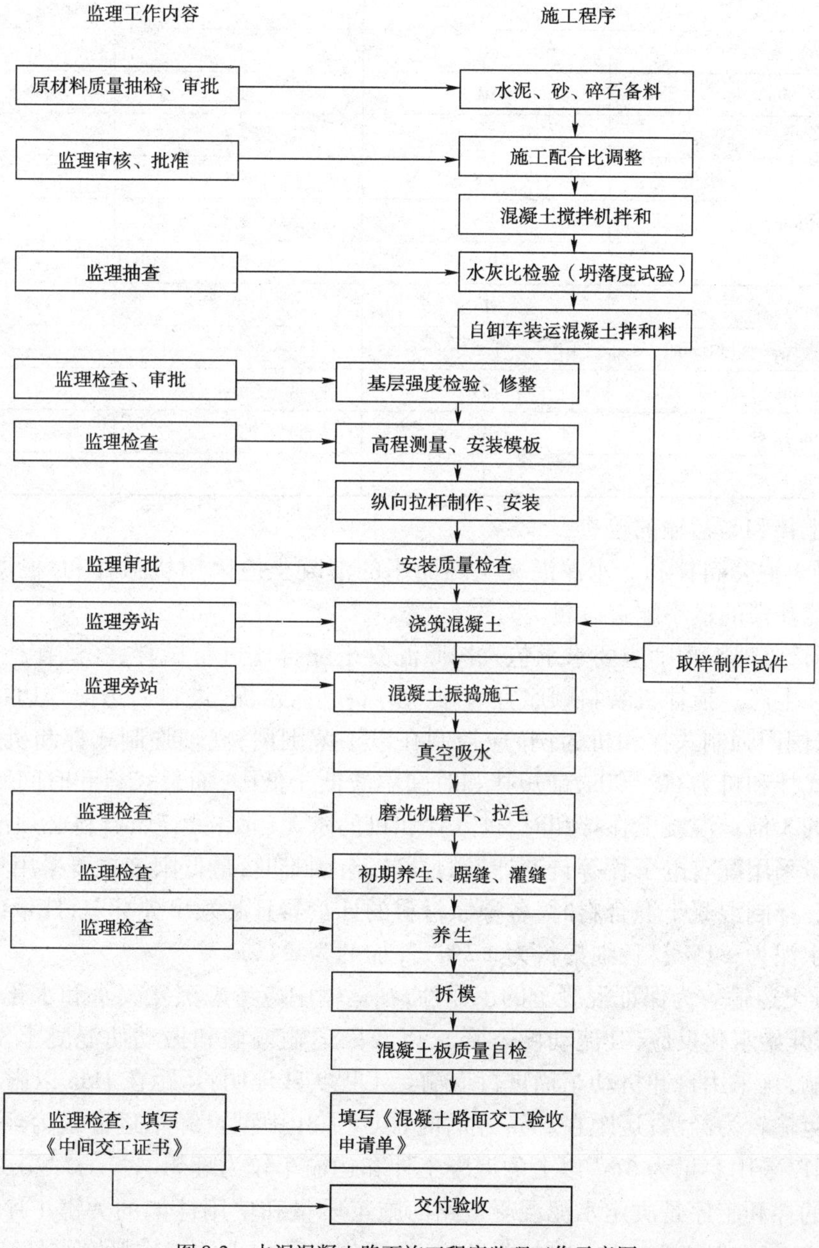

图 8-3　水泥混凝土路面施工程序监理工作示意图

2. 普通水泥混凝土路面施工阶段质量监理

普通混凝土路面施工监理要点如下：

1)模板制作与安装检查

模板是路面混凝土成型的主要支撑，一般采用槽钢制作。要求安装就绪的模板，能经受施工过程中的摊铺、振捣、整平、表面修整等机械的负荷和侧向压力而不产生明显的变形和位移，施工过程中模板的平面坐标、高程应能始终稳定在规定的允许误差范围之内。模板安装质量应满足表 8-8 要求。

模板安装质量要求 表 8-8

检测项目 \ 施工方式		三辊轴机组	轨道摊铺机	小型机具
平面偏位(mm)，≤		10	5	15
摊铺宽度偏差(mm)，≤		10	5	15
面板厚度(mm)，≥	代表值	-3	-3	-4
	极值	-8	-8	-9
纵断高程偏差(mm)		±5	±5	±10
横坡偏差(%)		±0.10	±0.10	±0.20
相邻板高差(mm)，≤		1	1	2
顶面接茬 3m 直尺平整度(mm)，≤		1.5	1	2
模板接缝宽度(mm)，≤		3	2	3
侧向垂直度(mm)，≤		3	2	4
纵向顺直度(mm)，≤		3	2	4

2)混凝土拌和与运输的检查

(1)混凝土混合料拌和。水泥混凝土路面用的混凝土应采用机械拌和，根据摊铺机械和车道数配置搅拌楼的最小配置容量。

在施工前，监理工程师应要求承包人按照混凝土配合比进行试拌，经试拌检验无误后，再正式进行拌和生产。搅拌机装料顺序宜为碎(砾)石、砂、水泥，进料后边搅拌边加水。其最佳拌和时间(以国产强制式拌和机为例)应控制在以下范围内：立轴强制式拌和机为 90～180s，双卧轴强制式拌和机为 60～90s，最短拌和时间不应低于低限，而最长拌和时间则不应超过最短拌和时间的 3 倍。混凝土在拌和时，进入拌和机的水泥(散装)、砂、石料必须准确计量。供料系统应尽量采用配有电子秤等自动计量的设备；有困难时，最低限度也要采用集料箱加地磅的方法计量。拌制混凝土混合料时，各种原材料的计量器具必须事先标定，计量误差应不超过允许值：水、水泥为 ±1%；粗、细集料为 ±2%；外加剂为 ±1%。

(2)混凝土运输。为保证混凝土的工作性，在运输中应考虑蒸发失水和水化失水(指水泥在拌和之后，开始水化反应，其流动度下降)，以及因运输颠簸和振动使混凝土发生离析等因素的不利影响，宜采用自卸机动车辆进行运输。工程实践证明：运距在 1km 以内，以 2t 以下的小型自卸车运输较为经济；运距在 5km 左右时，以 5～8t 中型自卸车运输最为经济；当运输距离更远时，则以采用容量为 $6m^3$ 以上的混凝土拌和运输车较为理想。

混凝土的拌和工序是决定水泥混凝土路面施工质量和使用性能的关键工序，监理工程师应加强对此道工序的监理工作。除加强旁站，在现场对承包人的工作严格监督管理外，还应协助和指导承包人选择好拌和机与混凝土运输车辆，使机械的工作效率正常发挥，获得较好的经济效益，保证混凝土路面的工程质量。

3）混凝土摊铺与振捣质量控制

水泥混凝土路面浇筑施工，主要有混凝土的摊铺与振捣两道工序。混凝土摊铺，即是将混凝土拌和物由摊铺机箱内或倾卸在基层上的混凝土按摊铺厚度均匀地充满模板范围之内。

摊铺方式可采用机械和人工两种，当采用机械时，摊铺机可选用刮板式、箱式或螺旋式。由于混凝土的摊铺成型是决定混凝土路面施工质量和使用性能的关键工序，摊铺机的生产效率，是制约施工质量和进度的关键因素。因此，在施工机械的选型和配套中，通常把混凝土摊铺成型机械作为第一主导机械，把混凝土拌和机械作为第二主导机械；而将混凝土运输车辆，作为配套机械。所谓合理的配套，就是在保证摊铺机械生产效率充分发挥的前提下，使拌和机械与运输车辆的生产率也得到正常发挥，并在施工过程中保持均衡、协调一致。

监理工程师的任务是协助和指导承包人正确合理地选择和配套上述施工机械，并使其在施工中充分发挥作用。

水泥混凝土摊铺时的松铺系数，主要取决于坍落度。合适的松铺系数应按各工程项目的混凝土配合比情况由试验确定，但在施工阶段主要取决于坍落度，其参考数值见表8-9。

松铺系数参考值表 表8-9

坍落度（cm）	1	2	3	4	5
松铺系数	1.25	1.22	1.19	1.17	1.15

混凝土的振捣，可采用振捣机或内部振动式振捣机进行。混凝土振捣机跟在摊铺机之后，对混凝土进行再一次整平和捣实。内部振动式振捣机主要用并排安装的振捣棒插入混凝土中，由内部将混凝土振实。一般施工队伍，亦采用常规的振捣方式。当混凝土板厚小于22cm时，靠边角处先用插入式振捣器顺序振捣，再用功率不小于2.2kW的平板式振捣器纵横交错全面振捣；纵横振捣时，应重叠10～20cm，最后用振捣梁振捣拖平；对有钢筋的部位，振捣时应防止钢筋变位；混凝土拌和物的振捣，应严格按照施工验收规范进行。

4）水泥混凝土路面接缝施工质量监控

水泥混凝土路面的接缝施工包括纵缝、缩缝、胀缝、施工缝、接缝的填封等。对路面接缝，应将其两旁混凝土整平并使其侧壁垂直，相邻两板亦应齐平。当压缝板拔除后，要将缝内遗留的杂物清除，并用1/4圆弧形镘刀把缝缘顶角抹成半径为0.7cm左右的小圆角，以免日后被车辆压坏，同时为填缝料溢出时留有余地。混凝土板养生期满后应及时填封接缝。

由于路面是暴露工程，所有路面接缝均应顺直整齐，尤其胀缝必须与路中心线垂直。监理工程师在进行质量监控时应特别注意。

5）表面修整和拆模养生施工质量监理

为使混凝土表面更加平整及具有良好的表面功能，振实后的混凝土还应进行整平、抹面、纹理制作等表面修整工序。为了保证混凝土表面有一定的粗糙度，应在抹面完成后进行纹理制作（拉毛）。纹理制作宜于混凝土表面无波纹水迹时进行，过早与过晚都会影响其制作质量；纹理制作的平均深度应控制在1～2mm内，其走向应与路面的前进方向垂直，且相邻的纹理相互衔接，横向邻板的纹理要沟通，以利排水。表面修整可在混凝土终凝前进行，施工中，监理工程师要加强质量检查，以确保表面修整的质量。

混凝土板的模板可在混凝土浇筑60h后予以拆除；当气温不低于10℃时，可缩短到36h拆除；当交通车辆不直接在混凝土板上行驶，且气温又不低于10℃时，还可缩短到20h拆除。

拆模时，不应损坏混凝土板和模板。

混凝土板的养生可用遮盖浇水，也可采用喷洒养护液的方法。无论采用何法，均应满足规范要求和取得监理工程师的同意。

6）混凝土路面和其他构造物接缝处理

混凝土路面同柔性路面、桥梁、交叉口相接，以及构造物横穿公路，其相接处的处理均是较为困难的。监理工程师要特别注意这些部位之间的衔接，保证接缝平整顺直，尤其是与柔性路面相接处，不致因柔性路面碾压不实而引起沉陷、错台或柔性路面受顶推而拥起等质量缺陷。

3. 滑模摊铺水泥混凝土路面监理要点

1）滑模摊铺水泥混凝土配合比设计的控制

滑模摊铺水泥混凝土配合比设计，除应满足抗折强度、耐压性、耐久性要求外，尤其应满足工作性要求，见表8-10，路面混凝土应能振捣密实，不出现蜂窝麻面，对新拌混凝土应注意最大振动黏度系数和最小坍落度的要求。滑模摊铺过后的混凝土面板边缘应不出现坍边、溜角和溜肩现象，边缘横向平整度和侧面垂直度保持良好，新拌混凝土可采用最小振动黏度系数和最大坍落度来控制。

滑模混凝土最佳工作性及允许范围 表8-10

指标 / 界限	振动黏度系数（$N \cdot s/m^2$）	坍落度（mm）	
		卵石混凝土	碎石混凝土
最佳工作性	200～500	20～40	25～50
允许范围	100～600	5～55	10～65

注：滑模摊铺机的速度宜控制在0.5～2m/min。

2）滑模摊铺基准线设置

滑模摊铺水泥混凝土路面的施工应设置基准线。基准线宽度除应保证摊铺宽度外，还应满足两侧650～1000mm横向支距的要求。基准线桩应按规定间距定牢固。单根基准线最大长度不宜大于450m，基准线拉力不应小于1000N。基准线设置要满足平面、宽度、面板厚度、纵面高程、横坡、连接纵缝的精度要求。基准线设置后严禁扰动、碰撞和振动。

3）摊铺准备

所有施工设备和机具均应处于良好状态，基层、封层表面及履带行走部位清扫干净。摊铺面板位置应洒水浸润，但不得积水。横向连接摊铺时，前次摊铺路面纵缝的溜肩胀宽部位应切割顺直。侧边拉杆应校正扳直。纵向施工缝的上半部缝壁应涂满沥青。

4）滑模摊铺

滑模摊铺时，必须有专人指挥车辆卸料。在滑模摊铺机前卸料，其高度不得高于滑模摊铺机卸料板允许高度，亦不能缺料。当坍落度在10～50m时，布料松铺系数宜控制在1.08～1.15之间。布料机与滑模摊铺机之间施工距离宜控制在5～10m。

振捣棒下缘位置应在挤压板最低点以上，振动棒的横向间距不宜大于450mm，均匀排列；两侧最边缘振捣棒与摊铺边沿距离不宜大于250mm。在开始摊铺的5m内，应在铺筑行进中对摊铺出的路面高程、边缘厚度、中线、横坡等参数进行复核测量。摊铺机应缓慢、匀速、连续不间断地作业。摊铺速度一般宜控制在1m/min左右。正常摊铺时，最小振捣频率不得小于6 000r/min。应防止混凝土过振或漏振，开机前应先开启振捣棒再行进，停车后即刻关闭振捣棒，要防止振捣棒在混凝土中空载振捣。

摊铺中应经常检查振捣棒的工作情况和位置。路面出现麻面或拉裂现象时，必须停机检查或更换振捣棒。摊铺后，路面上出现发亮的砂浆条带时，必须调高振捣棒位置，使其底缘在挤压底板的后缘高度以上。应通过调整拌和稠度、停机待料时间、挤压底板前仰角、起步及摊铺速度等措施控制和消除横向拉裂现象。摊铺中的滑模摊铺机停机待料最长时间超过当时气温下混凝土初凝时间的4/5时，应将滑模摊铺机迅速开出摊铺工作面，并设施工缝。

滑模摊铺过程中应采用自动抹平板装置进行抹面。

5)滑模摊铺施工结束时的注意事项

滑模摊铺施工结束时，将滑模摊铺机驶离施工点，升起机架，用水清洗干净黏附的混凝土，进行当日保养。宜在第二天硬切横向施工缝、也可当天软做施工横缝。设置好施工缝端模，安设传力杆，并应满足路面平整度、高程、横坡、板长要求。养护5~7d后，方允许摊铺相邻车道。

4. 水泥混凝土路面质量检查的指标与质量评定

水泥混凝土路面质量检查的项目、内容、方法和频率、评分标准等，见表8-11所示。

水泥混凝土面层实测项目表 表8-11

项次	检查项目		规定值或允许偏差		检查方法和频率	权值
			高速公路、一级公路	其他公路		
1△	弯拉强度(MPa)		在合格标准之内		按附录C检查	3
2△	板厚度(mm)	代表值	-5		按附录H检查 每200m每车道2处	3
		合格值	-10			
3	平整度	σ(mm)	1.2	2.0	平整度仪：全线每车道连续检测，每100m计算σ、*IRI*	2
		IRI(m/km)	2.0	3.2		
		最大间隙h(mm)	—	5	3m直尺：半幅车道板带每200m测2处×10尺	
4	抗滑构造深度(mm)		一般路段不小于0.7且不大于1.1；特殊路段不小于0.8且不大于1.2	一般路段不小于0.5且不大于1.0；特殊路段不小于0.6且不大于1.1	铺砂法：每200m测1处	2
5	相邻板高差(mm)		2	3	抽量：每条胀缝2点；每200m抽量纵、横缝各2条，每条2点	2
6	纵、横缝顺直度(mm)		10		纵缝20m拉线，每200m 4处；横缝沿板宽拉线，每200m 4条	1
7	中线平面偏位(mm)		20		经纬仪：每200m测4点	1
8	路面宽度(mm)		±20		抽量：每200m测4处	1
9	纵断高程(mm)		±10	±15	水准仪：每200m测4个断面	1
10	横坡(%)		±0.15	±0.25	水准仪：每200m测4个断面	1

注：表中σ为平整度仪测定的标准差；*IRI*为国际平整度指数：h为3m直尺与面层的最大间隙。

此外，还应对混凝土原材料的质量进行检验；对混凝土的工作性能进行测试；对混凝土的强度进行检测；对混凝土的配合比进行检查；对隐蔽构造及外观进行检查。

水泥混凝土路面的任何路段，在检查时，凡不符合规范要求的面板，应遵照监理工程师的指示予以移除或更换。移除与更换区段的长度不得小于3m或以板块为单位，宽度应为行车道的全宽；当移除与更换后，邻近接缝的面板，当其剩余部分不足3m时，也应一并予以移除或更换。对需要移除与更换的混凝土板，应先打碎后再拆除，且在拆除时不可损坏邻近的混凝土板和道路基层。因此，板的更换应由人工进行，更换后的面板质量、接缝间隙等，均应符合有关规定，且经监理工程师认可。

三、交工验收阶段的监理

水泥混凝土路面交工验收监理工作的程序如下：

(1)工程竣工后，承包人应首先进行质量自检，合格后，填写质量验收报告，并向监理工程师提交《交工验收申请单》。

(2)监理工程师收到承包人提交的验收申请报告后，应立即组织监理试验室按合同规定的要求，对该工程进行现场检验。

①外观鉴定。关于混凝土板的断裂块数，高速公路和一级公路不得超过评定路段混凝土板总块数的0.2%，其他公路不得超过0.4%。不符合要求时每超过0.1%减2分。对于断裂板应采取适当措施予以处理。关于混凝土板表面的脱皮、印痕、裂纹和缺边掉角等病害现象，高速公路和一级公路，有上述缺陷的面积不得超过受检面积的0.2%，其他公路不得超过0.3%。不符合要求时每超过0.1%减2分。对于连续配筋的混凝土路面和钢筋混凝土路面，因干缩、温缩产生的裂缝，可不减分。路面侧石直顺、曲线圆滑，越位20mm以上者，每处减1~2分。接缝填筑饱满密实，不污染路面。不符合要求时，累计长度每100m减2分。胀缝有明显缺陷时，每条减1~2分。

②审查混凝土各种原材料质量检验的记录是否符合要求。

③审查施工现场的原始记录，特别是坍落度的检验记录。

④审查混凝土强度试件的试验报告是否符合规范要求。

⑤审查基层强度的检验记录是否符合规范要求。

⑥审查承包人提交的竣工检验自检报告。

(3)以上审核检查均合格后，监理工程师可根据检查结果进行质量等级评定；同时，签发《中间交证书》。

第九章　桥涵工程施工质量监理

桥梁工程类型多、取材广泛、施工工艺复杂，其施工质量不但影响承包人的经济效益，更影响工程的投资效益和社会效益，同时对施工技术和管理水平及监理工作提出更高要求。

第一节　施工准备阶段的监理

监理工程师在桥涵工程的施工准备阶段的主要工作内容有以下几个方面。

一、校核桥涵施工放样

桥涵开工前，监理工程师应针对设计图纸上全桥控制桩的关系，以及全桥平面和高程尺寸的关系进行施工测量、放样复核。绘制全桥测量资料综合示意图。综合示意图上列出导线点表，桥位及分部桩位坐标表，导线距离和夹角资料表，桥位及分部桩位放样资料表，路线曲线资料表、水准点表等。现场测量、放样过程中或资料审核中发现存在精度或其他问题，应指令复测部分或全部桩位。

二、审批承包人的施工方案

桥梁监理工程师在开工前，全面审核承包人根据设计文件和合同工期编制的施工方案。重点审查以下内容：

1．复核设计文件

详细了解该桥设计图纸、地质资料、设计构思，重点复核桥梁里程、桥梁的平面位置及纵断面、桥位孔径、高度、基础情况及工程数量等重要数据，根据该桥施工的关键技术，确定监理要点。

2．实施性施工组织设计的审批

监理工程师应审查承包人的施工方案。对施工顺序应着重审查：施工机械、劳力、材料在各分部和分项工程中的使用情况，应尽量使每一分项工程能在最短期内完成；对劳力安排要尽可能做到全年能持续地均衡施工，并尽量节省因临时设施和劳力调配时的窝工损失，同时，还应尽可能考虑桥头引道路基、路面施工对主体工程施工的干扰。对施工方法应着重审查：承包人提供的快速施工方法及新技术的可能性与可靠性；对采用新技术、技术革新或特殊的施工方法，采用复杂的施工结构等，应要求承包人绘制施工图。

三、原材料及砂浆、混凝土配合比试验的审批

所有用于桥涵工程施工的钢材、水泥、石料、砂、拌和用水及支座、锚具等，均应由监理试验室对承包人的试验进行复检，其结果应符合设计要求及有关规范的规定。对砂浆和混凝土的配合比，监理工程师应通过监理试验室对承包人提供的配合比进行复检后确认批准。审批的内容是：材料的品种及来源；水灰比；混凝土的和易性；混凝土的拌制与养护方法；试验仪器的

保养条件说明;外加剂的掺入量等。尤其是混凝土外加剂的使用,必须获得监理工程师的批准,否则,不得在混凝土中掺用外加剂及水硬性或填充性混合物。

第二节　桥涵施工阶段质量监理

在桥涵的施工阶段,各分项工程项目及施工程序如下:基础工程;墩、台砌筑;支架及模板安装;预应力张拉工艺;混凝土构件预制与砌筑;吊装索道架设、上部结构安装;桥面及附属设施施工。在施工过程中,各分项工程质量控制要点及监理工作程序分别叙述如下。

一、桥涵基础工程质量监理

1. 明挖基础

1)基坑开挖与检验

桥涵基础开挖的施工程序及监理工作程序如图9-1所示。

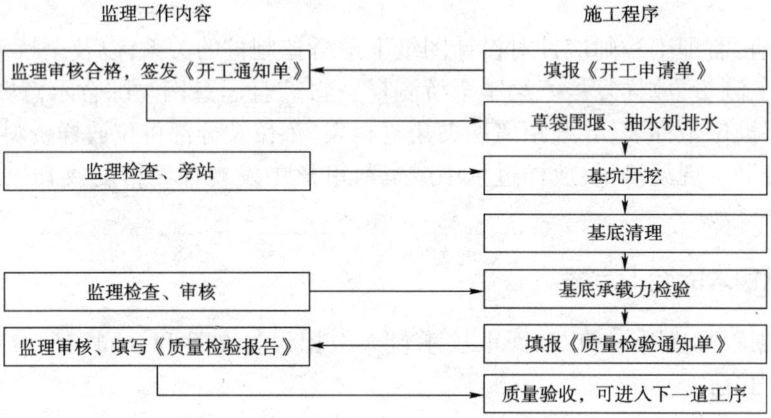

图9-1　基础开挖施工程序及监理工作项目示意图

基础开挖由围堰、基坑开挖、基础处理等工序组成。开挖透水性大的土质基坑时,基底各边应比设计尺寸增宽0.5~1.0m以方便施工;在干燥地方或地下水位低于基底时,浅基坑的坑壁可不加固;当基坑深度大于5m时,坑壁可按土壤种类和基础顶缘受荷载情况设置一定边坡或加设平台;基底不得超挖,一般土质基坑,当挖至接近基底高程时,应保留10~20cm一层,待基础施工前以人工突击挖除,并迅速加以检验。

基底土质及地层情况必须经监理工程师检验确认合格后,承包人才能进行基础圬工的施工。对小桥和涵洞的地基检验,一般采用直观或动力触探方法进行,确有必要时再进行土壤分析试验或试压检验;对大中桥和地基土质复杂,而结构对地基又有特殊要求时,一般采用动力触探或钻探(钻探至4m)取土样试验,或者按设计中提出的特殊要求进行沉降等检验。基底检查的内容包括:基底平面位置、尺寸大小、基底高程;基底土质均匀性、地基稳定性及承载力;承包人的施工日志及有关试验资料等。基底检验时,承包人的质量检查员应将检验结果记录于基坑检验记录表(表9-1),经监理工程师签认后作为技术档案资料。基底检验倘若不合格,承包人应及时对基底进行处理。基底的处理,无论是对黏性土基底、碎石类土基底、砂类土基底或软基等,均应按《公路桥涵施工技术规范》(JTJ 041—2000)推荐的方法,经监理工程师批准后进行处理或加固。并经监理工程师重新检验合格后,方可进行基础施工。

基坑现场检验记录表 表 9-1

工程名称		施工时间	
桩号及部位		检验时间	
项次	检验项目	规定值或允许偏差	检验结果
1	基底平面尺寸(mm)	不小于设计要求	
2	基底高程(m)	土质 ±5cm,石质 +5cm, -20cm	
3	基底承载能力(MPa)	不小于设计要求	
4	轴线偏位(mm)	≤25mm	

2)明挖基础

混凝土基础按表 9-2 所列项目控制质量。若为砌体基础,砌筑前石料用水洗净,并浸水饱和;砌体应分层砌筑,上、下层注意错缝,砌块间砂浆饱满;砌筑上层应避免振动下层砌块;按表 9-2 所列标准进行检测。

浆砌片石基础实测项目 表 9-2

项次	检查项目		规定值或允许偏差	检查方法和频率	权值
1△	砂浆强度(MPa)		在合格标准内	按附录 F 检查	3
2	轴线偏位(mm)		25	经纬仪:纵、横各测量 2 点	2
3	平面尺寸(mm)		±50	尺量:长、宽各 3 处	2
4	顶面高程(mm)		±30	水准仪:测 5 ~ 8 点	1
5△	基底高程(mm)	土质	±50	水准仪:测 5 ~ 8 点	2
		石质	+50, -200		

2. *桩基础*

按施工方法的不同,桩基础又可分为:钻孔桩基础、挖孔桩基础、沉入桩基础。本节仅介绍钻孔桩基础的监理内容和方法。

钻孔桩施工程序与监理工作程序如图 9-2 所示。

施工过程中钻孔灌注桩质量控制重点是承包人钻孔放样、钻孔期间地质情况观察、成孔检查、钢筋骨架检查与吊放、混凝土质量的检测与灌注、成品桩检测以及故障处理。

钻孔桩位放样时应认真复核引测的控制点,并用相邻桩位的相对位置进行复核。钻孔过程中检查钻孔位置、钻机起吊滑轮缘、转盘中心和桩位中心三者是否同在一铅垂线;随时测试钻孔用泥浆性能指标;通过捞取渣样注意地质变化;经常检查钻具的垂直度。清孔完毕后,检查孔口、孔中部、孔底沉淀厚度及孔底的泥浆指标是否符合有关规范及设计要求。用测孔仪、检孔器等仪器设备测量孔径、孔深、倾斜度等指标。钻孔灌注桩实测项目见表 9-3。

钢筋骨架安放前检查制作质量。控制钢筋骨架安放就位准确,防止钢筋骨架偏位,安放后检查其是否固定可靠,防止钢筋骨架上浮或下沉。

灌注水下混凝土过程中应随时检测各种原材料和掺加剂计量的准确性以及混凝土拌和料和坍落度等指标;混凝土拌和料要具有良好的和易性,在运输和灌注过程中无显著离析、泌水,灌注时保持有足够的流动性,坍落度宜为 18 ~ 21cm。灌注混凝土前,应再次对孔底沉淀厚度进行检测,如沉淀厚度超标,需继续清孔。灌注水下混凝土过程中,要经常探测孔内混凝土面位置,及时调整导管埋深,控制导管埋深在 2 ~ 6m 之间。灌注的桩顶高程应比设计高出 0.5 ~

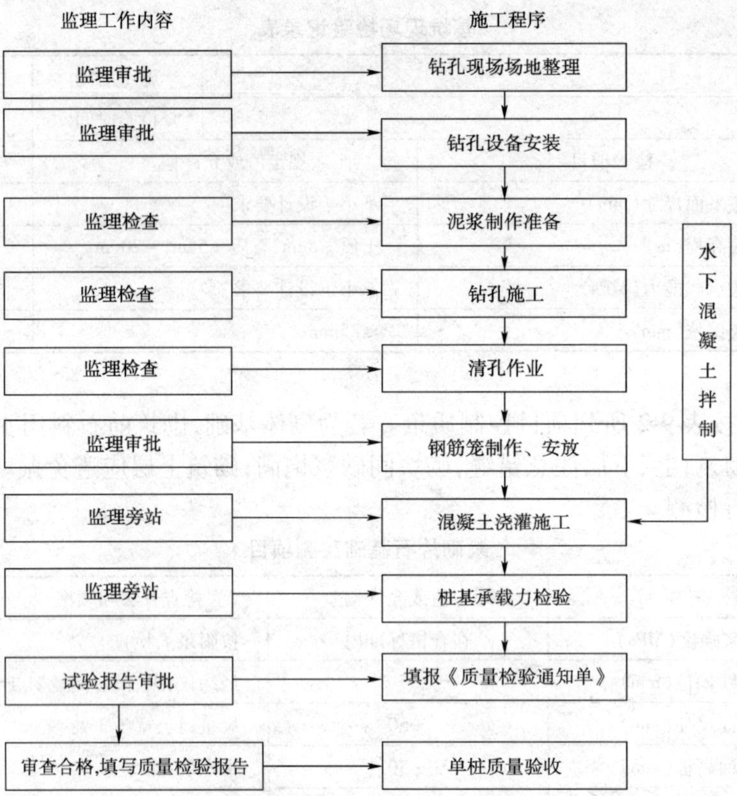

图 9-2　钻孔桩施工程序及监理工作程序

1.0m,以保证桩顶混凝土强度。

钻孔灌注桩实测项目　　表 9-3

项次	检查项目			规定值或允许偏差	检查方法和频率	权值
1△	混凝土强度(MPa)			在合格标准内	按附录D检查	3
2△	桩位(mm)	群桩		100	全站仪或经纬仪:每桩检查	2
		排架桩	允许	50		
			极值	100		
3△	孔深(m)			不小于设计	测绳量:每桩测量	3
4△	孔径(mm)			不小于设计	探孔器:每桩测量	3
5	钻孔倾斜度(mm)			1%桩长,且不大于500	用测壁(斜)仪或钻杆垂线法:每桩检查	1
6△	沉淀厚度(mm)	摩擦桩		设计规定,设计未规定时按施工规范要求	沉淀盒或标准测锤:每桩检查	2
		支承桩		不大于设计规定		
7	钢筋骨架底面高程(mm)			±50	水准仪:测每桩骨架顶面高程后反算	1

对有代表性的桩、质量有怀疑以及因灌注故障处理过的桩应采用无破损法检测桩的质量。桩的无破损检测可委托有相应资质并经监理工程师认可的检测单位进行,检测结果须经设计单位认可,不合格的报废桩可通过计算确定加桩代替,计算书和变更图纸应报送设计单位和监

理工程师审批。

3. 沉井基础

沉井基础的施工质量，应满足如下基本要求：制造沉井的场地必须有足够的承载力，其支垫布置应满足设计要求及抽垫方便；第一节沉井下沉应在井壁混凝土强度达到规定强度后进行；对浮式沉井，应在其下水、浮运前进行水密性试验，并对水下基床进行检查，合格后方能就位落床；沉井在下沉过程中，应随时注意正位和垂直下沉，至少每下沉1m检查一次，并认真做好记录，当发现偏位或倾斜时应及时加以纠正；沉井在接高时，各节的竖向中轴线应与第一节的竖向中轴线相重合，若发现倾斜，应在接高前予以纠正；沉井在下沉中若出现开裂，必须尽快查明原因，待处理后再继续下沉；当沉井下沉至设计高程后，应先检查基底，确认符合设计要求并填写记录后，方可封底；沉井施工的各项记录，尤其是下沉记录应填写正确，所有原始记录不得涂改。

二、桥涵墩台施工质量控制

桥涵墩台常用形式有重力式和轻型两大类，由墩台身和墩台帽组成。按材料分类有混凝土墩台、钢筋混凝土或石料砌筑的圬工墩台。混凝土桥涵墩台的施工程序及监理工作程序如图9-3所示。墩台施工质量监控要点如下：

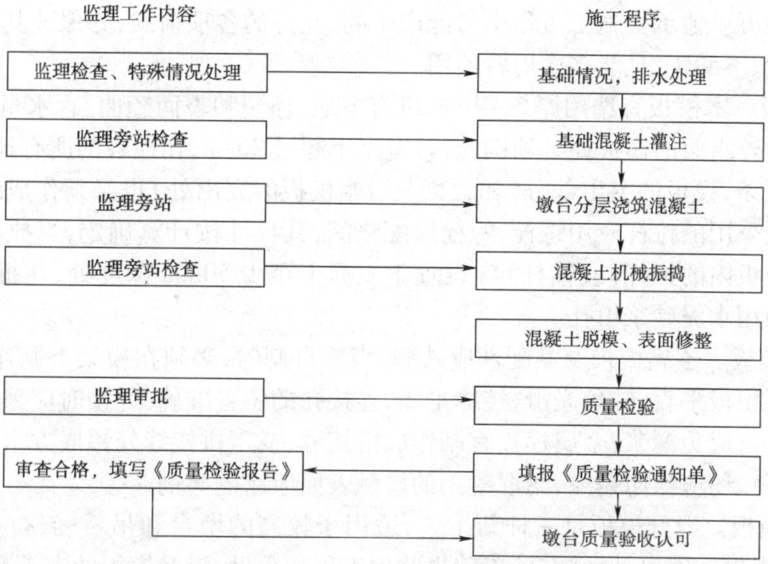

图9-3 混凝土墩台施工程序及监理工作示意图

施工放样应控制在误差允许范围内，监理人员重点检验、控制基础和墩台顶面高程和平面位置、轴线等。为保证桥面铺装厚度，对于预应力上部构造的墩台顶面高程允许以负误差控制。所用原材料的各项技术指标均应满足规范要求，现场施工所用材料应与配合比设计采用的材料一致。地基承载力应满足规范要求。特殊条件下如流沙、水位较高等，应重点检查基坑的坑壁是否有良好的支护，是否采取排水、降水或围堰等处理。砌体墩台砌筑时应错缝，坐浆挤紧，嵌缝料和砂浆要饱满无空洞；砌缝要匀称，不做宽缝、不以大堆砂浆填隙，勾缝宽度要均匀一致，不勾假缝。混凝土墩台的支架模板工程、钢筋工程、混凝土工程必须满足规范要求。钢筋混凝土薄壁墩台应以平面几何尺寸、垂直度以及混凝土的振捣密实等为重点。高墩应重点检查墩身模板接缝、支撑稳定性，混凝土浇筑工艺，施工缝沉降缝的处理，墩台垂直度以及养生等。

当采用较先进的滑升模板法浇筑混凝土墩台时,宜采用低流动度或半干硬性的混凝土。具体浇筑时应分层、分段,对称进行,各段应浇筑到距模板上缘不小于 10 ~ 15cm 的位置为止,并应在同一时间内浇完同一层混凝土;混凝土的浇筑应连续进行,若因故中途停工,应按施工缝处理;为加速模板提升,可掺入一定数量的早强剂,并在滑升的过程中须防止千斤顶或油管接头在混凝土或钢筋上漏油,如已漏油应立即将油污清除;混凝土的振捣宜采用插入式振捣器;混凝土脱模时的强度宜为 0.2 ~ 0.5MPa ,当脱模后如表面有缺陷,应在征得监理工程师同意后,及时予以修整。

三、桥涵上部结构质量监理

1. 支架、模板的钢筋布设的检查

支架、拱架、模板等必须根据所要求承受的荷载进行正式的设计后再施工。承包人若采用常备式构件拼装,当超出拼装图纸要求范围时,亦应进行强度、刚度和稳定性验算。承包人应将拟采用的支架、拱架、模板的全部设计图纸及计算书,于制作前提交给监理工程师,以便监理工程师审批。

1)模板的制作与安装质量的检查

模板应用木材、金属或其他被认可的材料制作。对模板的要求是:应具有足够的强度、刚度和稳定性;能可靠地承受施工过程中可能产生的、允许的各项荷载,并保证其不变形;应制作简单,拆装方便、不漏浆,且能多次周转使用。

(1)木模板。木模板宜选用厚 3 ~ 4cm,没有节疤、环裂和表面翘曲,含水量不大于 23% 的优质木材,用于外露面的模板还必须刨光,且宽度不超过 20cm;在模板的所有锐角处均应加设 2cm × 2cm 的嵌条,模板的突出部分(如大梁及墩帽模板的突出处)也必须作成斜角或琢边,以方便拆模;模板采用的拉杆应用螺栓,螺栓应配垫圈,其尺寸按计算确定,当拉杆需要抽出时,拉杆应加套,模板内的拉杆(或锚杆)应设置于表面下至少 50mm 深度处,在拆除拉杆和螺母以后,套筒必须用水泥砂浆填孔。

(2)金属模板。金属模板及其配件应外购,当需自制时,必须在模架上制作。制作时要求下料尺寸准确,模板平直,转角光滑,接缝平顺,连接孔的位置准确;焊接时应采取必要的措施,以减少焊接变形,避免漏浆;金属模板宜制作成搭接缝,或于拼接缝处镶嵌方木或软橡皮等;模板及其金属配件,还应涂防锈漆,与混凝土的接触表面应涂隔离剂。

(3)滑升模板。滑升模板是一种新工艺,适用于较高的墩台和吊桥、斜拉桥的索塔施工。承包人应做好滑模方案设计,并在施工前报监理工程师审批;滑升模板的支承和滑升设备应能保证模板竖直均衡上升,提升设备的配置应按构件截面形状及滑升模板的全部重量决定。

滑升模板由顶架、模板、围圈、千斤顶(提升设备)、工作平台等部分组成。组装时,应使各部分尺寸的精度符合设计要求,其组装方式有就地组装和整体吊装两种,应根据工程情况和起吊设备能力加以决定;组装完毕后,须经全面检查试验,并经监理工程师批准后,方能进行混凝土灌注。

在混凝土浇筑之前,承包人必须将模板清理干净,其底部应完全没有锯末、刨花、铁锈、污垢、泥土或其他杂物;与混凝土接触的表面应涂好隔离剂;经监理工程师检查批准后,方可放置钢筋、预埋件,并浇筑混凝土。

2)支架、拱架的制作安装质量检查

支架、拱架应按设计要求进行制作安装。为保证构造物竣工时尺寸准确,支架、拱架在设计、制作、安装时应预留施工预拱度，并应有调整高程的设施（如于底部设置千斤顶）。没有监理工程师的书面批准，支架、拱架、脚手架的支承，不准支在除基脚以外的结构物任何部位上。

支架、拱架基础的设计应防止过多的沉降和支承的转动，能满足承载能力和稳定性的要求，且基础的支承面是水平的。支架、拱架的基础应在监理工程师的指导下做荷载试验，且试验荷载应与设计荷载相当，检查加载24h内试验产生的挠度和沉降是否超过监理工程师所规定的数量（当小于监理工程师的规定值时，即为符合要求）。支架、拱架下面的地面应加以平整，必要时还应将地面填筑到适当的高度，并应有适当的排水设施，以防支架、拱架脚附近积水。在混凝土的浇筑过程中，承包人应测量和记录支架、拱架的沉降，并按监理工程师的要求，使用预置的高程调节设施，对发生过大沉降的支架、拱架的高程进行调整。

3）模板、支架、拱架拆卸质量检查

支架和拱架的拆卸应按事先详细拟订的并经监理工程师批准的程序进行，分几个循环卸完。开始的卸落量宜小，以后逐渐增大；在纵向应对称均衡卸落，在横向则应同时一起卸落；卸落拱架时，还应用仪器观测拱圈的挠度和墩台变位情况；承包人应做好记录，以便监理工程师核查。

简支梁、连续梁的支架，宜从跨中支座开始，依次循环卸落，悬臂梁则应先卸挂梁及悬臂的支架，再卸无铰跨内的支架。

拱架应在拱圈的自重和拱上建筑作用下产生的应力最小，且不产生拉应力时拆除。一般情况下，跨径10m以下的小拱应在拱上建筑全部完成后卸架；中等跨径的实腹拱，宜在护拱砌完后卸架；大跨径空腹拱，宜在拱上腹拱墙完成而腹拱圈尚未砌时卸架；当需裸拱卸架时，应对裸拱进行截面强度及稳定性验算并采取必要的稳定措施后进行。拱架的卸落顺序，操作方法应事先作技术交底，并在统一指挥下进行。为保证拱架均匀卸落，陡拱宜从拱顶开始，逐次向拱脚均匀对称卸落；坦拱宜从拱脚开始，逐次向拱顶对称均匀卸落；对多孔拱桥，应先分组，每组内各孔的卸架宜同时进行，若桥墩为单向推力墩（或施工制动墩），亦可单孔卸落。拱架的卸落量开始宜小，以后逐渐增大。最后，所有临时基脚均应撤出，并将地面填平。

模板拆除之前3d，承包人报监理工程师并应取得同意。模板的拆除，应保证混凝土结构不受损坏。当混凝土未达到足够的强度前，若承包人过早拆模而损坏了混凝土结构，承包人应自费修复，并使监理工程师满意。一般情况下，不承重的垂直模板，可在混凝土强度超过2.5MPa，或其强度能保证结构表面与棱角不因拆模而损坏时方可拆除模板；栏杆柱等的模板至少须在混凝土浇筑3d后方可拆除；承重模板应待混凝土强度能承受自重，即跨径小于3m的梁和板应达到设计强度的50%、跨径大于3m时应达到设计强度的70%，此时方可将模板加以拆除。

4）钢筋加工及安装质量的检查

钢筋的加工及安装应满足以下基本要求：钢筋、焊条的品种规格和技术性能应符合国家现行标准和设计要求；钢筋（含冷拉钢筋）的机械性能必须满足规范要求，钢筋应平直，表面不应有裂皮和油污；配置在同一截面内（$30d$长度范围内，但不小于50cm）的受拉钢筋焊接接头，其截面不得超过钢筋总面积的50%，在受压区内可不受限制；钢筋的焊接长度和焊接质量应符合规范要求。

从外观角度来看，钢筋的表面铁锈及焊渣要清除（不符合要求时，减1~3分）；多层钢筋网应有足够的钢筋支撑，以保证骨架的施工刚度（不符合要求时减1~3分）。

钢筋加工应严格按施工规范要求进行。钢筋的安装应按预定的顺序，严格按照设计图纸所示的位置准确地进行布设安装，并与支模工作相配合，经检查无误，方可进行骨架的绑扎连接或焊接。为了保证和固定钢筋相互间的间距，应用监理工程师批准的支承方式将钢筋牢靠地固定好，以使其在混凝土的浇筑过程中不致移位。

网格或钢筋网的钢筋，彼此间应有足够的搭接长度，以保证其强度均匀；同时，也便于端部和边缘能牢固地连接。其边缘的搭接宽度，不应小于一个网眼。

安装好的钢筋骨架，应具备足够的刚度和稳定性，并满足有关规范和规定的质量要求。任何构件的钢筋安装完毕后，承包人均应如实填写质量检验表，并须经监理工程师检查批准后，才能进行混凝土的浇筑施工。钢筋加工及安装质量检验实测项目见表9-4。

钢筋加工及安装实测项目 表9-4

<table>
<tr><th>项次</th><th colspan="3">检查项目</th><th>规定值或允许偏差</th><th>检查方法和频率</th><th>权值</th></tr>
<tr><td rowspan="4">1△</td><td rowspan="4">受力钢筋间距(mm)</td><td colspan="2">两排以上排距</td><td>±5</td><td rowspan="4">尺量：每构件检查2个断面</td><td rowspan="4">3</td></tr>
<tr><td rowspan="2">同排</td><td>梁、板、拱肋</td><td>±10</td></tr>
<tr><td>基础、锚碇、墩台、柱</td><td>±20</td></tr>
<tr><td colspan="2">灌注桩</td><td>±20</td></tr>
<tr><td>2</td><td colspan="3">箍筋、横向水平钢筋、螺旋筋间距(mm)</td><td>±10</td><td>尺量：每构件检查5~10个间距</td><td>2</td></tr>
<tr><td rowspan="2">3</td><td rowspan="2" colspan="2">钢筋骨架尺寸</td><td>长</td><td>±10</td><td rowspan="2">尺量：按骨架总数的30%抽查</td><td rowspan="2">1</td></tr>
<tr><td>宽、高或直径</td><td>±5</td></tr>
<tr><td>4</td><td colspan="3">弯起钢筋位置(mm)</td><td>±20</td><td>尺量：每骨架抽查30%</td><td>2</td></tr>
<tr><td rowspan="3">5△</td><td rowspan="3" colspan="2">保护层厚度(mm)</td><td>柱、梁、拱肋</td><td>±5</td><td rowspan="3">尺量：每构件沿模板周边检查8处</td><td rowspan="3">3</td></tr>
<tr><td>基础、锚碇、墩台</td><td>±10</td></tr>
<tr><td>板</td><td>±3</td></tr>
</table>

注：①小型构件的钢筋安装按总数抽查30%；

②在海水或腐蚀环境中，保护层厚度不应出现负值。

2. 锚具、张拉设备及张拉作业的质量检查

1）预应力系统（张拉设备）

承包人应在预应力混凝土结构构件施工开始的28d以前，向监理工程师提交拟采用的预应力系统的全部细节，并说明材料的供应厂家，以便监理工程师审批。如果承包人拟采用的预应力系统与图纸所示的数量、型号、尺寸不一致时，则应提交一份拟采用的预应力系统的全部细节资料和规范，以取得监理工程师审查批准。

承包人的张拉机具应与锚具配套使用，并由专人使用与管理。锚具和千斤顶在使用前均应进行校核，其性能和精度均应使监理工程师满意。锚具及其联结器、成品应在工厂进行探伤检验，并在钢丝束张拉达到极限强度的95%，应无锚具损伤和钢丝过量回缩、锚塞滑移等现象；千斤顶应适用于所采用的预应力系统，且在使用过程中，每半个月进行一次检查和保养，并对其精度进行校核；压力表、测力计及其他用于测量预应力荷载的机具的读数精度均不得低于±2%。为了保证预应力张拉的质量，承包人应提供一套监理工程师同意的校核装置，以便对千斤顶进行检验。

2）材料

所有用于预应力混凝土工程的材料，如钢筋、钢丝、钢绞线、冷拉钢筋、冷拔低碳钢丝、预应力混凝土材料、压浆材料等，均应满足规范和设计图纸的要求，并应获得监理工程师的批准后，

方能使用。

3)预应力张拉作业

(1)一般规定。施加预应力的各种机具设备及仪表,应由专人管理和使用,并应经常维护,定期校核。长期搁置未用的张拉机具,使用前应进行全面校验,其检校结果应符合要求,并应获得监理工程师认可;一般情况下千斤顶使用超过6个月或200次以上,以及在使用过程中出现不正常现象时,应重新检校;弹簧测力计等检校期限,以不超过2个月为宜。所有检校结果都应符合规范要求,并取得监理工程师的认可。安装张拉设备时,对直线力筋,应使张拉力的作用线与孔道的中心线在张拉过程中相互重合;对曲线力筋,则应使张拉力的作用线与孔道末端中心点的切线相重合,且不得偏移。力筋的张拉应采用“双控”,在张拉过程中,如发现滑丝、断丝、锚具压坏等情况,应立即停止操作,查明原因,做好记录,并报监理工程师处理。若滑丝、断丝数量超过设计图纸规定时,报请监理工程师同意后,可重新换束张拉。

在张拉作业中,承包人应按表9-5做好记录,并在每次张拉作业完成后24h内送交监理工程师。如张拉不合格,承包人应立即返工。

用千斤顶施加预应力记录表 表9-5

<table>
<tr><td colspan="3">施加预应力日期</td><td>1</td><td colspan="2" rowspan="2">张拉时弹性伸长(cm)</td><td>计算</td><td>14</td></tr>
<tr><td colspan="3">构件编号</td><td>2</td><td>实际</td><td>15</td></tr>
<tr><td colspan="3">预应力钢筋张拉顺序编号</td><td>3</td><td colspan="3">张拉时温度</td><td>16</td></tr>
<tr><td colspan="3">钢筋冷拉时编号</td><td>4</td><td colspan="3">张拉时混凝土强度</td><td>17</td></tr>
<tr><td colspan="3">预应力钢筋规格</td><td>5</td><td colspan="3">张拉时主缝处混凝土或砂浆损害</td><td>18</td></tr>
<tr><td rowspan="2">设计</td><td colspan="2">油压表读数(MPa)</td><td>6</td><td colspan="3">钢筋放松时顺序编号</td><td>19</td></tr>
<tr><td colspan="2">张拉力(kN)</td><td>7</td><td colspan="3">千斤顶编号</td><td>20</td></tr>
<tr><td rowspan="6">张拉时</td><td colspan="2">千斤顶编号</td><td>8</td><td rowspan="5">放松时</td><td colspan="2">油压表编号</td><td>21</td></tr>
<tr><td colspan="2">油压表编号</td><td>9</td><td>放松螺母时</td><td>油压表读数(MPa)</td><td>22</td></tr>
<tr><td rowspan="2">第一次</td><td>油压表读数(MPa)</td><td>10</td><td colspan="2"></td><td>23</td></tr>
<tr><td>拉力(kN)</td><td>11</td><td colspan="2"></td><td>24</td></tr>
<tr><td rowspan="2">第二次</td><td>油压表读数(MPa)</td><td>12</td><td colspan="2"></td><td>25</td></tr>
<tr><td>拉力(kN)</td><td>13</td><td colspan="3">备注:</td><td>26</td></tr>
</table>

注:①用于后张法时表格19~25栏可以取消;

②用于先张法时表格17~18栏可取消;

③预应力钢筋如采用砂箱放松,应在备注栏注明;

④张拉和放松过程中,如发生问题应记在备注栏内或记载于表后。

(2)后张法。施加预应力前,承包人应对混凝土构件进行全面检查,其质量应符合要求。第一次张拉时,混凝土的强度须达到设计规定值。检查结果经监理工程师审批后,且有现场旁站,方能进行张拉作业。

承包人应选派富有经验的技术人员专职指导张拉作业,所有参加操作预应力设备的工作人员,均须通过正式培训,且考核合格后方能上岗。当预应力加至设计规定值并得到监理工程师同意时,方可锚固钢丝束,千斤顶压力应以锚具和钢丝束不受振动的方式予以解除;当气温

下降到 -5℃以下且无保温措施时，张拉工作应立即停止进行。

（3）先张法。张拉工作开始前，承包人应将张拉方案及拟采用的张拉台、千斤顶、混凝土搅拌设备等的全部细节资料，提交监理工程师审批。具体张拉时，力筋的张拉顺序应按设计图纸说明或监理工程师的指示进行。为了减少钢筋预应力的损失，可采用超张拉；为了施工安全，应在超张拉后放松至90%控制应力时，再装设预埋件、非预应力筋及模板等；张拉完毕后，应使力筋的实际位置与设计位置的偏离误差不得大于5mm；当混凝土达到设计强度的75%时，方能放松预应力钢筋，然后用砂浆或防腐材料封闭外露端头。

所有混凝土构件应标出经监理工程师同意的永久性标志。标志上应标明构件编号、制造的生产线、浇筑混凝土和张拉的日期等，但其标志应在构件安装后不外露。

3. 混凝土预制块件和砌筑质量控制

混凝土预制块件的预制与砌筑施工程序及监理工程师工作程序见图9-4。

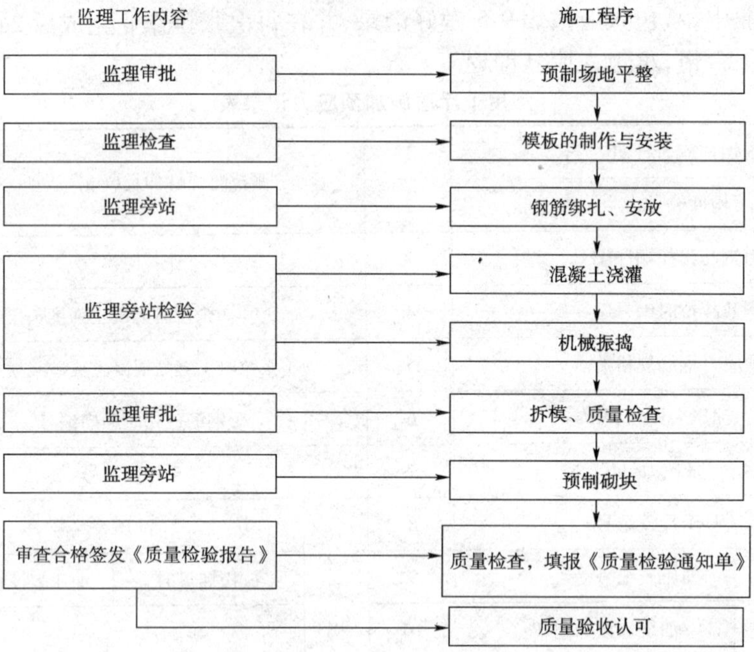

图9-4 预制块件制作与砌筑施工程序及监理示意图

桥梁工程的混凝土预制件，有大型预制构件，如梁、板，也有小的预制构件，如人行道，安全带、栏杆、灯柱等。

施工中，各工序的施工质量检查内容如下：

1）大型预制构件

混凝土大型预制构件如梁、板、拱等，所采用的水泥、砂、石、水及掺加剂的质量规格必须符合有关规范的要求，并按规定的配合比施工。在混凝土的拌制、运输、浇筑、捣实、养生各工序的施工中，承包人应严格按照施工规范操作，监理工程师应加强旁站。混凝土预制构件的施工质量，应达到以下标准：混凝土强度、尺寸符合设计要求；混凝土表面平整，色泽一致，无明显施工接缝。不符合要求减1~3分。混凝土表面不得出现蜂窝麻面，如出现必须修整，并减1~4分。混凝土表面出现非受力裂缝，减1~3分。裂缝宽度超过设计规定或设计未规定时超过0.15mm必须处理。封锚混凝土应密实、平整，不符合要求时减2~4分。梁、板的填缝应平整密实，不符合要求时减1~3分。

预制梁(板)实测项目见表9-6。

预制梁(板)实测项目 表9-6

<table>
<tr><th>项次</th><th colspan="3">检 查 项 目</th><th>规定值或
允许偏差</th><th>检查方法和频率</th><th>权值</th></tr>
<tr><td>1△</td><td colspan="3">混凝土强度(MPa)</td><td>在合格标准内</td><td>按附录D检查</td><td>3</td></tr>
<tr><td>2</td><td colspan="3">梁(板)长度(mm)</td><td>+15，−10</td><td>尺量:每梁(板)</td><td>1</td></tr>
<tr><td rowspan="4">3</td><td rowspan="4">宽度(mm)</td><td colspan="2">干接缝(梁翼缘、板)</td><td>±10</td><td rowspan="4">尺量:检查3处</td><td rowspan="4">1</td></tr>
<tr><td colspan="2">湿接缝(梁翼缘、板)</td><td>±20</td></tr>
<tr><td rowspan="2">箱梁</td><td>顶宽</td><td>±30</td></tr>
<tr><td>底宽</td><td>±20</td></tr>
<tr><td rowspan="2">4</td><td rowspan="2">高度(mm)</td><td colspan="2">梁、板</td><td>±5</td><td rowspan="2">尺量:检查2处</td><td rowspan="2">1</td></tr>
<tr><td colspan="2">箱梁</td><td>+0，−5</td></tr>
<tr><td rowspan="3">5△</td><td rowspan="3">断面尺寸(mm)</td><td colspan="2">顶板厚</td><td rowspan="3">+5，−0</td><td rowspan="3">尺量:检查3个断面</td><td rowspan="3">2</td></tr>
<tr><td colspan="2">底板厚</td></tr>
<tr><td colspan="2">腹板或梁肋</td></tr>
<tr><td>6</td><td colspan="3">平整度(mm)</td><td>5</td><td>2m直尺:每侧面每梁长测1处</td><td>1</td></tr>
<tr><td>7</td><td colspan="3">横系梁及预埋件位置(mm)</td><td>5</td><td>尺量:每件</td><td>1</td></tr>
</table>

2)装配式混凝土预制块件的质量检查

首先应将预制场地平整、压实,并应根据地基土质和气候条件,采取必要的排水措施,以防场地沉陷,造成预制构件变形。浇筑过程中,每块预制件的混凝土必须一次浇筑完成,中途不得间断;大型预制构件,当其形状复杂,钢筋稠密时,可在不同部位采用不同粒径骨料和不同坍落度的混凝土;预制构件的捣实应采用机械,当条件允许时,中小型构件宜采用附着式振捣器在振捣台上振捣,大型构件则宜采用附着式振捣器在侧模和底模上振捣,并用插入式振捣器辅助;钢筋密集部位宜采用插入式振捣器振捣或用钢钎人工辅助插捣;当采用平卧重叠法支模浇筑混凝土构件时,应在已浇好的下层构件顶面设置隔离层,且上层构件应待下层构件的混凝土强度达到设计强度的30%以上后,方可浇筑;当采用土模浇筑混凝土构件时,为保证构件外形尺寸准确、整齐,应防止碰撞侧壁和底胎,其坍落度也不宜过小。构件浇筑完毕后,应标明构件型号、制作日期和上下的方向。

3)预制砌块砌筑质量的检查

砌块在使用前必须浇水湿润,并将其表面清洗干净,砌块的砌筑应满足工艺要求。监理工程师在砌块预制和砌筑时,应加强旁站检查,以确保施工质量。

4. 吊装索道的安装检验

吊装索道主要是供桥梁上部结构无支架吊装用的临时性结构。吊装索道的安装工序如下:索塔选位及安装,承重主索架设,试吊,空载运行试验,静载起动试验,动载运行试验,吊装。其施工及监理工作程序如图9-5所示。

吊装索道的质量检查主要内容是:安装质量;空载试运转检查;静载试运转检查;动载试运转检查。吊装索塔的中线位置应设于桥轴线上,以使吊装方便,也可使墩台上的构件横移与吊装工序均衡进行。承重主索的架设以计算无荷载时的跨中最大垂度作为安装垂度控制值,且使主索下保持4~6m最低工作净空高度。索道安装完毕后,应进行试吊、试运转,以检查各部

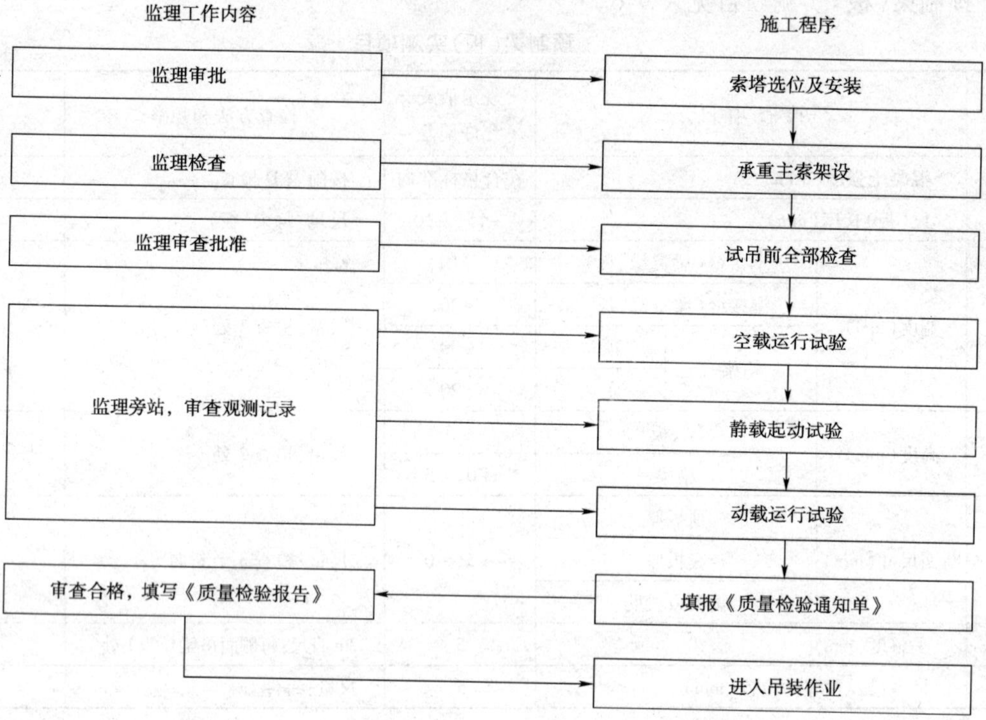

图 9-5　吊装索道等设施施工程序及监理工作示意图

位设备和准备工作的可靠性；然后进行空载试运转，以便对索道的主要设施（地锚、绳索、塔架及各种运转机具设备）进行观测检查，当无异常情况时，方可进行下一项试验；再进行静载起动试验，即先起吊 60% 设计重量，离地 50cm，停留 10min；观测人员进行各项观测，并做好记录，按上述操作步骤起吊 100% 设计重量；最后，仍按相同操作步骤起吊 130% 设计重量。静载试验无异常现象，即可进行下一步的动载试验。动载试验的第一步是起吊 60% 的设计荷载，并将跑车牵引至跨中，此时，观测人员应观测主索垂度、塔架位移、风缆受力、各种机具的运转状况是否正常，并做好记录；无异常现象出现，再将重物继续牵引至离对岸塔架约 10m 左右的位置，继续观测并做好记录；当无异常后，遂将重物返回放下，然后按同样步骤试吊 100% 设计荷载、试吊 130% 设计荷载，当动载试运转正常，且各项检查、观测记录均报送监理工程师审批后，方可正式进行吊装作业。

5. 桥梁上部结构安装质量控制

桥梁上部结构安装包括：构件的移运、堆放、安装施工等工序。现对梁、板安装和拱的安装（吊装）分述如下：

1）梁、板安装

梁、板安装前，墩台支座垫板必须稳固；梁（板）在吊移出预制底座时，混凝土的强度不得低于设计所要求的吊装强度；梁（板）在安装时，支承结构（墩台、盖梁、垫石）的强度应符合设计要求。就位后，梁两端支座应对位，且梁、板与支座须密贴，否则应重新安装；两梁、板之间的接缝填充材料的规格和强度应符合图纸要求，且填缝应平整密实；梁、板安装完毕并整体化后，在桥面未铺装前，汽车和机械不得直接从梁、板上通过，如因特殊需要，需采取压力扩散措施，经监理工程师认可后方可通行。

梁、板安装质量的实测项目及评分标准见表 9-7。

梁、板安装实测项目　　表 9-7

项次	检查项目		规定值或允许偏差	检查方法和频率	权值
1△	支座中心偏位(mm)	梁	5	尺量:每孔抽查 4~6 个支座	3
		板	10		
2	倾斜度		1.2%	吊垂线:每孔检查 3 片梁	2
3	梁(板)顶面纵向高程(mm)		+8,-5	水准仪:抽查每孔 2 片,每片 3 点	2
4	相邻梁(板)顶面高差(mm)		8	尺量:每相邻梁(板)	1

注:板的安装按括号内的规定分评定。

2)拱的安装

拱桥上部结构安装的允许偏差及检查方法见表 9-8 所示。

主拱圈安装实测项目　　表 9-8

<table>
<tr><th>项次</th><th colspan="2">检查项目</th><th colspan="3">规定值或允许偏差</th><th>检查方法和频率</th><th>权值</th></tr>
<tr><td rowspan="2">1△</td><td rowspan="2">轴线偏位(mm)</td><td>L≤60m</td><td colspan="3">10</td><td rowspan="2">经纬仪:检查 5 处</td><td rowspan="2">2</td></tr>
<tr><td>L>60m</td><td colspan="3">L/6 000</td></tr>
<tr><td rowspan="2">2△</td><td rowspan="2">拱圈高程(mm)</td><td>L≤60m</td><td colspan="3">±20</td><td rowspan="2">水准仪:检查 5~7 点</td><td rowspan="2">3</td></tr>
<tr><td>L>60m</td><td colspan="3">±L/3 000</td></tr>
<tr><td rowspan="3">3△</td><td colspan="2" rowspan="3">对称接头点相对高差(mm)</td><td rowspan="2">允许</td><td>L≤60m</td><td>20</td><td rowspan="3">水准仪:检查每段</td><td rowspan="3">2</td></tr>
<tr><td>L>60m</td><td>L/3 000</td></tr>
<tr><td>极值</td><td colspan="2">允许偏差的 2 倍且反向</td></tr>
<tr><td rowspan="2">4</td><td colspan="2" rowspan="2">同跨各拱肋相对高差(mm)</td><td colspan="2">L≤60m</td><td>20</td><td rowspan="2">水准仪:检查 5 处</td><td rowspan="2">1</td></tr>
<tr><td colspan="2">L>60m</td><td>L/3 000</td></tr>
<tr><td>5</td><td colspan="2">同跨各拱肋间距(mm)</td><td colspan="3">30</td><td>尺量:检查 5 处</td><td>1</td></tr>
</table>

注:①正拱斜置时,项次 3 为两对称接头点(实际高程-设计高程)之差;

②L 为跨径。

大、中跨径装配式拱桥安装(吊装)前,承包人必须对吊装机具设备、索塔、地锚等进行检查试吊,检查合格并经监理工程师审批后,才能进行安装作业。多孔拱桥上部结构吊装时,必须严格按加载程序,由桥台或制动墩处开始逐孔吊装;如桥墩在设计上限制承受单孔上部结构推力时,吊装过程中应尽量使相邻两孔上部结构的施工进度不能相差过大,以期减少施工荷载对桥墩产生的单向推力。当采用分段吊装,且拱段接头采用现浇混凝土时,必须确保其强度和质量,并在浇筑的混凝土强度达到 70% 以上时,才可进行拱上建筑的施工。

6. 桥涵构造物回填工程质量控制的基本要求

构造物回填一般指桥涵台背、桥台锥坡、挡土墙、护坡等的填土。构造物回填前需取得监理工程师同意。回填时间应待结构物混凝土达到设计强度的 70% 方能开始,高于桥面支承横梁底面的桥台回填,应在结构物拆模期终了 3d 之后进行。墩台周围的回填,应同时在两侧及基本相同的高程上进行,且特别应防止对结构物形成任何位移的情况,必要时,挖方界内的坡度可修成台阶形。回填应采用透水性良好的土壤,若有困难时,高水位以下部分可以用与路堤相同的土壤填筑,但应在透水性填土下面铺填一层胶泥,胶泥层顶面还应设置横坡,以利排水。台背填土长度(顺路线方向)应自台身算起,顶部不小于桥台高度加 2m,底部亦不小于 2m,锥坡填土应与台背填土同时进行,并按设计宽度一次填足,避免事后补填;拱桥台背后的填土必须与拱圈施工程序配合进行,以便使拱推力与台背填土之压力保持平衡。回填料的压实,应在材料接近最佳含水量时进行，压实度达到设计规定，若设计未规定时，压实度不得小于 95%；为保证回填料达到压实度，可分层填筑和夯实，且每层的压实厚度不得超过 20cm。

7. 桥面附属工程的质量控制

桥面附属工程包括：伸缩缝、桥面铺装、桥面防水和排水、桥面其他附属工程（人行道及安全带、沉降缝、缘石、栏杆、水电管道等）。

桥面附属工程及监理工程程序如图 9-6。

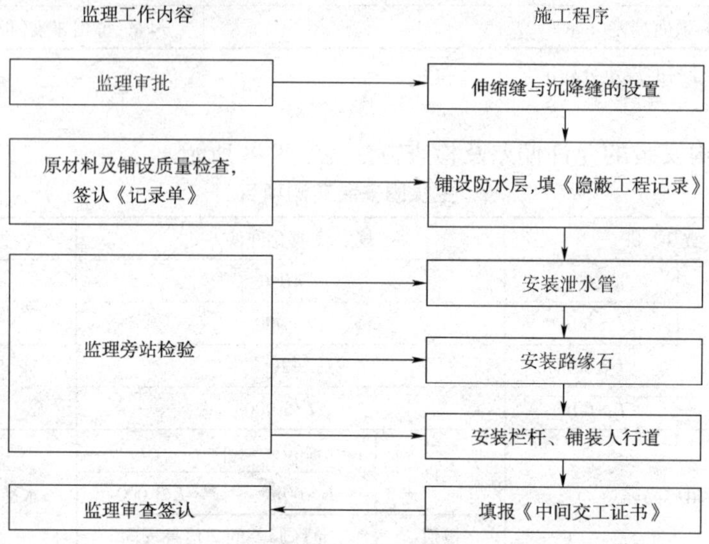

图 9-6　桥面附属工程及监理工程程序

现以桥面铺装为例，对桥面附属工程施工质量建立的内容加以具体说明：桥面铺装所用的水泥、粗细集料、沥青等材料应符合图纸要求，并经监理工程师批准。桥面铺装的最小厚度不得小于设计值，最大厚度应控制在设计值允许增大的恒载值内；进行桥面铺装时，应按图纸所示的位置和尺寸预留好伸缩缝的工作槽，并注意伸缩缝的伸缩性有效，缝面与桥面结合良好，并保持平整，而伸缩缝应无阻塞、渗漏、变形、开裂现象（不符要求时减 1 ~ 3 分）；桥面铺装必须在大梁的横向连接钢板已焊接，上部构造的横向伸出钢筋已焊接或绑扎，预留的槽缝已经灌注水泥砂浆并按要求铺设纵向接缝钢筋网或桥面钢筋网后才能开始；为使桥面铺装与下面的混凝土结构物或构件紧密结合，其面板表面必须粗糙，并在浇筑桥面铺装前用水冲洗干净。

为保证桥面排水良好（不符要求时减 3 ~ 5 分），桥面泄水孔的进水口应略低于桥面面层，泄水孔的数量不得低于设计要求。

桥面铺装质量的实测检查项目及质量评分标准见表 9-14。

四、涵洞质量监理要点

涵洞常见形式包括圆管涵、倒虹吸、盖板涵及拱涵。涵洞的基础施工，模板和支架，钢筋工程，混凝土浇筑、养生，台背回填，按前述桥涵质量要求内容进行检测和控制，此外还应注意以下要点：

圆管涵和倒虹吸的外购混凝土管节成品，必须满足设计规定和施工规范要求。现场预制涵管则应自检其几何尺寸、偏差、涵管内外表面（应平整、光滑，整个管节无裂缝、蜂窝、麻面）等情况，并递交试件取样频率及试件强度报告。垫层及管座施工质量要求卧管顶面与管道形状一致，并保证涵管外包混凝土的厚度、高度符合要求；软土地区设计有预拱度（沿管轴方向）

要求时，预留拱度应从垫层开始设置。管节铺设时，严禁用改变缝宽来调整涵长。倒虹吸管接头用承插接头，接缝必须严密，不得漏水，在回填之前必须做灌水试验，管节无渗漏水情况后方可填土。圆管涵和倒虹吸两侧对称水平分层填土，洞顶上必须具有50cm以上的填土后，才能通行机械。

盖板涵的涵身应平直，涵底铺砌应密实平整，无阻水现象；沉降缝两端应竖直、平整，不得交错，沉降缝宽度应符合规范要求，填缝料要紧密；防水层的材料质量要符合技术规范。

从外观上来看，涵洞应顺直，进出口平顺，无阻水现象；帽石、一字墙或八字墙应平直，无翘曲现象。涵洞施工质量检验评定的实测项目、检查方法和评分标准，见表9-16。

第三节　桥涵交工验收阶段的监理

1．交工验收阶段的监理工作程序

桥涵工程竣工后，监理工作程序及内容如下：

承包人按合同规定的要求组织竣工检查，并写出自检报告，各项自检质量符合合同规定的技术标准后，承包人即可填写《竣工验收申请报告》，连同自检报告一起提交给监理工程师审批。监理工程师在收到上述报告后，应立即组织监理试验室对已竣工的项目进行检查，并对承包人提交的自检报告和各项检验结果进行复核抽查，即审查隐蔽工程项目的记录、签字是否齐全，是否合格；审查各分项工程每道工序的《质量验收单》是否齐全；审查各分项工程混凝土质量试验报告是否合格；审查整体工程和各分项工程的荷载试验报告是否合格；审查主要工程材料质量检验单（或报告）是否合格。

当以上各项经审核检查合格后，监理工程师即可签发《中间交工证书》并计量。

如果桥涵工程是单项的合同工程，则监理工程师除应进行以上项目的审查外，还应组织质量验收评估小组进行检查验收，然后根据评估小组的验收报告，决定是否签发该工程的《竣工交接证书》。

2．验收检验项目及标准的主要内容

桥涵工程的竣工验收检验项目如下：桥涵基础、承台、墩台身、墩台帽、桥梁上部构造、桥面工程及其他附属工程。检查内容则按基本要求、实测项目、外观鉴定三部分，对其施工质量进行鉴定评分。检验项目见表9-9～表9-16。

扩大基础实测项目　　表9-9

项次	检查项目		规定值或允许偏差	检查方法和频率	权值
1△	砂浆强度（MPa）		在合格标准内	按附录D检查	3
2	平面尺寸（mm）		±50	尺量：长、宽各检查3处	2
3△	基础底面高程（mm）	土质	±50	水准仪：测量5～8点	2
		石质	+50，-200		
4	基础顶面高程（mm）		±30	水准仪：测量5～8点	1
5	轴线偏位（mm）		25	全站仪或经纬仪：纵、横各检查2点	2

承　　台　　表 9-10

项次	检查项目	规定值或允许偏差	检查方法和频率	权值
1△	混凝土强度(MPa)	在合格标准内	按附录 D 检查	3
2	尺寸(mm)	±30	尺量:长、宽、高各检查 2 点	1
3	顶面高程(mm)	±20	水准仪:检查 5 处	2
4	轴线偏位(mm)	15	全站仪或经纬仪:纵、横各测量 2 点	2

墩、台身砌体　　表 9-11

项次	检查项目		规定值或允许偏差	检查方法和频率	权值
1△	砂浆强度(MPa)		在合格标准内	按附录 F 检查	3
2	轴线偏位(mm)		20	全站仪或经纬仪:纵、横各测量 2 点	1
3	墩台长、宽(mm)	料石	+20,-10	尺量:检查 3 个断面	1
		块石	+30,-10		
		片石	+40,-10		
4	竖直度或坡度	料石、块石	0.3%	垂线或经纬仪:纵、横各测量 2 处	1
		片石	0.5%		
5△	墩、台顶面高程(mm)		+10	水准仪:测量 3 点	2
6	大面积平整度(mm)	料石	10	2m 直尺:检查竖直、水平两个方向,每 $20m^2$ 测 1 处	1
		块石	20		
		片石	30		

混凝土墩、台帽或盖梁　　表 9-12

项次	检查项目	规定值或允许偏差	检查方法和频率	权值
1△	混凝土强度(MPa)	在合格标准内	按附录 D 检查	3
2	断面尺寸(mm)	±20	尺量:检查 3 个断面	2
3△	轴线偏位(mm)	10	全站仪或经纬仪:纵、横各测量 2 点	2
4	顶面高程(mm)	±10	水准仪:检查 3~5 点	2
5	支座垫石预留位置(mm)	10	尺量:每个	1

拱圈砌体　　表 9-13

项次	检查项目		规定值或允许偏差	检查方法和频率	权值
1△	砂浆强度(MPa)		在合格标准内	按附录 F 检查	3
2	砌体外侧平面偏位(mm)	无镶面	+30,-10	经纬仪:检查拱脚、拱顶、1/4 跨共 5 处	1
		有镶面	+20,-10		
3△	拱圈厚度(mm)		+30,-0	尺量:检查拱脚、拱顶、1/4 跨共 5 处	2
4	相邻镶面石砌块表层错位(mm)	料石、混凝土预制块	3	拉线用尺量:检查 3~5 处	1
		块石	5		
5	内弧线偏离设计弧线(mm)	跨径≤30m	±20	水准仪或尺量:检查拱脚、拱顶、1/4 跨共 5 处高程	2
		跨径>30m	±1/1500 跨径		
		极值	拱腹四分点:允许偏差的 2 倍且反向		

注:项次 2 平面偏位向外为"+",向内为"-",下同。

桥 面 铺 装 表 9-14

项次	检查项目			规定值或允许偏差		检查方法和频率	权值
1△	强度或压实度			在合格标准内		按附录 B 或 D 检查	3
2△	厚度(mm)			+10,-5		对比桥面浇筑前后高程检查:每 100m 测 5 处	2
3△	平整度	高速公路、一级公路		沥青混凝土	水泥混凝土	平整度仪:全桥每车道连续检测,每 100m 计算 *IRI* 或 σ	2
			IRI(m/km)	2.5	3.0		
			σ(mm)	1.5	1.8		
		其他公路	*IRI*(m/km)	4.2			
			σ(mm)	2.5			
			最大间隙 h(mm)	5		3m 直尺:每 100m 测 3 处×3 尺	
4	横坡	水泥混凝土		±0.15%		水准仪:每 100m 检查 3 个断面	1
		沥青面层		±0.3%			
5	抗滑构造深度			符合设计要求		砂铺法:每 200m 查 3 处	1

注:①桥长不满 100m 者,按 100m 处理;

②对高速公路、一级公路上的小桥(中桥视情况)可并入路面进行评定。

桥梁总体实测项目 表 9-15

项次	检查项目		规定值或允许偏差	检查方法和频率	权值
1	桥面中线偏位(mm)		20	全站仪或经纬仪:检查 3~8 处	2
2	桥宽(mm)	车行道	±10	尺量:每孔 3~5 处	2
		人行道	±10		
3	桥长(mm)		+300,-100	全站仪或经纬仪、钢尺检查	1
4	引道中心线与桥梁中心线的衔接(mm)		20	尺量:分别将引道中心线和桥梁中心线延长至两岸桥长端部,比较其平面位置	2
5	桥头高程衔接(mm)		±3	水准仪:在桥头搭板范围内顺延桥面纵坡,每米 1 点测量高程	2

涵洞总体实测项目 表 9-16

项次	检查项目	规定值或允许偏差	检查方法和频率	权值
1	轴线偏位(mm)	明涵 20,暗涵 50	经纬仪:检查 2 处	2
2△	流水面高程(mm)	±20	水准仪、尺量:检查洞口 2 处,拉线检查中间 1~2 处	3
3	涵底铺砌厚度(mm)	+40,-10	尺量:检查 3~5 处	1
4	长度(mm)	+100,-50	尺量:检查中心线	1
5△	孔径(mm)	±20	尺量:检查 3~5 处	3
6	净高(mm)	明涵±20,暗涵±50	尺量:检查 3~5 处	1

第十章 隧道工程施工质量监理

公路隧道工程同其他公路工程一样,质量监理工作主要着重于施工方案审批、施工放样、工程材料试验及质量检测、现场监督等多方面。由于隧道工程为地下工程,因而有地质情况变化大、场地狭窄、工作面集中、工序复杂、施工及现场监理工作环境差等特点。为更好开展隧道质量监理工作,应严格执行质量检查与安全措施,加强如洞口开挖,浅埋段开挖支护、掘进、衬砌等,施工中防渗漏、防塌方和稳定围岩等重点、难点部位和项目的监控,确保隧道工程施工的质量。

第一节 施工准备阶段的监理

隧道施工准备阶段的监理工作的主要内容包括:隧道工程所需原材料的质量检验;隧道混凝土配合比的审查和确认;隧道施工放样测量控制检查;施工设备及施工方案的审查。

一、原材料的质量检验

隧道工程所需原材料主要指水泥、砂、碎石、片块石、外掺剂及钢材。对于外购材料的质量,主要是审查材料出厂质量合格证明,但必要时应抽样检查;对于自产材料的质量主要是审查承包人提供的自检报告,必要时监理工程师应通过监理试验室复检。

二、隧道混凝土配合比的审查

图纸上所示不同标号混凝土配合比设计均应由承包人在混凝土浇筑前至少35d内完成,并提交监理工程师审批。监理试验室应检查原材料的用量和质量及进行各种混合料的配合比验证试验,验证用于隧道工程的灌注混凝土、喷射混凝土、砂浆、注浆液的配合比设计。避免施工过程中出现不必要的变动。

三、隧道施工前测量放样的检查

承包人在隧道开挖前,应根据监理工程师提供的设计文件,对隧道洞顶轴线、水准基点、平面控制的三角网基点、洞口投点等进行复测校核,并将复核结果书面提交监理工程师审批。

(1)隧道洞顶轴线复测校核的检查要点。隧道工程的起讫中线柱,一般应设在洞外一个平曲线以外,如平曲线的转角点距洞口较远,则工程起讫点中线桩可设于洞口不小于200m处,且应在填挖交界点以外;隧道群则以始端及终端道洞口为依据,按上述原则办理。

承包人在施工放线中应设置必要的加桩、排水沟沟心标桩、辅助水准基点桩及其他控制点的水平和垂直标桩,隧道测桩在直线段最大间距不得超过10m,在曲线上不得超过5m,并应在洞口附近按地质、地形情况适当加密。

(2)隧道平面控制测量网复测检查要点。为保证隧道工程在两个或多个开挖面的掘进中,施工中线在贯通面上的横向及高程能满足贯通精度要求,并能符合路面及线路纵断面的技术要求,必须进行控制测量网的校核,其施工中线在贯通面上的极限误差应符合表10-1的规定。

控制测量的精度应以中误差衡量,最大误差(极限误差)规定为中误差的两倍。为准确测定隧道各部位置和为施工准备条件,在复测中应做好洞外控制测量,补设或加固各开挖洞口的引测投点(各洞口投点应埋设混凝土金属标桩)。洞口投点的设置应尽量避免施工干扰,且便于引测进洞。各掘进洞口至少应设一个投点,并应尽量纳入控制网内,只有在条件不允许时方可用插点形式与控制网联系。

施工中线在贯通面上的极限误差 表10-1

类　别	相向开挖洞口间长度(m)	两端施工中线在贯通面上的极限误差(mm)
横向	<3 000	±15
	3 000~6 000	±200
	>6 000	视仪器设备及现场情况另行规定,并需报有关部门审核备案
高程	不限	±70

洞口于曲线上时,应在曲线或曲线附近增设一个投点,以利拨角进洞;洞口位于直线上时,也可于洞口前后各设一个投点,其间距不宜小于200m,以便使隧道中线延伸直线进洞。

四、施工机械设备的审查

施工前,承包人应将进场主要施工机械设备汇总上报监理工程师审查。隧道施工机械设备包括开挖掘进、出渣运输、隧道混凝土拌和、供电和供水系统、隧道支护等方面的机械设备。监理工程师应审核的主要内容有:

(1)各类机械设备的规格、型号、工作性能和数量等是否符合合同条款中的规定要求。

(2)各类机械设备之间的工作效率是否匹配。

(3)各类设备的完好状态及维修保障系统是否具备连续施工的能力。

五、施工方案的审查

施工方案主要应审查:施工方案中所安排的工期计划的可行性与可靠性;隧洞开挖、衬砌所采用的施工方法是否合理可行;当施工中出现地质情况发生较大变化时,是否有应变措施及计划;在整个施工过程中,控制质量的手段和措施是否有效、可靠;供水、供电方案是否合理,且能保证施工的需求;安全防护措施是否能在整个施工过程中得到保证。

第二节　隧道工程施工阶段的监理

公路隧道工程的主要项目包括洞身工程、洞口工程、防水与排水工程、附属设施工程。

一、洞口工程质量监理

隧道口各项工程,是指边、仰坡土石方工程,边墙、翼墙及洞口排水系统。这些工程互相关联,应全面考虑,妥善安排,减少干扰,尽快完成,为洞身施工创造条件。

1. 土石方及砌体工程

洞口开挖土石方施工,应保证边坡稳定,防止坍方,并避免与洞内施工发生干扰。进洞前尽早完成洞口排水系统,保证洞内施工用水顺利排出,防止洞外水倒流入洞内。按设计要求进行边、仰坡放线,自上而下逐段开挖,不得掏底开挖或上下重叠开挖。清除洞口上方有可能滑塌的表土、灌木及山坡危石。石质地层拉槽爆破后，应及时清除松动石块；土质地层开挖后及时夯实整平边（仰）坡。洞门端墙处的土石方，应视地层稳定程度、洞口施工季节和隧道施工方法等选择施工时机和施工方法，以保证开挖后岩层稳定，为砌筑洞门墙创造条件。洞口施工应避开降雨期和融雪期。为防止爆破振动引起边仰坡坍塌、剥落，规定不得采取多药量深孔爆破。开挖中应随时检查边坡和仰坡，如有滑动、开裂等现象，应适当放缓坡度，保证边（仰）坡稳定和施工安全。开挖的土石方不得弃在危害边坡及其他建筑物稳定的地点，并不得影响运输安全。洞口支挡工程应结合土石方开挖一并完成。

2. 坡面防护工程

隧道洞口容易受到各种自然灾害的影响，而且由于覆盖层较浅，自成拱能力低，开挖面附近容易出现坍方冒顶现象，这与洞外坡面地形有密切关系，因此，开挖前根据情况应对洞口坡面进行防护。出现滑坡时，可采取地表锚杆、深基桩（抗滑桩）、挡墙、土袋或石笼等加固措施。在陡坡山崖处开挖，即使围岩条件较好也极可能出现崩塌或落石，可采取喷射混凝土、地表锚杆、锚索、防落石棚或化学药液注浆等措施加固。由于地形的非对称性，出现偏压，可采取平衡压重填土、护坡挡墙或对偏压上方地层挖切减载等措施，以减轻偏压力。为防止泥石流及雪崩，可沿沟谷设梯级坝，洞口顶部设防护棚。开挖中对地层动态应进行监控测量，检查各种处理措施的可靠性。

3. 洞门工程

开挖进洞时，宜用钢支撑紧贴洞口开挖面进行支护，形成假拟洞口，围岩差时可用管棚支护围岩。支撑作业紧跟开挖作业，稳妥前进。洞门基础必须置于稳固的地基上，并有足够的埋置深度。施工中，如挖至设计高程，基底的地质条件与设计不符时，应会同设计部门，进行如夯填碎石，打基桩或压浆等加深、加宽或加固的处理。基础处的渣体杂物、风化软层和积水应清除干净。洞门衬砌拱墙应与洞内相连的拱墙同时施工，连成整体。端墙施工放样时，应确保位置准确和墙面坡度平顺。浇筑混凝土时，应保证模板不移动。洞门端墙的砌筑与墙背回填应两侧同时进行，防止对衬砌边墙产生偏压。洞门衬砌完成后，及时处治洞门上方仰坡脚受破坏处。当端墙顶水沟砌筑在填土上时，填土必须夯实。洞门的排水、截水设施，应与洞门工程配合施工，并与路堑排水系统连通。

4. 明洞工程

明洞是采用明挖法施工的隧道和棚洞，多数洞顶有回填土石，可作为暗洞的延伸，作为洞口的一部分。对于明洞工程监理应注意其衬砌施工方法的审批。当边坡能暂时稳定时，可用先墙后拱法。当边坡稳定性差，但拱脚承载力较好，能保证拱圈稳定时，可采用先拱后墙法。半路堑式明洞施工可采用墙拱交替法。具备相应的机具条件时，可采用拱墙整体浇筑。路堑式明洞拱脚松软，采用跳槽挖井法。明洞衬砌边墙基础和遮光棚支柱基础，必须设置在稳固的地基上。明洞与暗洞衔接施工宜采用先拱后墙法。明洞及遮光棚为钢筋混凝土结构，施工中其钢筋的加工、接头、焊接、绑扎和安装以及混凝土的拌制、运输、浇筑、养护、拆模和检查，均应按规范进行。为防止边仰坡坍塌对明洞的危害，需要对明洞进行保护性回填。拱圈外模拆除后应立即做好防水层及拱脚处的纵向盲沟，保证排水顺畅。墙背回填对称并分层夯实。

二、洞身工程质量监理要点

1. 洞身开挖

开挖前应详细审查承包人的施工方案。合理确定开挖步骤和循环进尺，保持各开挖工序相互衔接，均衡施工。施工中，应严格控制开挖断面，不宜欠挖，也应尽量减少超挖。当石质坚硬和不影响质量时，可允许个别凸出部分突入衬砌，但不应超过衬砌厚度的1/3；采用先拱后墙法施工时，对于下部开挖，必须控制开挖厚度和用药量，并应采取防护措施，避免损伤拱圈；隧洞开挖，除完整坚硬的岩石可不设支撑外，开挖时均应做好支撑防护，以确保施工安全；位于不良地质地段时，应加强支撑，必要时可先做两侧边墙或结合地形开挖侧向安全洞。开挖作业中，不得损坏支护、衬砌和设备，并保护好量测用的测点。做好地质、水文情况的核对，地质变化处和重要地段应有照片记载。

洞身开挖质量检查实测项目，见表10-2。

洞身开挖质量检查实测项目　　表10-2

项次	检查项目		规定值或允许偏差	检查方法和频率	权值
1	拱部超挖（mm）	破碎岩，土（Ⅰ、Ⅱ类围岩）	平均100，最大150	水准仪或断面仪：每20m一个断面	3
		中硬岩、软岩（Ⅲ、Ⅳ、Ⅴ类围岩）	平均150，最大250		
		硬岩（Ⅵ类围岩）	平均100，最大200		
2	边墙宽度（mm）	每侧	+100，-0	尺量：每20m检查一处	2
		全宽	+200，-0		
3	边墙、仰拱、隧底超挖（mm）		平均100	水准仪：每20m检查3处	1

注：洞顶无浮石。不符合要求时每处减1分并及时清除。

2. 支护工程

1）锚杆安设质量要求

锚杆作为初期支护，与喷射混凝土一道起加固围岩、防止坍塌等作用。为发挥锚杆作用，其施工作业应严格按规定和质量要求进行。锚杆及其锚固所用材料应满足设计要求。钻孔作业应注意孔位、间隔、钻孔方法、钻孔形状、孔径、孔长等。锚杆应尽可能置于孔中心插入，注浆作业时，随砂浆的注入缓慢匀速拔出，随后迅速插入杆体，露出垫板外的杆体长度应不小于10cm，施工中应检查砂浆配合比。锚杆固定后不得随意敲击，其端部3d内不得悬挂重物。锚杆长度、间距、角度、方向按隐蔽工程进行检查、验收。锚杆按每300根至少应选择3根为1组进行抗拔力试验，锚杆抗拔力与锚杆形式、材料、直径、黏着材料质量，以及围岩强度、孔壁清洁程度等有关，因此，一般可将锚杆抗拔力作为衡量锚杆质量状况的综合性指标。

2）喷射混凝土质量要求

喷射混凝土的主要原材料为粗集料、细集料、水泥、水、速凝剂等。这些材料的质量必须通过有关试验或检查加以确认。喷射混凝土配合比，应通过试验确定。喷射混凝土混合料随拌随用，严禁受潮。在喷射混凝土之前，应用水或高压风管将岩壁面的粉尘和杂物清理干净，喷射中发现松动石块或遮挡喷射混凝土的物体时，应及时清除。喷射作业按分段、分片，由下而上的顺序进行，每段长度不宜超过6m。初喷厚度不得小于4～6cm，5～10cm的层厚应一次喷成。拱部回弹率不超过40%，边墙不超过30%。当发现喷射混凝土表面有裂缝、脱落、露筋渗漏水等情况时，应予修补，凿除喷层重喷或整治。喷射混凝土质量检查项目应有喷层强度和喷层厚度。

喷射混凝土支护实测项目见表10-3。

3. 隧道衬砌工程

隧道衬砌施工方法随开挖方法不同，可分为拱墙整体式、先拱后墙及先墙后拱三大类。隧道衬砌施工时间和衬砌距开挖面的距离，由隧道所处的水文、地质条件和采用的施工方法确定，石质差时必须边开挖边衬砌。

喷射混凝土支护实测项目

表 10-3

项次	检查项目	规定值或允许偏差	检查方法和频率	权值
1△	喷射混凝土强度(MPa)	在合格标准内	按附录 E 检查	3
2△	喷层厚度(mm)	平均厚度≥设计厚度；检查点的 60%≥设计厚度；最小厚度≥0.5 设计厚度，且≥50	凿孔法或雷达检测仪：每 10m 检查一个断面，每个断面从拱顶中线起每 3m 检查 1 点	3
3△	空洞检测	无空洞，无杂物	凿孔或雷达检测仪：每 10m 检查一个断面，每个断面从拱顶中线起每 3m 检查 1 点	3

注：发现一处空洞本分项工程为不合格。

承包人应在衬砌前，按设计中线和高程对开挖断面进行复测和修整，确认无误并经监理工程师批准后，方可进行衬砌。衬砌混凝土的石料应采用具有良好级配，质硬洁净的碎、砾石；砌石应选用质硬的块石或粗料石。当隧道拱圈采用石料或混凝土预制块，并用先拱后墙法施工时，拱脚应设置混凝土支撑或钢筋混凝土托梁，以防止开挖边墙时拱脚下沉而造成拱圈开裂。拱圈封顶和侧墙顶封口的混凝土都应注意振捣密实。衬砌用的拱架、模板必须具有足够的强度和刚度，较大跨度的拱架，施工时还应特别注意其稳定性，严防因失稳或移动造成拱圈圬工开裂。对坍方地段的衬砌，应视坍穴大小和地质情况予以加强，待衬砌完成后再及时对坍穴进行回填，小型坍方按超挖有关规定回填，大型坍穴则应先在拱背砌筑厚不小于 0.6m 的浆砌片石护拱，然后以弃渣回填。

隧道混凝土的施工工序包括配料、拌和、运送、浇筑、衬砌背后回填、养护和拆模等。混凝土配料前应对各种计量设备进行校核，对袋装水泥过秤查对，并严格按配合比配料；混凝土拌制时，可采用 250 ~ 400L 容量的自落式搅拌机（拌制塑性混凝土）或采用 375L 容量的强制式搅拌机（拌制半干硬性混凝土）；混凝土拌和物的途中运送持续时间，应满足规范有关规定；混凝土拌和物在灌注时，其自由倾落高度应小于 2m，且在灌左右两侧边墙和拱圈时，应两侧对称分层进行，并应满足允许灌注厚度，其振捣时间应符合有关规定；衬砌背后空隙应回填密实，并与衬砌同步进行，但回填不得侵入衬砌范围，衬砌背后有排水设施时，回填应注意切勿堵塞，拱墙脚以上 1m 范围内应用同强度等级混凝土浇筑，以便与围岩黏结紧密；当超挖在允许限值内时，须用与衬砌同标号的混凝土填筑；超挖已超过允许限值时，可用 5 号水泥砂浆（渗漏时用 7.5 ~ 10 号）或片石混凝土回填；当围岩稳定、干燥无水时，方可用干砌片石回填；除寒冷及严寒地区并受冻害影响的圬工外，当环境温度在 5℃ 以下时，可不洒水养护，但应按冬季施工有关规定做好防冻保温工作。

隧道衬砌工程质量实测项目见表 10-4。

三、隧道防水与排水工程质量监理

施工前，承包商应提出可能出现的地下水分布情况，并预计涌水量，提出防、排水方案和机具配置意见，并获得监理工程师批准。施工中，应对出水部位、水量大小、补给情况、变化规律、水质成分等做好观察、试验和记录，供监理工程师核查，并作为竣工资料的一部分存档。

衬砌实测项目 表10-4

项次	检查项目	规定值或允许偏差	检查方法和频率	权值
1△	混凝土强度(MPa)	在合格标准内	按附录D检查	3
2△	衬砌厚度(mm)	不小于设计值	激光断面仪或地质雷达：每40m检查一个断面	3
3	墙面平整度(mm)	5	2m直尺：每40m每侧检查5处	1

洞外排水应根据地形、地质、气象情况，结合农田水利工程全面规划，综合治理，因地制宜地设置疏水、截水、引水设施。对地表水，地下水应妥善处理，使洞内外形成一完整畅通的防排水系统。

开挖中，洞内有大面积渗漏水时，可采用钻孔将其集中汇流引入排水沟；岩层地下水集中出露处，宜在衬砌背后设置环向、纵向盲沟，将水集流排至排水沟内；当地下水发育，含水层明显，又有长期充分的补给来源时，可根据实际情况，利用辅助坑道排水或设置泄水洞等截、排水设施。

当洞内水质有侵蚀性时应先行处理后再排出，以免污染环境。靠围岩的边墙顶、边墙后，设纵向竖向盲沟将水引至边墙泄水孔排出。明洞侧洞应防止地面水侧向流入。

四、隧道附属设施工程质量监理

隧道附属设施，包括各类消防洞、横通道、设备洞、装饰工程及营运管理设施工程等。附属设施工程预埋件较多，应特别注意各种管沟的位置关系，避免重叠和漏埋。隐蔽工程必须经监理人员验收并填写验收合格文字记录后，方可进行后续工序施工。各类附属设施应遵守相应专业的有关规定。

1. 设备洞、横通道施工质量要求

隧道边墙内的各类设备洞室与正洞连接地段的开挖，一般应在正洞掘进至其位置时，将该处一次挖成，应注意爆破药量及孔深的监督，并加强对交叉部位围岩稳定的监测。当营运通风洞内倾斜段的倾角大于12°时，宜按斜井开挖方法施工。应特别注意各类设备洞的连接、折角等处的防排水处理。

2. 装饰工程施工质量要求

装饰工程施工前仔细检查衬砌表面的渗漏水情况，必要时采取措施，做好装饰前的防、排水工作。装饰材料不得侵入隧道建筑限界。各类洞室的防护门应开启方便，严密、防水、隔热。

3. 营运管理设施质量监理

营运管理设施，包括电缆、电缆槽、通信、信号、标志、标线、消防、救援、消音设施、监控设施、收费设施、养护设施等。大型机电设备的规格型号应符合设计图纸要求，具备出厂合格证和试验项目清单。所有工程材料如电线、电缆、构件等均应有完善的测试记录。运营设施施工质量应严格按其专业标准规范进行验收。所有设施的设备安装前应进行调式，并核查洞内设备安设地点处的环境是否满足要求，并经监理工程师认可。

隧道工程的监理程序见图 10-1。

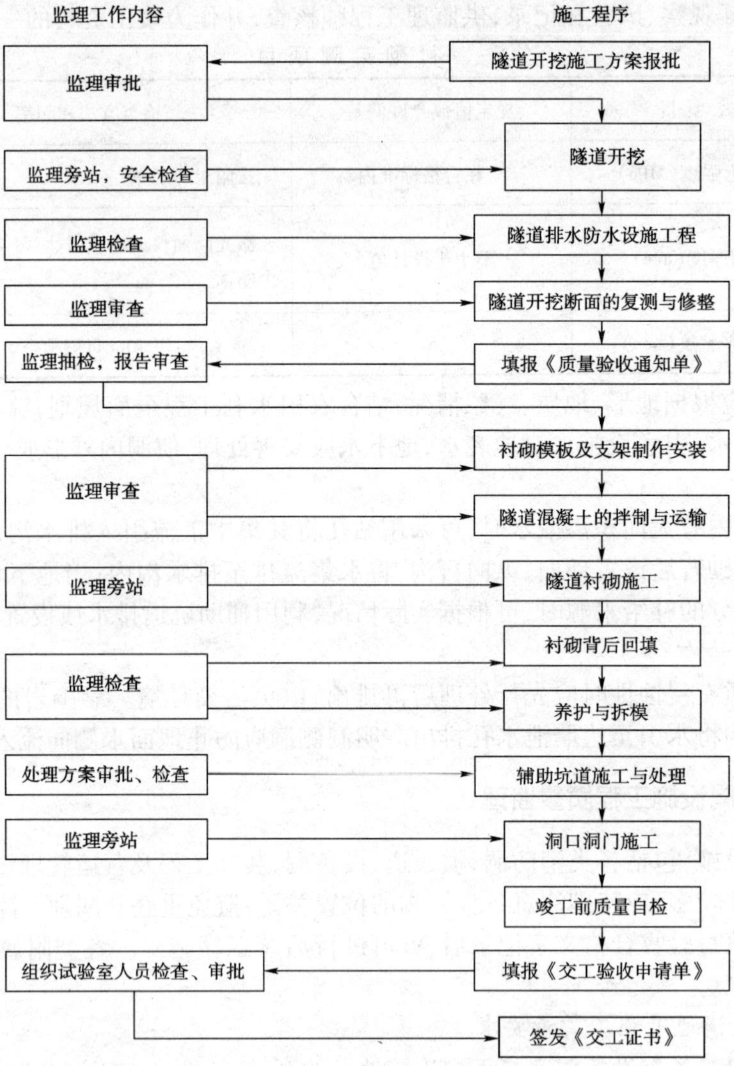

图 10-1　隧道工程监理工作项目程序示意图

第三节　交工验收阶段的监理

隧道工程完工后的监理工作程序如下：

(1)承包人在竣工后,应先按合同规定的技术标准进行质量自检,对隧道总体质量进行评定(表 10-5)。合格后填报《竣工验收申请单》,连同自检报告提交给监理工程师。

(2)监理工程师收到该申请报告后,应及时组织监理试验室对隧道的各部位高程、几何尺寸、各部位砌体强度等项目进行检查,并写出检验报告。

(3)成立该项工程竣工验收评估小组,对承包人自检报告、施工原始记录及各项检验结果进行复核及抽查,并写出评估报告。

(4)监理工程师填写《隧道工程交工证书》。

隧道总体实测项目

表 10-5

项次	检查项目	规定值或允许偏差	检查方法和频率	权值
1	车行道(mm)	±10	尺量:每20m(曲线)或50m(直线)检查一次	2
2	净总宽(mm)	不小于设计	尺量:每20m(曲线)或50m(直线)检查一次	2
3△	隧道净高*(mm)	不小于设计	水准仪:每20m(曲线)或50m(直线)测一个断面,每断面测拱顶和两拱腰3点	3
4	隧道偏位(mm)	20	全站仪或其他测量仪器:每20m(曲线)或50m(直线)检查1处	2
5	路线中心线与隧道中心线的衔接(mm)	20	分别将引道中心线和隧道中心线延长至两侧洞口,比较其平面位置	2
6	边坡、仰坡	不大于设计	坡度板:检查10处	1

注*:隧道净高有一点不合格时,该分项工程为不合格。

第十一章　交通工程设施施工质量监理

第一节　交通安全设施施工质量监理

交通安全设施是高等级公路的重要组成部分,主要有护栏、隔离设施、防眩设施、视线诱导设施和标志、标线等。这些设施的完善,为高等级公路的安全性、舒适性、可靠性、实用性提供了良好的条件。

一、护栏

常用护栏有波形梁护栏、混凝土护栏和缆索护栏三种形式。

1. 波形梁护栏施工监理要点

1)质量要求

(1)波形梁、端头、立柱、横隔梁、防阻块等护栏部件的质量要求,应符合交通行业标准有关护栏产品标准的规定。

(2)波形梁护栏部件的检验包括外观检查、尺寸检查、热浸镀锌层质量检查。冷弯型钢一般不做力学性能试验,如有要求时,可在原钢带上进行,其力学性能和工艺性能应符合相应标准的规定。

2)施工质量控制要点

(1)对到场材料进行严格检查,要注意检查热浸镀锌质量(容易出现花斑和颜色深浅不同),应按批量进行检查。

(2)对立柱的放线进行检查,以桥梁、通道、涵洞、中央分隔带开口、立交、平交等作为控制点,对桥梁、构造物处的放线特别要进行严格检查。

(3)重视混凝土基础的定位、浇筑及预埋件的安装,以保证后续的施工能顺利进行。

(4)注意在中央分隔带上设置的波形梁护栏有分设型和组合型两种,其构造特征及埋设方式亦因之不同,应按图纸及《公路交通安全设施施工技术规范》(JTG F71—2006)的规定和要求进行施工。

(5)护栏应在压实的地基上架设,或设在混凝土基座中。当需要在路堤顶面安装护栏时,应待路堤彻底压实后,方能安装,立柱应按图纸所示深度埋设。

(6)钢立柱应打入或埋入在已压实的路基上,在打入时,应先冲出或钻出导洞以防打入时损坏钢柱。填入洞内的填料应夯实,达到与周围路堤相同的密实度。当立柱埋入岩石时应预先钻孔,固定护栏立柱必须用水泥混凝土填充。

(7)在砂石回填地段打入立柱时,要注意立柱的变形、扭曲现象,保证立柱四周的土不被扰动。

(8)除非经监理工程师批准,立柱都应在路面铺筑完成后埋设,并安装护栏部件,当柱子位于将要摊铺的水泥混凝土、沥青混凝土或其他预拌沥青材料面层的地方时,应先埋设好立柱，柱坑应在路面底面以下 50mm 处回填好，剩余的柱坑深度应使用与路面相同的材料回填。

(9)注意护栏板的调节。护栏板在安装初期，拼接螺栓和连接螺栓不宜拧得过紧，以便在安装过程中充分利用板上的长圆孔进行上下、左右调节，使其成一条光滑的规则线形。

2. 混凝土护栏施工质量监理要点

1)质量要求

(1)混凝土护栏用材料的质量，应按《公路工程水泥及水泥混凝土试验规程》(JTG E30—2005)的规定进行检验。

(2)混凝土拌制和浇筑的质量，应满足《公路桥涵施工技术规范》(JTJ 041—2000)的规定。

2)施工质量控制要点

(1)对混凝土护栏的中心位置、高程、起止位置应反复检查核对。控制好混凝土护栏的长度，定好控制点，以便根据公路沿线构造物的实际情况合理布置。

(2)注意检查浇筑混凝土护栏模板的制作安装，模板应有足够的强度、刚度和稳定性，能可靠地承受施工过程中可能产生的各项荷载，保证构件的形状、尺寸准确。

(3)仔细检查钢筋和预埋件的安装，检查合格后，方能浇筑混凝土。

(4)混凝土浇筑完后，要及时养护，养护时间根据混凝土强度增长情况而定，应经常保持潮湿状态。

(5)采用预制混凝土护栏，在安装前，应精确放样定位，按设计要求做好基层，在基层夯实、整平并复核高程和平面位置无误后，方可开始安装护栏。

关于缆索护栏的施工管理要点此处省略。

二、隔离栅

隔离栅工程质量的好坏不仅涉及到使用年限，而且影响公路两侧的景观、高速公路的安全保护以及高速公路的正常运行。因此，要重点抓施工中的薄弱环节，控制好施工质量。

1. 质量要求

(1)冷弯成型的槽钢立柱、斜撑和钢板网框、角钢，其标称厚度应以距端部 100mm 处横截面切面部分尺寸为准，其基底金属的标称厚度允许偏差为 ±2mm。立柱、斜撑的标称长度允许偏差为 ±5mm/m，立柱和斜撑的槽钢宽度允许有 3mm 的正公差。弯曲度不允许大于 5mm/m。

(2)槽钢表面不得有气泡、裂纹、疤痕、折叠、夹杂物和端面分层缺陷，允许有不大于公称厚度的 10% 的轻微凹坑、压痕、疤痕、擦伤。

(3)产品质量检验包括外观检查、尺寸检查、基底钢材的抗拉强度、屈服强度、延伸率和镀锌层厚度测试。

2. 施工质量控制要点

(1)检查立柱、斜撑、连接件和编织网隔离栅等材料质量及热镀锌质量。按规范要求分批进行检验。

(2)为了与公路地形协调，施工前应根据现场情况设计纵断曲线，确定每个柱的设计高程。

(3)检查基础开挖，保证基础几何尺寸以及基础周围土不受扰动。

(4)立柱要保证安装牢固，满足垂直度要求，基础不得有松动，立柱纵向应在一条线上，不得出现参差不齐的现象。柱顶应平顺，不得出现高低不平的情况。立柱基础强度达到设计强度的70%后方可安装隔离栅网片。

(5)编织网隔离栅最好纵向连续铺设，边铺边拉紧，并尽可能在立柱挂钩上扣牢。编织网要求卷网自如，弯勾时保证不变形。隔离栅安装完毕后，纵向高程不应有很大的起伏变化，网面要平整，在任何方向均不得有明显的倾斜。各类隔离栅网片安装完毕后，立柱基础均应进行压实的最后处理。

(6)施工完成后要检查隔离栅整体的稳定性，并且要保证在2m范围内平整。施工过程中，如果完工的路基边坡或边沟遭到破坏，要提醒承包人及时修整。

三、防眩设施

防眩板构件可采用钢材、塑料或其他不易变形的材料。

1．质量要求

(1)防眩板的材料、镀锌量、几何尺寸应符合设计要求，平面弯曲不得超过板长的0.3%。

(2)防眩设施整体应与路线线形一致。

(3)防眩板遮光角应符合设计要求，安装要牢固。

2．施工质量控制

(1)施工前检查、清理场地，确定控制点(如桥梁、立交、中央分隔带开口及防眩设施需变化的路段)，在控制点之间进行测距、定位、放样。

(2)注意按设计要求处理好路段与桥梁上的防眩设施的设置位置及高度，不得出现高低不平甚至扭曲的外形。

(3)防眩板单独埋设立柱时，应在基础达到设计强度后，方可安装上部构件。

(4)施工过程中不应损伤金属涂层。对涂层任何形式的损伤，均应在24h内给予修补。

四、标志、标线

交通标志、标线的有效性决定于目标显示度、易读性、公认度三方面。原则上要求标志、标线在夜间能具有和白天一样的可见性。高速公路标志、标线工程质量的好坏，不仅影响道路环境的美观，而且对其是否能充分发挥出使用功能起着决定性的作用。

1．标志

标志从结构上可分为单柱、双柱、悬臂、门式几种形式。除门式标志外，其他均设在路侧。

1)质量要求

(1)标志支撑结构都应按设计图中所给的尺寸建造，并且在装配后要涂漆，应符合《道路交通标志和标线》(GB 5768—1999)的规定。

(2)交通标志的形状、图案、颜色应符合《道路交通标志和标线》(GB 5768—1999)的规定。指路标志的汉字必须采用黑体大号28点字体，阿拉伯数字也应符合《道路交通标志和标线》(GB 5768—1999)的规定，不允许采用其他字体。

(3)定向反光标志膜应采用工程级和高强级定向反光膜。定向反光膜应用压合胶黏剂或不剥落的热活性胶黏剂来粘贴，表面不产生任何气泡等缺陷。

2)施工质量控制要点

(1)对运到现场的粘贴反光标志膜的标志，要对表面进行抽查，不得有龟裂裂纹、明显的划痕及明显的颜色不均匀。标志板面要保证四个单面垂直，其垂直度不应大于±2°，不允许超过规范要求的±3mm/m的翘曲。要对板面内的符号、字体、尺寸大小进行严格检查。

(2)对于标志基础，由于有些标志立于公路回填的边坡上，因此要保证基础开挖后的基坑四周土不被扰动。在基础混凝土施工过程中要注意混凝土的振捣，以保证混凝土的质量，并且要保证预埋件不被移动。只有当基础混凝土达到设计强度后，才允许承受全部荷载。

(3)标志在安装过程中，要求承包人对已完工程进行保护，同时标志处的路缘石、路面等要用保护物进行覆盖。

(4)为减少标志板面对驾驶员的眩光，路侧设置的标志和悬空标志均应符合《道路交通标志和标线》(GB 5768—1999)和施工规范的要求，在安装过程中要检查板面与水平轴或垂直轴的旋转角度以及板面与道路的间距尺寸，若不符合要求，应及时调整。

2. 标线

标线分为油漆标线和热塑标线两种。一般油漆标线用于车行道边缘线和收费广场标线；热塑标线用于永久性的车道分界线，横向标线，人字、斑马纹导流标线，出入口标线和车道导向箭头。

1)质量要求

(1)喷涂标线前，路面应清洁无起灰现象。

(2)所有路面标线的设置、颜色、形状，应符合图纸和《道路交通标志和标线》(GB 5768—1999)标准的规定。

(3)所有标线应具有光洁、均匀及整齐的外观。

2)施工质量控制要点

(1)标线施工前承包人应将拟用的材料样品、施工方法报监理工程师，并喷涂一段试验标线，以此来检验涂(漆)料配方是否满足图纸要求、施工机具和工艺是否合适。

(2)标线位置以道路中心线为基准进行检查；对于人字线，要先按设计图在路面放大样图，经检查符合设计要求后，方可开始施工。

(3)喷涂油漆之前，道路表面上的污物、松散的石子和其他杂物应予以清除。喷漆时，道路表面应干净和干燥，喷漆工作应在油漆与路面可获得均匀粘结的情况下进行。

(4)认真检查施工机械设备，尤其是热塑线的施工，要保证设备不发生泄漏现象，玻璃珠能均匀喷洒。

(5)对热塑线的施工，要注意材料的加热温度，并避免在已完工的路面上进行材料加热。

(6)标线在施工完成后，要对其进行保护，防止被污染和破坏。

第二节　监控、收费、通信等机电工程设施质量监理

交通工程设施中的机电工程包括监控系统、收费系统、通信系统及照明设施等施工内容。一般情况下，业主均要求承包商提供设计、供货、运输、安装、测试、试运行、技术培训等全套服务以及后续的技术支持。电子监控、收费、通信等项目涉及电子技术、现代通信技术、自动测控技术等高科技技术，是多学科综合技术在现代公路交通工程中的综合应用。本节仅作简要介绍。

一、监控系统

监控系统一般由监控中心系统和外场设备构成。监控中心系统的功能是收集、存储各外

场设备送来的交通信息、事故信息，并进行实时处理与显示。外场设备包括车辆检测器、可变情报板、可变限速标志、闭路电视系统、交通监控通信系统、供电系统与雷电保护系统等。

监控设施质量检测的主要项目，包括以下内容：

(1)产品外观及安装检测。其内容包括对产品标识及产地的认可；主要技术指标的检定；抽检关键设备做高温、低温、湿度、过压、耐压、振动以及兼容性的例行试验等。

(2)智能设备的检测与诊断。主要包括 72h 连续考核、信息处理能力、主要功能的考核、平均无故障运行时间及修复时间的考核、绝缘性测定等。

常规检测方法如下：

对监控中心设备的检测一般通过专用的测试软件进行测试，也可以进行仿真试验或组织车队做模拟试验来检测设备的灵敏度。对于其他外场设备，一般通过检测其在各种气候条件下能否正常工作并是否能满足设计要求来进行测试。

二、收费系统

收费系统的形式有停车收费和不停车收费两种，目前我国广泛采用的是停车收费系统。不停车收费系统是 20 世纪 80 年代末在国外兴起的一种先进的自动收费系统。与停车收费系统相比，不停车收费系统在节约能源、减少污染、防止作弊、减少车辆延误、提高交通设施的通行能力和服务水平、降低运营成本等方面更加优越。

停车收费设施的系统主要由收费车道设备、收费站设备、收费站监视系统构成。收费车道设备包括控制计算机、收费员操作终端、票据打印机、收费金额显示器、电动栏杆（或路障机）信号灯、车辆图像抓拍系统、发卡机/读卡机、车辆检测器、车辆分类设施等。其中车道控制计算机是车道设备的核心。收费站设备包括主计算机或收费服务器、管理计算机、软件系统、供电系统等。监视系统由车道摄像机、视频切换、系统控制设备与车道的对讲与监听设备组成。

不停车收费设施的系统主要有车辆自动识别系统、计算机网络、监控系统和自动收费车道四部分构成。根据系统分工不同，可分为前台处理和后台处理两部分。前台处理部分主要由完成对过往车辆车型判别的车道系统和对收费数据的采集与处理、对违章车辆的图像抓拍与处理的收费管理系统组成；后台处理主要由收费管理中心的银行组成。前后台之间由计算机网络连接。

收费设施的质量检测项目和方法与监控系统基本相同。

三、通信系统

道路通信是公路交通部门传输语言、文字、图像、数据等信息的重要手段，是现代通信技术的应用分支。公路专用通信按其通信业务可划分为业务电话系统、指令电话系统、应急电话系统、数据传输系统和图像传输系统。其通信方式有电缆通信方式和光纤通信方式，由于光纤通信具有频带宽、容量大、抗干扰性强、可靠性好等优点，现在大多采用光纤通信。

通信设施的质量检测项目主要包括产品的质量和安装质量两部分。产品质量检测内容主要包括设备名称、型号、规格、出厂合格证、设备及产品性能等；安装质量检测内容主要包括供电系统、接地电阻、绝缘性能及通信质量等。

四、照明设施

公路照明设施的质量检测包括单项设备的检测和照明效果的检测两部分。单项设备的检测主要是指照明灯具、灯架、灯杆、照明供电系统、应急的照明系统、照明控制系统的检测；照明效果的检测主要是指对特殊部位、相关场所的平均亮度、防眩性及诱导性的检测。

具体内容包括产品外观质量检测、几何尺寸及安装质量检测、设备性能检测、金属灯具防腐性能的测定等。

附录 《施工监理基础》教学基本要求

（56学时）

一、课程性质和任务

本课程是公路与桥梁专业的一门实践性很强的限制选修课程。

本课程要学习公路工程施工监理的基本知识、施工监理的组织机构及其主要职责、进度监理、费用监理、质量监理、安全及环境保护监理和合同其他事项管理的基本方法，并介绍FIDIC条款的基本内容。

二、课程教学目标

学完本课程之后，学生能够：

(1)解释公路工程监理的专业术语。

(2)叙述公路工程施工监理的主要任务、内容、程序和方法。

(3)配合监理工程师实施公路工程施工进度监理、费用监理、安全及环境保护监理、合同其他事项管理。

(4)实施公路工程施工质量监理。

三、教学内容和要求

A 公路工程施工监理基本知识

1. 公路工程施工监理概述

(1)说明工程建设监理的基本概念。

(2)说明公路工程施工监理的目的、内容和阶段划分。

2. 公路工程施工进度监理

(1)描述施工进度监理的作用与任务。

(2)说明施工进度监理的方法和施工进度计划的控制。

3. 公路工程施工费用监理

(1)描述工程费用监理的原则、方法。

(2)说明公路工程计量的原则、方式、方法和程序。

(3)说明工程量清单的作用和内容。

(4)说明工程费用支付的种类、原则、程序和方法。

4. 公路工程施工合同其他事项管理

(1)描述合同管理的作用及主要内容。

(2)说明工程变更的范围和工程变更的估价。
(3)说明工程延期的概念和内容;索赔的概念及分类。
(4)说明工程分包的有关规定;保险的概念。
(5)说明违约与争端的处理方法。

5. 公路工程施工安全及环境保护监理

(1)描述建设工程安全生产和安全事故的特点。
(2)说明安全生产管理的原则和相关制度。
(3)说明安全生产监理的依据、范围;安全生产监理的内容。
(4)说明安全事故处理的方法。
(5)描述施工环境保护监理的概念。
(6)说明施工环境保护监理的工作内容。
(7)说明环境污染和生态破坏事故的处理程序。

B 公路工程施工质量监理

6. 公路工程施工质量监理概论

(1)描述公路工程施工质量监理的依据和任务;质量监理程序及质量监理的阶段划分。
(2)说明监理试验室的职责、设置及工作程序。
(3)描述承包人质量自检系统。
(4)说明质量缺陷与质量事故的处理方法。
(5)说明公路工程质量等级评定方法。

7. 路基工程施工质量监理

(1)说明路基施工准备阶段监理的内容及方法。
(2)说明路基施工阶段工序质量检查程序及监理方法。
(3)说明路基工程交工验收阶段监理工作程序及内容。

8. 路面工程施工质量监理

(1)说明路面底基层和基层施工质量监理的程序和方法。
(2)说明沥青面层施工质量监理的程序和方法。
(3)说明水泥混凝土面层施工质量监理的程序和方法。

9. 桥涵工程施工质量监理

(1)说明桥涵施工准备阶段监理工作的内容与方法。
(2)说明桥涵施工阶段工序质量检查程序及监理方法。
(3)说明桥涵工程交工验收阶段监理工作程序及内容。

10. 隧道工程施工质量监理

(1)说明隧道施工准备阶段监理工作的内容与方法。
(2)说明隧道施工阶段工序质量检查程序及监理方法。
(3)说明隧道工程交工验收阶段监理工作程序及内容。

11. 交通工程设施施工质量监理

(1)说明交通安全设施施工质量监理的内容及方法。
(2)说明交通机电工程施工质量监理的内容及方法。

四、学时分配建议(附表1)

附表1

序 号	课 程 内 容	教 学 时 数		
		合 计	讲 课	机 动
1	公路工程施工监理概述	8	8	
2	公路工程施工进度监理	4	4	
3	公路工程施工费用监理	4	4	
4	公路工程施工合同其他事项管理	4	4	
5	公路工程施工安全及环境保护监理	4	4	
6	公路工程施工质量监理概论	6	6	
7	路基工程施工质量监理	4	4	
8	路面工程施工质量监理	6	6	
9	桥涵工程施工质量监理	8	8	
10	隧道工程施工质量监理	2	2	
11	交通工程设施施工质量监理	2	2	
机 动		4		4
合 计		56	52	4

五、说明

(1)鉴于公路工程施工监理工作的特殊性,在教学中应注重培养学生的法制观念并强化职业道德教育。

(2)本课程与公路工程各种施工规范、《公路工程施工监理规范》(JTG G10—2006)及《公路工程质量检验评定标准》(JTG F80/1、2—2004)密切相关,在教学过程中,应要求学生能熟悉和运用这些规范,并及时掌握它们的变化。

参 考 文 献

[1] 李文不主编. 公路工程施工监理基础[M]. 北京:人民交通出版社,2001.

[2] 刘建新主编. 监理概论[M]. 北京:人民交通出版社,2001.

[3] 刘宇峙主编. 工程质量监理[M]. 北京:人民交通出版社,2001.

[4] 雷俊卿主编. 合同管理[M]. 北京:人民交通出版社,2001.

[5] 张建仁主编. 工程费用监理[M]. 北京:人民交通出版社,2001.

[6] 邬晓光主编. 工程进度监理[M]. 北京:人民交通出版社,2001.

[7] 孙久民主编. 公路工程费用监理[M]. 北京:人民交通出版社,2007.

[8] 浙江省交通厅工程质量监督站. 公路施工环境保护监理[M]. 北京:人民交通出版社,2006.

[9] 中国交通建设监理协会. 交通建设工程安全监理[M]. 北京:人民交通出版社,2007.

[10] 全国监理工程师培训教材编写委员会. 工程建设监理概论[M]. 北京:中国建筑工业出版社,1997.

[11] 交通部公路司,交通部基本建设质量监督总站. 公路工程施工监理手册[M]. 北京:人民交通出版社,2001.

[12] 中华人民共和国交通部. 公路工程国内招标文件范本(2003 年版)[M]. 北京:人民交通出版社,2003.

[13] 中华人民共和国行业标准 JTG G10—2006 公路工程施工监理规范[S]. 北京:人民交通出版社,2006.

[14] 中华人民共和国行业标准 JTG F80/1—2004 公路工程质量检验评定标准[S]. 北京:人民交通出版社,2004.

[15] 中华人民共和国行业标准 JTG F10—2006 公路路基施工技术规范[S]. 北京:人民交通出版社,2006.

[16] 中华人民共和国行业标准 JTJ 034—2000 公路路面基层施工技术规范[S]. 北京:人民交通出版社,2000.

[17] 中华人民共和国行业标准 JTG F30—2003 公路水泥混凝土路面施工技术规范[S]. 北京:人民交通出版社,2003.

[18] 中华人民共和国行业标准 JTG D40—2003 公路水泥混凝土路面设计规范[S]. 北京:人民交通出版社,2003.

[19] 中华人民共和国行业标准 JTG F40—2004 公路沥青路面施工技术规范[S]. 北京:人民交通出版社,2004.

[20] 中华人民共和国行业标准 JTG D50—2006 公路沥青路面设计规范[S]. 北京:人民交通出版社,2006.

[21] 中华人民共和国行业标准 JTJ 041—2000 公路桥涵施工技术规范[S]. 北京:人民交通出版社,2000.